第2編　宅建業法

事　　項	ゴロ合せ　（対応語句は本文参照）	本文頁
変更の届出	明治の薬剤師	146頁
名簿・帳簿の保存期間	納豆五十丁	153頁
営業保証金の取戻し	日本中から取り戻せ	170頁
手付金等保全措置	ミカン５つでカンジュース1000	204頁
重要事項説明書の記載事項	官僚が　徒歩で私道を　上下して 預り金を　分けたそうろう	216頁
区分所有建物	専々、共減、敷修繕、 ダブル管理に積立金、 貸借専管だけでいい	218頁
貸借特有事項	赤痢菌の過去	220頁

キャラクターとロゴのご紹介!!

本文中に登場して、
適切なアドバイスを致します。

虚心坦懐に(すなおに、という意味の古い言葉)
聞くがよいぞ!

覚えにくいポイントもこれでバッチリだ!

深入りすると骨になる。
このぐらい読みとばしてもなんとかなるゾ!

卒業か、もう一度か、セルフチェックだ!

“忘れるな、鉛筆、消しゴム、この標語!”

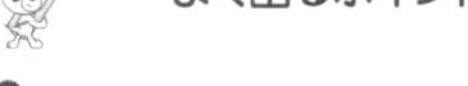

よく出るポイント

キーポイント

これだけで1点取れる問題が
けっこう出る!!

まる覚え
2024
年版
宅建塾

これで合格だね！

Takken
Gakuin
宅建学院

ごあいさつ

宅建士テキストの“最終兵器”です!!

この本は、“親本”「らくらく宅建塾［基本テキスト］」のエッセンスを“蒸留”して作りました。親をしのぐ子に育ってほしいと願い、私  が本文中に参上して  という具合に適切な指示をします。

この本の使い方!!

宅建士試験に合格するためには、必要不可欠な基礎知識や重要なポイントがあります。それを、らくらく宅建塾［基本テキスト］から完全にピックアップしました。ですから、この本の中身をまる覚えしてほしいのです。そのために、いつも手元において使ってください。通勤・通学にも最適です。いつもカバンの中に入れて、本書を使用してスキマ時間を有効活用してください。

勉強方法は、まず**赤字**のところを中心に**赤シート**を使用して、理解するようにしましょう。絶対暗記！、ここが出る！、よく出るポイント等に注意しながら、覚えてください。まる覚えするためには、楽勝ゴロ合せも活用してください！

宅建士試験にに合格なさりたいすべての方に、無限の自信をもっておすすめします！本当に、こんなにラクに受かってしまっていいのでしょうか！？

2024年1月

宅建学院

一番ラクで確実な合格方法!!

導入から直前演習・サポート教材まで、全方位網羅の2024年版らくらく宅建塾 シリーズで、あなたを合格へ導きます。

要するに、こういうことです

2024年版「らくらく宅建塾」シリーズ

1 導 入

マンガ宅建塾 好評発売中

2 基本学習

らくらく宅建塾［基本テキスト］ 好評発売中

らくらく宅建塾［基本問題集］ 好評発売中

3 過去問演習

過去問宅建塾（分野別3巻） 2023年末より順次発売予定

4 直前演習

ズバ予想宅建塾 直前模試編 2024年6月以降発売予定

■ サポート

コンパクトで持ち歩きにも便利

まる覚え宅建塾 好評発売中

まるばつ宅建塾 2024年3月発売予定

奥の手

合格率3.2倍※、2年連続で全国最年少合格者を生み出した

通信「宅建超完璧講座」を受ける。

宅建学院のホームページまたは通信講座問合せ先→04-2921-2020（宅建学院）

宅建超完璧講座は一般教育訓練給付制度厚生労働大臣指定講座（指定番号1120019-0020012-9）です!!　詳しくは、巻末広告をご覧ください。

※不動産適正取引推進機構発表の「令和3年度宅地建物取引士資格試験結果の概要」と令和3年度「宅建超完璧講座」受講生のうち、講座修了者に対するアンケート結果より算出。

各種情報は、宅建学院のホームページをご覧ください！

宅建学院 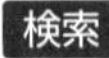

類似の学校名にご注意ください。

https://www.takkengakuin.com/

分野ごとの出題数（2009～2023年度）

分野	出題数
本書第1編　権利関係 （本試験第1～14問）	14問出題
本書第2編　宅建業法 （本試験第26～45問）	20問出題
本書第3編　法令上の制限 （本試験第15～22問）	8問出題
本書第4編　その他の分野 （本試験第23～25問、第46～50問）	8問出題 （税　法2問 その他6問）

もくじ

第1編　権利関係

第2編　宅建業法

第３編　法令上の制限

第４編　その他の分野

1

第1編
権利関係

第*1*章　制限行為能力者・意思表示

イントロ

原　則　契約は、守らなければならない。これは、当たり前のことだ。

↓

例外①　しかし、世の中には、判断力が十分でない人（たとえば、子供や精神上障害がある人）もいる。それでも、契約を守る以外ないとしたら、判断力の不十分な人が、このせちがらい経済社会の中で手玉に取られ、食い物にされてしまう。

そこで、民法は判断力の不十分な人を「**制限行為能力者**」（自分一人では契約ができない人、という意味）とし、このような人に契約を自由に**取り消す**権利を与えて**保護**することにした。

例外②　次に、判断力が十分な一人前の大人でも、だまされて契約した場合でも契約を守る以外ないとしたら酷な話だ。

そこで民法は、このような場合には、契約を**取り消す**ことができる、とした。これを「**意思表示制度**」という。なお、「意思表示制度」には**無効**になるパターンもある。

無効と取消しの違い

- **無　効** ➔ はじめから、全く何の効力も生じない。つまり、何も言わなかったのと同じこと。
- **取消し** ➔ 取り消されるまでは一応有効(いちおうゆうこう)だが、取り消されると、はじめから無効だったことになる。

第１節　制限行為能力者(せいげんこういのうりょくしゃ)

イントロで勉強したように、制限行為能力者とは、自分一人では契約ができない人という意味だ。契約のことを「**法律行為**(ほうりつこうい)」と言ったり、ただ単に「**行為**(こうい)」と言ったりする。

では、制限行為能力者には、どんな種類があるかというと、

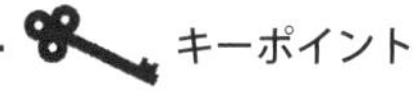

キーポイント

制限行為能力者には、次の４種類がある。

制限行為能力者(せいげんこういのうりょくしゃ)
- 1 **未成年者**(みせいねんしゃ)
- 2 **成年被後見人**(せいねんひこうけんにん)
- 3 **被保佐人**(ひほさにん)
- 4 被補助人(ひほじょにん)

大事なのは、1 〜 3 だ。順ぐりに勉強していこう。

1．未成年者

民法第５条他【未成年者は何ができるか？】

原　則　未成年者が**法定代理人**（**親権者**か**未成年後見人**のこと）の同意なしに自分一人で勝手にやった契約は取り消せる。

例外①　**権利を得る**だけの契約（㊞ただで物をもらう）と、**義務を免れる**契約（㊞借金を棒引きにしてもらう）は、法定代理人の同意がなくても未成年者が自分一人で自由にやることができ、**取り消せない**。

例外②　法定代理人から**処分を許された**財産（㊞学費や小遣い）は、いちいち法定代理人の同意を得なくても未成年者が自分一人で自由に処分することができ、**取り消せない**。

例外③　法定代理人から**営業を行うことを許可**された場合には、その営業に関する契約は、いちいち法定代理人の同意を得なくても未成年者が自分一人で自由にやることができ、**取り消せない**。

（１）未成年者とは？

未成年者とは、**18 歳未満**の人のことだ。

（２）保護者は？

未成年者の保護者は**親権者**（親のこと）だ。親がいない場合には、**未成年後見人**という保護者が付けられる。

そして、親権者や未成年後見人のことを**法定代理人**という。まとめると、

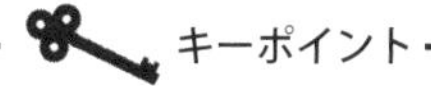

未成年者の保護者＝**法定代理人**─┬─**親権者**
　　　　　　　　　　　　　　　　└─**未成年後見人**

（３）法定代理人の４つの権限

1 取消権

未成年者は、大人に比べると判断力が不十分なので、自分一人で契約をすると不利な契約をしてしまう恐れがある。そこで、未成年者が自分一人でやった契約は、自由に**取り消すことができる**ことになっている。

誰か？ では、誰が取り消すかというと、**取消権**（契約を取り消して、なかったことにする権利）は**本人**と**法定代理人**にある。

2 同意権

未成年者が法定代理人の同意を得てやった契約なら損する恐れはないから、完全に有効で、**取り消せない**。この同意を与える権利が**同意権**だ。

3 追認権

未成年者が法定代理人の同意なしにやった契約でも、法定代理人が「**追認**」（事後承認のこと）すると、はじめから**同意が与えられていた**ことになる。

３月１日に契約｝→ **３月１日**から有効になる。
４月１日に追認｝　（４月１日からではない！）

「さかのぼり」は、これからも出てくるから、「**坂登兄弟**」と覚えよう。追認は「**坂登一郎**」だ（後で、二郎以下が登場する）。

④ 代理権

法定代理人は、未成年者に**代わって**（**代理**して）契約をすることができる。

未成年者は、同意なしにやった損する契約だけ取り消せる！

2. 成年被後見人

第9条【成年被後見人は何ができるか？】

成年被後見人がやった契約は取り消せる。

（1）成年被後見人とは？

① 精神障害のために判断力を欠く常況で、

② **後見開始の審判**を受けた人

のことだ。そして、成年被後見人には、**成年後見人**という保護者がつけられる。この成年後見人も、**法定代理人**だ。

（2）「取り消せる」とは？

さて、成年被後見人という人は未成年者よりも、もっと判断力が弱い人なのだ。そこで、未成年者の場合と異なり、たとえ成年後見人の同意を得た上でやった契約であっても取り消せる。

さらに権利を得るだけの契約や義務を免れる契約（損しない契約）も取り消せる。行為の意味さえ理解できないからだ。できるのは、日用品の購入等の**日常生活上の契約**だけだ。

未成年者と成年被後見人の2つの違い

その1. 法定代理人の**同意を得てやった契約**も取り消せるか？

- 未成年者→取り消せない
- 成年被後見人→**取り消せる**

その2. **損しない契約**も取り消せるか？

- 未成年者→取り消せない
- 成年被後見人→**取り消せる**

（3）その他

その他のポイントは、次のとおり。

1. 成年被後見人がやった契約を誰が取り消せるかというと**本人**と**成年後見人**だ（取消権）。
2. 成年被後見人がやった契約も、成年後見人が**追認**すると取り消せなくなる（追認権）。
3. 成年後見人は、成年被後見人に**代わって**契約をすることができる（代理権）。
4. 成年後見人を**複数**人選任してもOK。また、**法人**（たとえば、社会福祉法人）を成年後見人に選任してもOK。
5. 成年後見人が、成年被後見人の**居住**している「建物・敷地」の「売却・賃貸借・抵当権」の設定を行うには**家庭裁判所の許可**が必要だ。

成年被後見人は、同意を得てやった損しない契約も取り消せる（ただし、日用品の購入等は別）。

3. 被保佐人

第 13 条【被保佐人は何ができるか？】

被保佐人が、保佐人の同意なしに自分一人で勝手に次の契約をした場合には、その契約を取り消せる。

1. 土地の売買・５年を**超える**賃貸借
   注！ ５年ジャストなら取り消せない！
2. 建物の売買・３年を**超える**賃貸借・増改築等の発注
3. 高額商品の売買（➔タバコ１箱なら取り消せない）
4. **借金をしたり**、保証人になること
5. **贈与**をしたり、贈与の申し出や遺贈を断わること
6. 1～5の行為を制限行為能力者の法定代理人としてすること

（1）被保佐人とは？

1. 精神障害のために判断力が**著しく不十分**で（相当弱いこと）、
2. **保佐開始の審判**を受けた人

のことだ。被保佐人には、**保佐人**という保護者が付けられることになっている。

（2）何ができるか？

さて、被保佐人は、未成年者や成年被後見人よりはしっかりした人（一人前に近い能力を持った人）なのだ。だから、被保佐人は原則として自分一人の判断で契約をすることができることになっている。

ただ　ただ、一定の**重大な契約**（大損する恐れのある契

約）をする場合だけは**保佐人の同意**を得なければならず、同意なしにやったときには**取り消す**ことができる。この一定の重大な契約というのが上の第13条の1～6だ。

（3）保佐人の権限

1　被保佐人が保佐人の同意なしにやった重大な契約を誰が取り消せるかというと、**本人**と**保佐人**だ（取消権）。

2　被保佐人が保佐人の同意なしにやった重大な契約も、保佐人が**追認**すると取り消せなくなる（追認権）。

被保佐人は、同意なしにやった大損する契約だけ取り消せる。

4.　未成年者・成年被後見人・被保佐人に共通する問題点

第20条【相手方の催告権（さいこくけん）】

A　制限行為能力者と契約した人は、**保護者**に対して、１カ月以上の期限を付けて「追認するかどうか答えろ！」と**催告（さいこく）**（催促のこと）できる。

もし、期限までに答えがないと、契約は**追認（ついにん）**されたことになる。

B　上のAのうち被保佐人と契約した人は、上のAの代わりに**被保佐人本人**に対して、１カ月以上の期限を付けて「保佐人の追認を得てこい！」と**催告（さいこく）**してもいい。

もし期限までに追認を得たとの答えがないと、契約は**取り消された**ことになる。

制限行為能力者の保護も大切だが、制限行為能力者と契約した相手方の立場も考えてあげる必要がある。

そこで、取消しか追認かをはっきりさせる権利が相手方に与えられているわけだ。この権利を**催告権**という。

		1 催告の相手方	2 効果
契約の相手方	A 未成年者 成年被後見人 被保佐人	保護者	追認
	B 被保佐人	被保佐人本人	取消し

第21条【制限行為能力者のウソ(詐術)】

制限行為能力者が、「私は行為能力者です」とウソをついて契約した場合には、契約を取り消せなくなる。

ウソをついた制限行為能力者まで保護する必要はないというだけの話。

第126条【いつまで取り消せるか？】

制限行為能力者がやった契約は、制限行為能力者が1行為能力者になってから5年経過した場合、または2契約から20年経過した場合には、取り消せなくなる。

「行為能力者になる」とは、

1　未成年者が成年になることと、

2　後見開始の審判・保佐開始の審判が取り消されることだ。

第 125 条【法定追認とは何か？】

制限行為能力者が契約した後で、保護者が次のどれかをやると、その契約を追認したものとみなされる。

1　相手方に契約の履行を「**請求**」する。

2　こちらから契約を「**履行**」する。

3　契約によって手に入れた物を第三者に「**譲渡**」する。

親は、「生　理　上」子供の契約の後始末をする。
請求・履行・譲渡

たとえば、未成年者Ｂが、法定代理人Ｃの同意を得ないでＡから家を買ったとする。この契約は取り消せる。ところが、法定代理人Ｃが、相手方Ａに、家の引渡しを請求したらどうなるか？　家の引渡しを請求する、ということは、当然、前提として、ＡＢ間の契約を追認した上でのことだとみることができる。そこで、そうみなすことにしたわけだ。

2、3も同じリクツだ。

「**請求**」「**履行**」「**譲渡**」の３つは、法律上当然追認とみなされるという意味で、「**法定追認**」という。

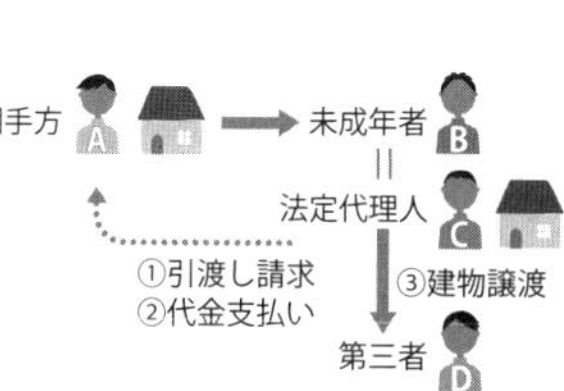

最後に、**第三者との関係**について勉強する。これが一番難しいから、具体例で考えてみよう。事例問題の訓練だ。

今、制限行為能力者Ａが独断で自己所有の建物をＢに売却し、Ｂはさらにこの建物をＣに売却したとする。さあ、ＡはＢとの契約を取り消してＣに建物を返せと言えるだろうか？

答えは、返せと言えるのだ！民法は徹底して制限行為能力者を保護する立場をとっている。Ｃには気の毒だが、建物をＡに返さなければならない。

よく出るポイント①

Ｂが制限行為能力者Ａから建物を買っていたことを、第三者Ｃが**知らなかった**としても、ＡはＣから建物を取り返せる。このことを、

制限行為能力者の契約の取消しは、善意の第三者に対抗できる。

という。

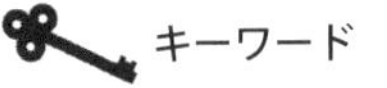

キーワード　**善意**……善人という意味ではなく、「**知らない**」という意味。反対に、**悪意**といえば、悪人という意味ではなく、「**知っている**」という意味。

対抗……「**主張**」という意味。

よく出るポイント②

Ｃが建物の**所有権移転登記**を得ていたとしても、ＡはＣから建物を取り返せる。

5．制限行為能力者制度のまとめ

絶対暗記！

		未成年者	成年被後見人	被保佐人	
1	どういう人か？	18歳未満の人	判断力を欠く ＋ 後見開始の審判	判断力が相当弱い ＋ 保佐開始の審判	
2	保護者は誰か？	親権者・未成年後見人 （＝法定代理人）	成年後見人 （＝法定代理人）	保佐人	
3	保護者の権限の中で試験に出るポイントは何か？	取消権・同意権 追認権・代理権 がある	左の4つの権限のうち、 同意権がない！ だから ↓	取消権・同意権 追認権がある 注！	
4	どういう契約を取り消せるか？	同意なしにやった損する契約だけ取り消せる	同意を得てやった**損しない**契約も取り消せる（日用品の購入等は別）	同意なしにやった大損する契約だけ取り消せる（5年超土地賃貸借等）	
5	誰が取り消せるのか？	本人・法定代理人	本人・法定代理人	本人・保佐人	
6	催告権は誰に対して行使するのか？	法定代理人	法定代理人	保佐人 ↓	本人 ↓
7	催告に対して確答がない場合の**効果**は？	追認	追認	追認	取消し
8	「行為能力者だ」と**ウソ**をついて契約するとどうなるか？	取り消せなくなる			
9	**いつまで**取り消せるか？	行為能力者になって**5年**たつと取り消せなくなる （契約から20年たった場合も同じ）			
10	取消しを**善意の第三者**に対抗できるか？	できる！			

注！　制限行為能力者には、この他、被保佐人よりも一人前に近い行為能力を持つ**被補助人**（ひほじょにん）という人がいる。被補助人には**補助人**という保護者が付けられる。家庭裁判所は、被補助人が特定の行為をするには補助人の同意が必要との審判ができる。

第2節　意思表示

民法は暗記では対処できぬ。「考え出す」力が必要になるぞ。

1．詐　欺

第96条【だまされて契約してしまったらどうなるか？】

1 詐欺にあって契約させられた被害者は
➔契約を取り消せる。

2 しかし、この取消しは
➔善意無過失の第三者には対抗できない。

（1）取り消せる（1の話）

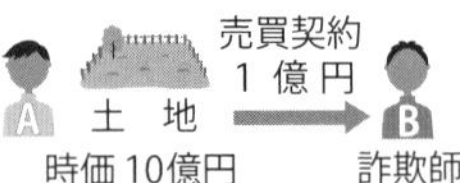

Aが時価10億円の土地を所有していた。詐欺師Bが、「すぐそばに公害発生施設ができることになりましたから、貴方の土地はタダ同然になりますよ」とAをだまし、この土地をAから１億円で買い取る契約をしたとする。

この場合、Aがこの契約を守らなければいけないとしたら酷な話だ。そこで、詐欺の被害者は契約を**取り消せる**ことになっている。

（2）善意無過失の第三者（2の話）

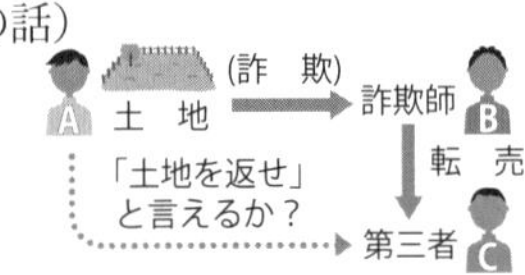

AがBとの契約を取り消す前に、Bがこの土地を第三者Cに売り渡したとする（転売という）。その後でAはBとの契約を取り消してCから土地を取り返せるのだろうか？

考え方　もし、ＡがＢにだまされたことをＣが知っていたら（Ｃが悪意なら）、Ｃを守る必要はないからＡはＣから土地を取り返せる。

これに対して、ＡがＢにだまされたことをＣが知らず、落度もなかったら（Ｃが善意無過失なら）、Ｃを守る必要があるし、だまされたＡにも多少の落度があるから、ＡはＣから土地を取り返せない。つまり、詐欺の被害者は契約を取り消せるが、その取消しは善意無過失の第三者には**対抗できない**のだ。

2. 強　迫

第 96 条の続き【おどされて契約してしまったらどうなるか？】

強迫されて契約させられた被害者は ➔ 契約を**取り消せる**。
そして、この取消しは ➔ 善意無過失の第三者にも**対抗できる**。

（１）取り消せる

Ａが所有している時価 10 億円の土地に目を付けた地上屋のＢが、「家に火をつけるぞ！」とＡをおどし、この土地をＡから１億円で買う契約をしたとする。この場合、ＡはＢとの契約を**取り消すことができる**。

（２）善意無過失の第三者

では、Ｂがこの土地を善意無過失のＣに転売したらどうなるだろうか？　転売後に、ＡはＢとの契約を取り消して、Ｃから土地を取り返せるのだろうか？

考え方　ちょっと考えると、Ｃは何も知らずにＢから土地を買ったのだから守ってあげる必要がありそうな気もするが、よく考えてみると、Ａは強迫の被害者だから、詐欺の場合と違って、何の落度もない。だから、ＡはＣから土地を取り返せることになっている。

　つまり、強迫の場合は、詐欺の場合と違って、取消しを**善意無過失**の第三者に**対抗できる**のだ。

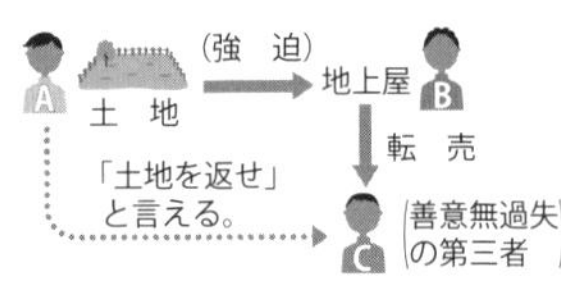

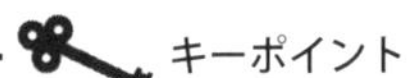

取消しを善意無過失の第三者に対抗できるか？

- 詐欺（さぎ） ➔ 対抗できない
- 強迫（きょうはく） ➔ 対抗できる

３．錯（さく）　誤（ご）

第 95 条【勘違い（かんちがい）で契約してしまったらどうなるか？】

1 錯誤（さくご）（勘違いのこと）に陥（おちい）って契約した人は ➔ 錯誤が（勘違いが）、**重要**なものである場合は、契約を取り消せる。

2 しかし、この取消しは ➔ **善意無過失**の第三者には対抗できない。

（１）取り消せる

　たとえば、Ａの甲土地をＢが１億円で買う契約をしたが、Ｂは、甲土地の隣の更地（さらち）がＡの土地だと勘違いしたとする（錯誤による契約）。それでも、Ｂが契約通り１億円を支払わなければいけないとしたら酷な話だ。そこで、Ｂは契約を**取り消せる**ことになっている。

（2）　重要な勘違いであることが必要

ただし、勘違いがあれば常に契約を取り消せるとなると、今度は契約の相手方に酷だ。だから、勘違いが**重要**なもの（目的及び取引上の社会通念に照らして重要なもの）である場合に取り消せることになっている。

（3）　動機に勘違いがある場合は？

動機に勘違いがある場合を動機の錯誤という。たとえば、Aが所有する甲土地の近くに新駅ができるという噂を信じて、BがAから甲土地を買ったが、新駅はできなかったとする。Bは甲土地の近くに新駅ができるから（これが動機）、甲土地を買ったわけだ。このような動機の錯誤の場合は、**動機を表示しなかったら、取り消せない**。

（4）　第三者

毎度出てくる第三者との関係だが、錯誤の取消しは**善意無過失**の第三者には対抗できないことになっている。

4. 虚偽表示

第94条【架空の契約をでっち上げるとどうなるか？】

1. 相手方と示し合わせて（**通謀**という）、ありもしない架空の契約をでっち上げても（**虚偽表示という**）
   ➜ その契約は**無効**だ。
2. しかし、この無効は ➜ 善意の第三者には**対抗できない**。

（1）虚偽表示は無効（1の話）

虚偽表示とは、「相手方と示し合わせて、ありもしない架空の契約をでっち上げること」だ。たとえば、A代議士が資産を隠そうとしてB秘書と示し合わせて土地をBに譲渡していたことにしたとする。

無効だ この場合、AB間には本当に土地をやりとりする意思はないのだから、この契約は無効となる。つまり、たとえ登記名義がBになっていても、所有権はAにある。これが、**虚偽表示は無効**だということだ。

（2）善意の第三者（2の話）

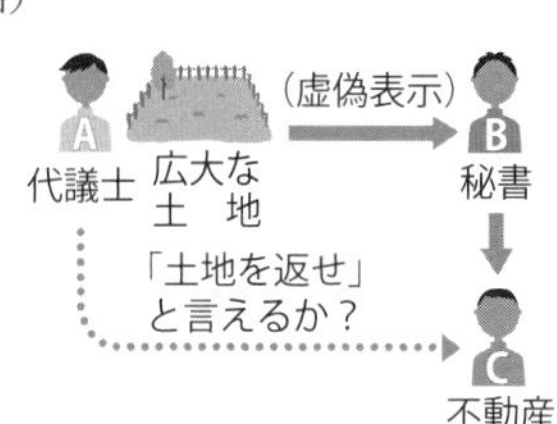

しかし、B秘書が土地の名義が一応自分のものになっているのをいいことに、この土地をC不動産に売ってしまったら、A代議士はC不動産に「土地を返せ」と言えるのだろうか？

解　決 もし、Cが、AB間の虚偽表示を知っていたとしたら（悪意なら）、Cを保護する必要はないから、Aの勝ち。

しかし、Cが虚偽表示の事実について善意なら、Cを保護する必要があるし、Aは人様に誤解を与えるふるまいをしているのだからAを保護する必要はない。そこで、Cが善意なら、Aの負け。つまり、虚偽表示の無効は**善意の第三者には対抗できない**。

5. 心裡留保

第 93 条【冗談で契約するとどうなるか？】

原 則　冗談のつもりで言ったこと（**心裡留保**という）でも、相手方が本気にすると（相手方が**善意無過失**だと）、
➔ 冗談ではすまされなくなる（**有効**となる）。

例 外　しかし、相手方が冗談を見抜いていたり（**悪意**）、うっかり信じた（**善意有過失**）場合には、
➔ 冗談ですまされる（**無効**となる）。
そして、心裡留保が例外的に**無効**となった場合には、
➔ この無効は善意の第三者に**対抗できない**
（ここは、いささか難解！）。

（1）原 則 ➔ 有効

心裡留保とは、冗談で契約すること。たとえば、Aが、友人のBに冗談で、「俺の土地をお前に売ってやる」と言った。

このAの冗談（心裡留保）をBが本気にした場合、Aが、あれは冗談だ、ですましていいとしたら信じたBが気の毒だ。

なぜなら、BがAの冗談を過失なく信じたなら（善意無過失なら）、Bには何の落度もないから。一方、Aには、Bに誤解を与えたという落度がある。

解 決　そこで、Bが**善意無過失**なら、AよりBを保護すべきだから、冗談が冗談ですまされなくなり有効になる。

（２）例　外 ➔ 無効

しかし、Ｂが、Ａの冗談を見抜いていたら（悪意）、Ｂを保護する必要はない。また、ＢがＡの冗談をうっかり信じた（善意だが過失があった）場合も、やはりＢを保護する必要はない。

解　決　そこで、Ｂが**悪意**または**善意有過失**の場合には、Ａは、「冗談だから無効だ」ですませていい。これが、心裡留保が**例外として無効**になる場合だ。

キーポイント

心裡留保
- 相手方が**善意無過失** ➔ **有効**（「ゼムユ」が原則）
- 相手方が**悪意・過失** ➔ **無効**（「アカム」は例外）

楽勝ゴロ合せ　「ゼムユ・アカム」と覚えればよい。

大学時代の成績が全優（ぜんゆう）だなどと自慢してる人間にロクなのはいないから、「全優はあかん」➔「ゼンユー、アカン」➔「ゼムユ・アカム」とでもこじつけて覚えてしまおう！

（3）善意の第三者

最後に、やっかいな第三者との関係だ。Ａが冗談でＢに、「土地を売る」と言い、Ｂが悪意または善意有過失だった場合、Ａの意思表示は無効だ。

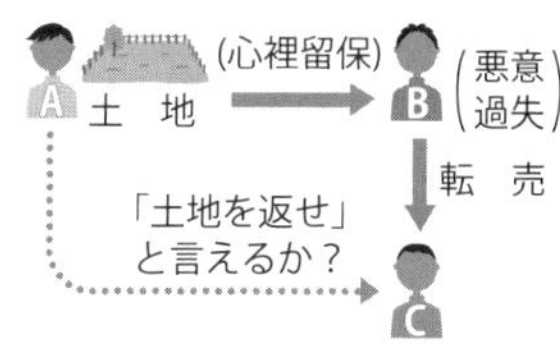

さて、その後で、Ｂが第三者Ｃにこの土地を転売したら、ＡはＣに、「土地を返せ」と言えるか？

解　決　心裡留保が無効な場合というのは、ＡＢ間で架空の契約をでっち上げた場合（虚偽表示）と非常によく似ている。

そこで、虚偽表示同様、心裡留保の無効も**善意の第三者に対抗できない**ことになっている。つまり、Ａは、Ｃが悪意なら土地を取り返せるが、Ｃが善意なら取り返せない。

6. 第三者のまとめ

絶対暗記！	効　果	第三者に対抗できるか？（ここが出る！）
1 制限行為能力者	取り消せる	○
2 詐　欺	取り消せる	善意無過失の第三者には×
3 強　迫	取り消せる	○
4 錯　誤	取り消せる	善意無過失の第三者には×
5 虚偽表示	無　効	善意の第三者には×
6 心裡留保	善意無過失➡有効（ゼムユ） 悪意・過失➡無効（アカム）	（有効だから対抗は問題とならない） 善意の第三者には×

第2章　代　理

1. 代理の基本

第99条【代理とはどういうものか？】

代理人が意思表示をすると、
➜　契約の効力は直接本人に帰属する。

東京のAが、大阪のC所有の土地を買うため、友人Bに代理人として大阪に行ってCとの契約をまとめてきてもらう、という事例を使ってこの先の話を進める。意思表示はBC間でやるが、その結果、契約はAC間に成立する、というのがこの条文だ。

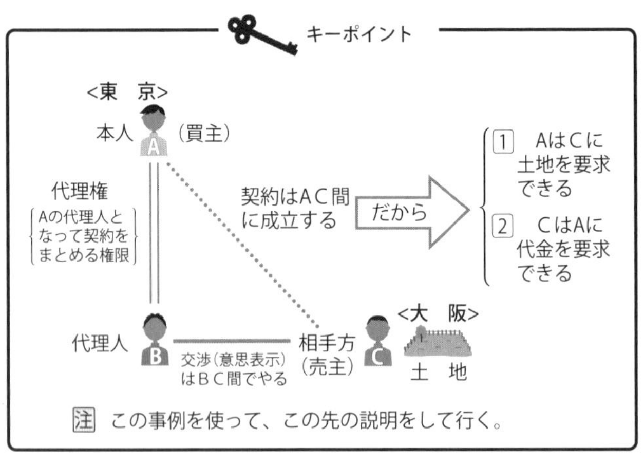

第101条【代理人が錯誤したり、詐欺・強迫にあったらどうなるか？】

代理人が勘違い（錯誤）によって契約したり、だまされたり（詐欺）、おどされたり（強迫）して契約させられた場合には、

➜ その契約を取り消せるのは**本人**だ。

代理人の意思表示の効力が直接本人に帰属するのだから、取消権も、代理人にではなく、直接本人に帰属するというわけだ。

第100条【代理人が、「代理で参りました」と言うのを忘れると、どうなるか？】

原　則　代理人は、「○○さんの代理で参りました」と言わなければならない（これを**顕名**（けんめい）という）。これを言わないと（顕名を欠くと）、

➜ **代理人自身が契約**したことになってしまう。

例　外　しかし、たとえ顕名を欠いたとしても、相手方が、「○○さんの代理で来たんだな」ということを知っていたり（悪意）、知り得た場合（善意有過失）には、

➜ **本人**に契約の効力が帰属する。

（1）**原　則**

先程の事例で、BがCに「Aの代理で参りました」（これが顕名）とは言わず、ただ、「Cさん、貴方の土地を売ってくれませんか？」と言ったとする。そうしたら、Cは、買主はBだと思うはずだ。

そこで、**B自身が買った**ことになってしまうのだ。その結果、BはCに代金を支払わなければならない。Bには気の毒だが、顕名を欠いたという落度がある以上、仕方ない。

（２）例　外

しかし、ＢはＡの代理で来たのだということを、Ｃが知っていた場合など（悪意か善意有過失）には、Ｂに責任を取らせる必要はないから、**本人Ａが買った**ことになる。

第 102 条【ガキの使いでもいいのか？】

未成年者等の**制限行為能力者**でも ➔ **代理人になることができる**（ガキの使いでもＯＫ！）。

そして、この場合、本人は代理人が締結した契約を ➔ **取り消すことはできない。**

（１）代理人になれる

代理人が意思表示をすると、契約の効力は直接本人に及ぶ。ということは、先程の事例で、代理人Ｂが未成年者で、相手方Ｃにまるめ込まれて不利な契約をさせられたとしても、その不利な効果は本人Ａに帰属するから、代理人となった未成年者Ｂが損をするおそれはない。

だから、未成年者等の制限行為能力者でも**代理人になることができる。**

（２）取り消せない

そしてこの場合、本人Ａは不利な契約を、未成年者の行為であることを理由に**取り消すことはできない。**なぜなら、この不利な結果は未成年者を代理人に選んだＡ自身の自業自得だからだ。

第103条【代理人の権限が決められていない場合、何ができるか】

権限の定めのない代理人にできることは次の3つだ。

➔ 1 保存行為（例家の雨もりを修理する）
2 利用行為（例家を賃貸して賃料をかせぐ）
3 改良行為（例家の壁紙をきれいなものに張り替える）

たとえば「後の事は君に任せるから、よろしくたのむ」というような場合だ。こういう任され方をした人のことを、権限の定めのない代理人という。この場合、上の1～3のことができることになっている。

第108条【代理人がやってはいけないことが2つある】

1 自己契約と、2 双方代理は ➔ **原則** として禁止されている（**例外** あり）。

1　自己契約とは？

AがBに、土地売却の代理権を与えたとする。この場合、B自身が買主となること（これを、**自己契約**という）は禁止されている（無権代理となる）。なぜなら、Bは、代金額をうんと安くして、自分に有利な契約にしてしまい、Aの利益を害する危険性が高いからだ（以上が **原則**）。

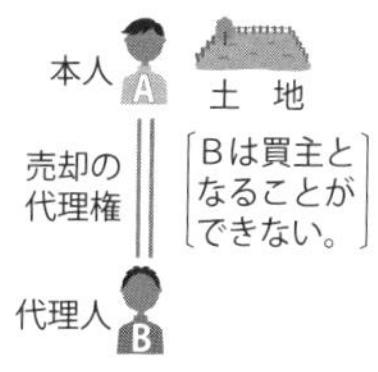

ただし、不利益を受けるA自身の**許諾**（事前）か**追認**（事後）があれば別だ（以上が **例外**）。

2　双方代理とは？

ＡがＢに、土地をＣに売却する代理権を与え、一方で、ＣがＢに、土地をＡから購入する代理権を与えたとする。これが**双方代理**だ。

本人　Ａ　土地　Ｃ
売却の代理権　Ｂ　代理人　購入の代理権
〔ＢがAC双方の代理人となることは原則禁止。〕

これでは、Ｂが、代金額を安くすればＡに損をさせることになるし、高くすればＣに損をさせることになる。だから、双方代理は原則として禁止されている（無権代理となる）。

しかし、あらかじめＡＣ**両方の許諾**（片方ではダメ）を得れば、別だ。

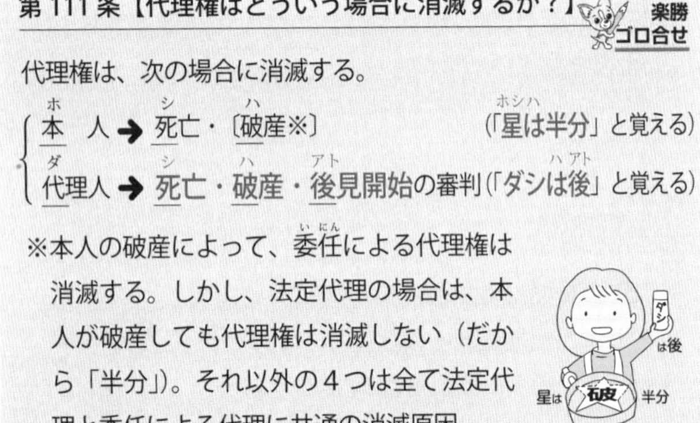
第 111 条【代理権はどういう場合に消滅するか？】　楽勝ゴロ合せ

代理権は、次の場合に消滅する。

本人 → 死亡・〔破産※〕　（「星は半分」と覚える）
代理人 → 死亡・破産・後見開始の審判（「ダシは後」と覚える）

※本人の破産によって、委任による代理権は消滅する。しかし、法定代理の場合は、本人が破産しても代理権は消滅しない（だから「半分」）。それ以外の４つは全て法定代理と委任による代理に共通の消滅原因。

注！　本番では「破産」を「破産手続開始の決定」と表現する。

キーポイント

1 **委任による代理** ➔「大阪のCの土地を買ってきてくれ」というように、**本人から頼まれて**代理権を与えられる場合の代理。

2 **法　定　代　理** ➔ 本人から頼まれて代理権を与えられるのではなく、法律の規定によって代理権を与えられる場合の代理。

親権者(しんけんしゃ)と**未成年後見人**(みせいねんこうけんにん)と**成年後見人**(せいねんこうけんにん)がこれに当たる。

2. 復代理(ふくだいり)

第106条【復代理とはどういうものか？】

復代理人は、代理人の代理人ではなく ➔ 本人の代理人だ。

コメント

東京のAが大阪のCから土地を買うための代理権をBに与えたが、代理人Bが交通事故にあい、大阪に行けなくなってしまったとする。

解　決　その場合、代理人Bはもう一人の代理人B′（これを復代理人という）を選任し、復代理人B′に大阪に行ってもらって契約をまとめて来てもらうことができる。

そして、復代理人B′は代理人Bの代理人ではなく（もしそうだとしたら、99条により、Bが買主になってしまう）、**本人Aの代理人だ**。だから、契約の効力はAに帰属する。

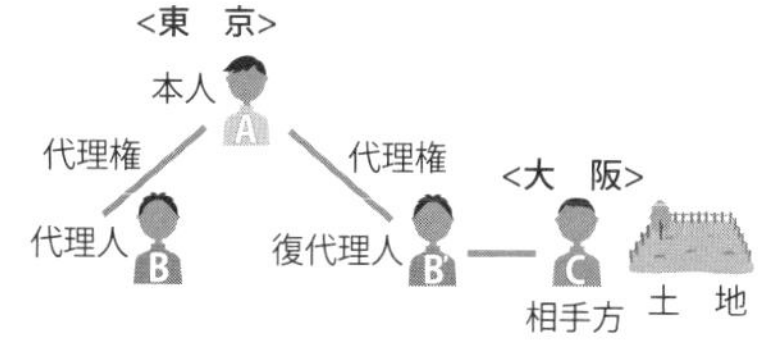

キーポイント

1 　復代理人Ｂ′を選任しても、代理人Ｂは代理権を**失わない**（スペアーキーを作っても、マスターキーでも金庫は開く）。

2 　復代理人Ｂ′の代理権は、代理人Ｂの代理権を**上回ることはできない**（スペアーキーでは別の金庫まで開けることはできない）。

第 104 条、105 条【復代理人を選任する場合の条件と責任】

絶対暗記！	どういう場合に復代理人を選任できるか？	代理人は復代理人の行為についてどういう責任を負うか？
委任による代理人	1 **本人の許諾**を得た場合か、2 **やむを得ない理由**（例、交通事故など）がある場合に限る。	**債務不履行責任**を負う。
法定代理人	**いつでも自由**に選任できる。	原則　➔**全責任**を負う 例外　➔**やむを得ない理由**により復代理人を選任した場合には、**選任監督責任**だけ負えばよい。

3. 無権代理

第113条、116条【無権代理とはどういうものか？】

原　則　本当は代理人ではない者が、代理人のふりをして行った契約（これを無権代理行為という）は
➔ **無効**だ。

例　外　しかし、そういう契約も、本人が**追認**すると
➔ 無権代理行為の時点に**さかのぼって有効**になる（追認の時点から有効になるのではない！**坂登二郎**）。

（1）原　則 ➔ 無効

Bが、Aから何の代理権も与えられていないのに、勝手にCの所に行き、「私はAの代理人だが、貴方の土地をAに1億円で売ってほしい」と申し込み、契約をまとめたとする。こういう振る舞いのことを無権代理という。原則として**無効**だ。

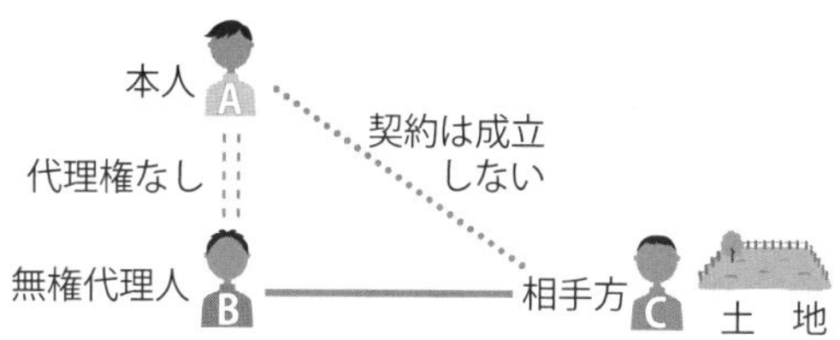

（2）例　外 ➔ 有効

しかし、世の中には、渡りに舟という言葉がある。Aとしては、Bがまとめてきた話に乗りたくなる場合もあるだろう。

解　決　そこで、そういう場合には、Ａは、Ｂの行った無権代理契約を**追認**すれば、土地の買主になれるのだ。

よく出るポイント

Ｂが３月１日に無権代理行為をし、Ａが４月１日に追認すると、契約は**３月１日にさかのぼり有効**になる。（これが**坂登二郎**だ。一郎は➡５頁）

第114条、115条、117条【無権代理人と契約した相手方を保護するための３つの制度】

1 **催告権**（さいこくけん）

無権代理人と契約した相手方は、本人に対して、相当の期限を付けて「追認するかどうか答えろ！」と催告できる。

もし、期限までに答えがないと ➔ 追認を**拒絶**したものとみなされる（この催告は無権代理であることについて相手方が**悪意**でもできる）。

2 **取消権**（とりけしけん）

無権代理人と契約した相手方は、**本人の追認がない間**は ➔ 契約を取り消せる（この取消しは無権代理であることについて相手方が**善意**の場合だけできる）。

3 **履行請求権・損害賠償請求権**（りこうせいきゅうけん・そんがいばいしょうせいきゅうけん）

無権代理人と契約した相手方は、**本人の追認がない間**は ➔ 無権代理人に㋐契約の履行、または、㋑損害賠償を請求できる（これらの請求は無権代理であることについて相手方が**善意無過失**の場合にできる）。また、相手方が善意**有過失**であっても、無権代理人が**悪意**なら（自分に代理権がないことを知っていたなら）、相手方は請求できる。

注！　ただし、無権代理人が制限行為能力者の場合には、

③の請求はできない。

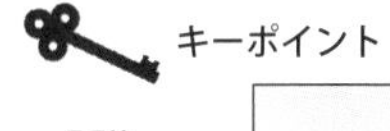

	相手方が		
	善意無過失	**善意有過失**	**悪意**
① 催　告（確答なければ追認**拒絶**）	○	○	○
② 取消し（**追認されると取り消せない**）	○	○	×
③ 履行請求または損害賠償請求	○	原則 ×	×

第110条　【表見代理とはどういうものか】

代理人が、代理権限外の契約をした場合、

➜ 相手方が**善意無過失**なら、その契約は**有効**になる。

コメント

Aが自分の土地をCに賃貸するための代理権をBに与えたところ、Bがその土地をCに売却する契約をまとめてきてしまったとする。

解　決　この場合、Bには、売買契約を結ぶ代理権はないが、Cがそのことについて**善意無過失**なら、Aは、売る気がなかったのに、Cに土地を売ったことになってしまうのだ（これが表見代理）。

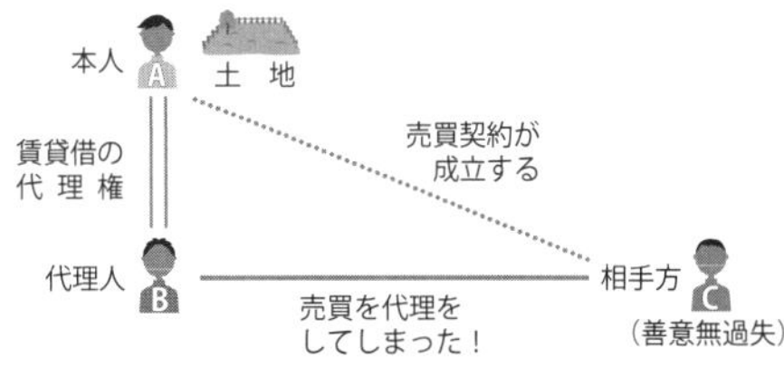

第3章　時効

1．時効には取得時効と消滅時効がある

第 162 条他【取得時効とはどういうものか？】

他人の物を、自分の物にする意思で次の期間占有し続けると、
➔ 他人の物を起算日にさかのぼって取得することができる
（時効完成時から取得するのではない。**坂登三郎**）。

➔ ｛
[1] 人の物だということを占有開始時に全く知らなかった（善意無過失）場合 ➔ 10 年間
[2] それ以外（悪意か善意有過失）の場合 ➔ 20 年間

（1）取得時効と消滅時効

時効には、

① 長い間他人の物を我が物顔で使っているとその物が自分の物になる時効（これを**取得時効**という）と、
② 長い間借金を返さないでいると債務が消えてなくなる時効（これを**消滅時効**という）

の２種類がある。

（2）取得時効

第 162 条は、このうちの取得時効についての規定だ。

[1] 悪意・有過失は 20 年

Ａの土地にＢが勝手に（無権限で）

家を建てた。他人の所有地だということを始めから知っている場合（悪意の場合、善意有過失でも同じ）には、**20年間占有**（いすわること）を続ければ、Bはこの土地の所有権を時効取得できる（第162条の[2]の場合）。

[2] 善意無過失は10年

これに対して、AB間に土地の売買契約があったが、実はその契約は無効だった、という場合は、Bは占有開始時には本当に自分の土地になったと思っていたはずだ（Bは善意無過失）。この場合、Bは**10年間占有**を続ければ、この土地の所有権を時効取得できる（第162条の[1]の場合）。

（3）起算日にさかのぼる

時効の期間が満了すると（これが時効の完成）、土地はBのものになる。

では、いつからBのものになるのか？　答えは、**起算日**（Bが土地を占有し始めた日）に**さかのぼって**Bのものになるのだ。

具 体 例

2004年4月1日からBが悪意で占有を開始し、2024年4月1日になったなら、Bは**2004年**4月1日から土地所有者だったことになる（これが**坂登三郎**（さかのぼりさぶろう）だ。一郎は➡5頁、二郎は➡29頁を復習）。

(4) 自分の物にする意思で

所有権の時効取得が成立するためには、「**自分の所有物にする意思で**」占有を続けることが必要。BがAから土地を**賃借**（ちんしゃく）して家を建てた場合には、Bには「自分の所有物にする意思」はないはずだから、Bはたとえ20年間占有を続けたとしても、土地の所有権を時効取得することはできない。

(5) 所有権以外もＯＫ！

時効取得できる権利は所有権だけではない。

いろいろあるが、試験に出るのは**地上権**と**地役権**と**賃借権**だ。

> **第 166 条【債権は放置しておくと消滅する】**
>
> 債権は、次の期間行使しないと消滅する。
>
> 1 債権者が権利を行使できることを知った時から 5 年間
>
> 2 権利を行使できる時から 10 年間

たとえば、売買代金債権や貸金債権などのような債権は、行使できること（払えと言えること）を知った時から５年間（または行使できる時から 10 年間）「払え」と言わずに放置しておくと時効が完成して消滅する。つまり、債権が消えてなくなり、「払え」と言えなくなるのだ。これが消滅時効だ。

債権以外は？

まず、所有権は時効によって**消滅しない**。そして、「債権と所有権」以外の財産権（地上権・永小作権・地役権・抵当権等）は権利を行使できる時から 20 年間行使しなかったら時効によって消滅する。

	時効期間（下記の場合に消滅する）
①　債　権	1 行使できることを知った時から５年間行使しなかった 2 行使できる時から 10 年間行使しなかった　注１
②　所有権	消滅しない
③　①②以外の財産権　注２	行使できる時から 20 年間行使しなかった

注１ 生命・身体の侵害による損害賠償請求権（これも債権だ）については、行使できる時から20年間となっている。生命・身体は大事だから２倍（10年間×２）になっているのだ。㊐殴られてケガをした（身体の侵害）場合は、損害賠償を請求できる。これが身体の侵害による損害賠償請求権だ。

注２ ①②以外の財産権とは、地上権・永小作権・地役権などのことだ。

第166条の続き【消滅時効はいつからスタートするか？】

消滅時効は ➔「権利を行使（こうし）できる時」から進行（しんこう）する。
具体的に言うと、

1 確定期限付（かくていきげんつき）の債権 （㊐ ４月１日に支払う）	➔	期限が到来（とうらい）した時から進行 （４月１日からスタート）
2 不確定期限付（ふかくていきげんつき）の債権 （㊐ 自分の父親が死んだら支払う）	➔	期限が到来した時から進行 （死んだ時からスタート）
3 条件付（じょうけんつき）の債権 （㊐ 宅建士試験に合格したら支払う）	➔	条件が成就（じょうじゅ）した時から進行 （合格した時からスタート）
4 期限の定めがない債権 （㊐ いつ支払うか決めていない）	➔	直ちに進行 （契約と同時にスタート）

（1）権利を行使できる時とは？

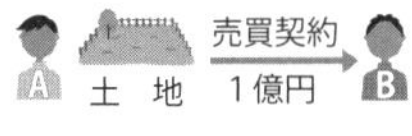

Ｂが、Ａから土地を１億円で買ったら、代金債権は、権利を行使できる時から10年間行使しないと時効によって消滅する。

では、権利を行使できる時とは何か？　具体的には上記の 1 ～ 4 だ。

キーポイント

- 期　限 ➔ 将来必ず来るのが期限
  - **確定期限**
    ➔いつ来るかはっきり決まっている場合（例4月1日）
  - **不確定期限**
    ➔いつ来るかわからないがいつかは必ず来る場合（例父親の死）
- 条　件 ➔ 来るかどうかわからないのが条件（例宅建士試験の合格）

（2）あらかじめ放棄できない

ＡＢ間の売買契約で、ＢがＡに「時効だから払わない、などとは絶対に言いません」と発言していたとしても（たとえ契約書にその旨(むね)明記(めいき)してあったとしても）、時効が完成すれば、Ｂは代金債権を払わなくてよくなる。時効は、当事者の意思であらかじめどうこうできないのだ。

時効の利益は ➔ あらかじめ放棄できない！

2．時効の完成猶予(かんせいゆうよ)と更新(こうしん)

第147条【請求による時効の完成猶予・時効の更新】

1 裁判上の請求をすると（訴えを起こすと）、
➔　時効の完成が**猶予**される（時効は完成しない）。

2 そして、勝訴すると、
➔　時効が**更新**する（時効期間がゼロに戻り、再び進行を始める）。

（1）時効の完成猶予と時効の更新

時効を完成させないようにするには、裁判所に訴えを起こせばよい（**裁判上の請求**）。訴えを起こせば、とりあえず、時効の完成が**猶予**される（時効は完成しない）。そして、勝訴すれば、時効が**更新**する（それまで進行していた時効期間がゼロに戻り、再び進行を始める）。これで一安心だ。

（2）口頭で請求したらどうなるか？

口頭で「お金を返せ」と言うことを、**催告**という。もちろん、裁判上の請求より効力が弱い。だから、時効の更新は生じない。ただし、催告をした時から**６カ月**間は時効の完成が猶予されることになっている（６カ月間は時効が完成しない）。

（3）承　　認

次に承認とは、債務者（さいむしゃ）の側で、「確かに金を借りている」と認めることだ。これは、**口頭**で認めるだけで直（ただ）ちに時効が更新する。訴えなどの手続きは一切いらない。

第4章　相　続

1．相続人と相続分

第 887 条、900 条他【相続人は誰か？相続分はどれだけか？】

1　第１順位 ➜ 直系卑属 $\frac{1}{2}$ ＋配偶者 $\frac{1}{2}$

2　第２順位 ➜ 直系尊属 $\frac{1}{3}$ ＋配偶者 $\frac{2}{3}$

3　第３順位 ➜ 兄弟姉妹 $\frac{1}{4}$ ＋配偶者 $\frac{3}{4}$

（1）相続とは？

遺産を残して死亡した人を被相続人（相続される人）といい、遺産を相続する人を相続人という。

（2）誰がいくら？

問題は、①**誰が**、②**いくら**相続するかだ。まず、第１順位は直系卑属（子供や孫のこと）と配偶者（夫から見て妻、妻から見て夫のこと）だ。

誰が？　たとえば、被相続人ＡがＢと婚姻していて、ＡＢ間に子ＣＤＥがいたとしたら、**ＢＣＤＥが相続人**となる。

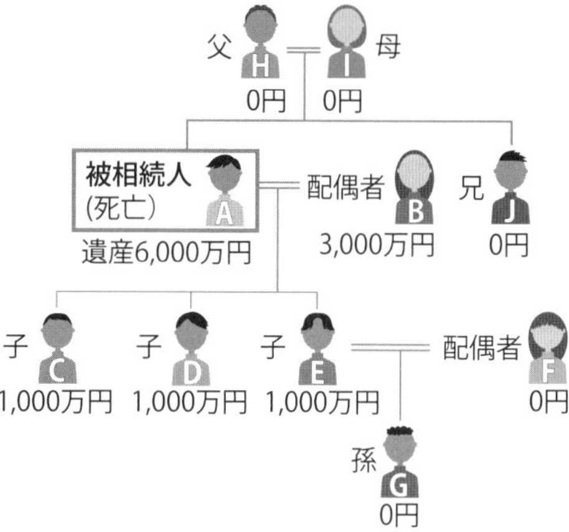

B：6,000万円×$\frac{1}{2}$ ＝3,000万円
C：6,000万円×$\frac{1}{2}$×$\frac{1}{3}$＝1,000万円
D：6,000万円×$\frac{1}{2}$×$\frac{1}{3}$＝1,000万円
E：6,000万円×$\frac{1}{2}$×$\frac{1}{3}$＝1,000万円

他に、被相続人の父H、母Ｉや兄Ｊがいても、相続人になれない。また、子ＥがＦと婚姻しており、ＥＦ間に子Ｇ（Ａから見れば孫）がいた場合、ＦやＧは相続人となれない。ＦはＡの直系卑属ではないし、Ｇは、Ａの直系卑属だが、孫のＧより子のＥが優先的に相続人となるからだ。

いくら？　Ａの遺産が6,000万円だったとすると、**配偶者Ｂは$\frac{1}{2}$の3,000万円を相続**する。残りの3,000万円を子ＣＤＥが相続する。

つまり、ＣＤＥは、相続する3,000万円を、**$\frac{1}{3}$の1,000万円ずつ相続**することになる。

（３）代襲相続

孫Ｇが相続人になるのは次の３つの場合だ。

1 **死　　亡**……　子ＥがＡより先に死亡していたか、またはＡＥが同時に死亡した場合、孫Ｇが子Ｅの代わりに相続人になる。飛行機事故などで、ＡＥどちらが先に死亡したか不明の場合には、ＡＥは**同時に死亡したものと推定**されて、Ｇが相続人になる。

2 **欠　　格**……　子Ｅが遺産目当てにＡを殺したら相続人になれないことになっている。

これを、相続欠格とか、欠格事由という。この場合、孫ＧがＥの代わりに相続人になる。

3 **廃　　除**……　子ＥがＡの生前、Ａを虐待したらＡは、家庭裁判所に、「自分が死んだら、Ｅには遺産を相続させないで下さい。」と請求することができる。

これを廃除という。Ｅが廃除された場合、孫ＧがＥの代わりに相続人になる。

以上３つの場合に、孫Ｇが、子Ｅの代わりに相続人になる制度のことを代襲相続という。

Ｇが代襲相続する場合、Ｇは、本来ならＥが相続するはずだった分をそのまま相続するから、**Ｇの相続分は 1,000 万円**だ。

（4）相続の承認と放棄

相続人は、自己のために相続が開始したことを**知った時**から3カ月以内（相続開始から3カ月以内ではない）に、1 単純承認するか、2 限定承認するか、3 放棄するかを選ばなければならない。一度選ぶと、自由に**撤回することはできない**。

なお、3カ月以内に選ばないと、単純承認をしたことになる。

1 **単純承認**……　被相続人が残した遺産も**借金も全部**受け継ぐ相続方法のこと。

2 **限定承認**……　被相続人が残した借金は遺産だけから返済し、遺産で返済し切れない部分については返済しない、という相続方法のこと。大事なのは、限定承認は相続人**全員共同**でなければできない、ということだ。

3 **放　　棄**……　被相続人が残した遺産も借金も全く受け継がないことにすること。放棄について大事なのは、**代襲相続を生じない**ということだ。

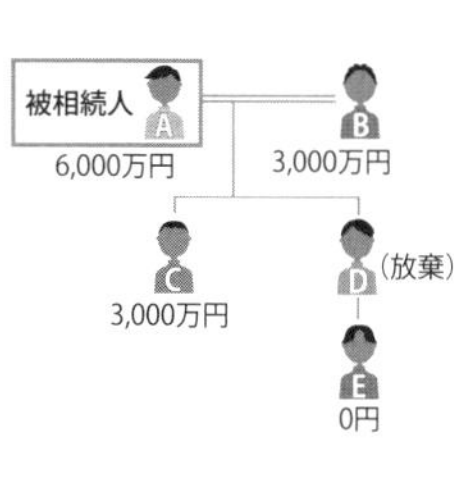

たとえば、Aが6,000万円の遺産を残して死亡し、Aには配偶者Bと、子C・Dがおり、Dには子Eがいたとする。Dが相続を放棄すると、相続人となるのは、BとCだけであり、**EはDを代襲相続しない**。BとCが3,000万円ずつ相続する。

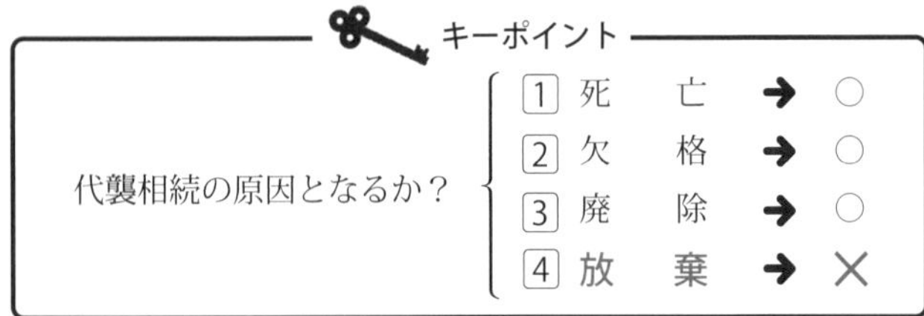

（５）第２順位→直系尊属(ちょっけいそんぞく)$\frac{1}{3}$＋配偶者$\frac{2}{3}$

遺族の中に、直系卑属がいない場合には、第２順位として、直系尊属（父母や祖父母のこと）と配偶者が相続人になる。

誰が？　たとえば、被相続人Ａに、配偶者Ｂ、父Ｈ、母Ｉ、兄Ｊがいたとする。この場合、相続人となるのはＢ・Ｈ・Ｉの３人だ。Ｊは第３順位だから、Ｈ・Ｉがいる限り相続人となることはできない。

いくら？　遺産が 6,000 万円なら、配偶者Ｂは $\frac{2}{3}$ の 4,000 万円を相続し、残りの 2,000 万円を父母が半分ずつ相続する。

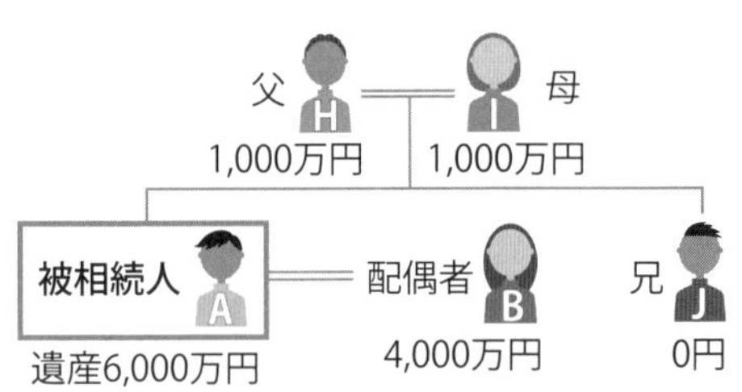

B：6,000万円×$\frac{2}{3}$ =4,000万円
H：6,000万円×$\frac{1}{3}$×$\frac{1}{2}$=1,000万円
I：6,000万円×$\frac{1}{3}$×$\frac{1}{2}$=1,000万円

（６）第３順位→兄弟姉妹$\frac{1}{4}$＋配偶者$\frac{3}{4}$

直系卑属も直系尊属もいない場合に、ようやく兄弟姉妹が配偶者と一緒に相続人になる。

誰が？ たとえば、被相続人Ａにも、配偶者Ｂと兄Ｊだけがいたとする。

この場合、ＢとＪが相続人になる。

いくら？ 遺産が 6,000 万円なら、相続分は、Ｂが$\frac{3}{4}$の 4,500 万円、Ｊは$\frac{1}{4}$の 1,500 万円だ。

なお、ＪがＡより先に死亡していた場合、Ｊに子がいれば（Ａから見て甥(おい)か姪(めい)だ）、その子がＪを代襲して相続する。

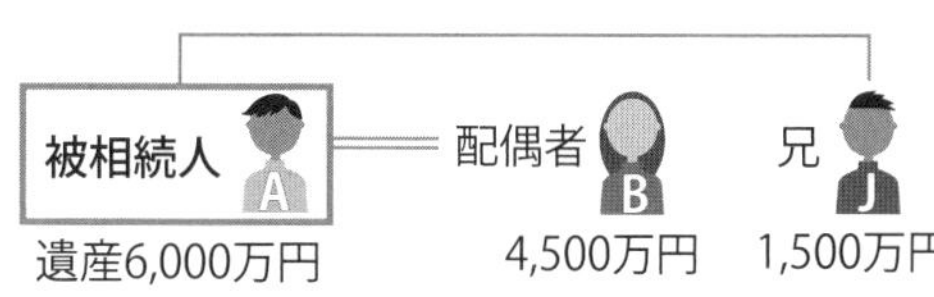

$$B：6{,}000万円\times\frac{3}{4}=4{,}500万円$$
$$J：6{,}000万円\times\frac{1}{4}=1{,}500万円$$

注！ ちなみに、父母の一方のみを同じくする兄弟姉妹の相続分は、父母の双方を同じくする兄弟姉妹の$\frac{1}{2}$だ。

2．遺言（いごん（ゆいごん））

第 961 条他【遺言のポイントは何か？】

[1] 制限行為能力者も遺言ができる。

① 未成年者 ➔ 15 歳になると遺言ができる（法定代理人の同意不要）。

② 成年被後見人 ➔ 判断力を回復している間なら、医師２人以上の立会いがあれば遺言ができる（成年後見人の同意不要）。

③ 被保佐人 ➔ 自由に遺言ができる（保佐人の同意不要）。

[2] 胎児（たいじ）に遺産を与える旨の遺言も ➔ 有効だ。

[3] 遺言も死因贈与（しいんぞうよ）も ➔ いつでも自由に撤回することができる（撤回権を放棄できない）。

コメント

一旦遺言をした後で、気が変わることもあるから、[3]のように、遺言はいつでも自由に撤回できることになっている。制限行為能力者でなくてもだ。[3]の死因贈与というのは、「自分が死んだら、これをあげるよ」と約束しておくことで、遺言と同じ扱いを受ける。

3. 遺留分

第1042条【遺留分の割合はどれだけか？】

1 兄弟姉妹には → 遺留分はない

2 直系尊属だけが相続人の場合 → 遺留分は遺産の$\frac{1}{3}$

3 それ以外の場合 → 遺留分は遺産の$\frac{1}{2}$

（1）遺留分とは？

遺言でも侵害することのできない遺族の遺産の取り分として、遺留分というものがある。遺留分を有するのは、配偶者、直系卑属、直系尊属だけであり、兄弟姉妹には遺留分はない。

（2）お金で解決

遺留分を侵害する遺言は無効ではない。遺言は有効で、遺留分を有する相続人が遺贈を受けた者に対して、侵害された遺留分に相当する金銭の支払を請求できるだけだ。この金銭の支払を請求できる権利を遺留分侵害額請求権という。

具体例 たとえば、被相続人Ａが、6,000万円の遺産全額を孤児院に寄付するという遺言を残して死亡したとする。Ａに、配偶者Ｂと子ＣＤがいたとしたら、ＢＣＤは、孤児院に対して、遺産の$\frac{1}{2}$である3,000万円の支払を請求できる。

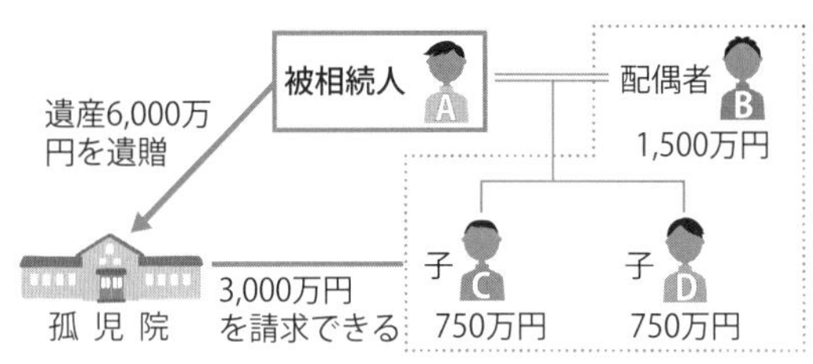

B：6,000万円×$\frac{1}{2}$×$\frac{1}{2}$　　=1,500万円
C：6,000万円×$\frac{1}{2}$×$\frac{1}{2}$×$\frac{1}{2}$=　750万円
D：6,000万円×$\frac{1}{2}$×$\frac{1}{2}$×$\frac{1}{2}$=　750万円

この3,000万円に対して、ＢＣＤは、相続分の割合に応じた遺留分を有する。つまり、Ｂの遺留分は3,000万円の$\frac{1}{2}$の1,500万円であり、残りの1,500万円の$\frac{1}{2}$の750万円ずつが、ＣとＤの遺留分だ。

（３）遺留分の放棄

Ａがどうしても遺産全額を孤児院に寄付したいと思ったら、ＢＣＤが遺留分を放棄することが必要だ。Ａの生前、ＢＣＤが遺留分を放棄するには、**家庭裁判所の許可**が必要とされている。そうしないと、Ａの圧力に屈して、ＢＣＤが無理やり遺留分を放棄させられる恐れがあるからだ。

なお、ＢＣＤが家庭裁判所の許可を受けて遺留分を放棄した後、Ａが遺言をしないで死亡したら、ＢＣＤが887条（➡38頁）によって相続する。つまり、遺留分を放棄しても、遺言がない場合には**相続人になれる**のだ。

物権の変動・危険負担・債権譲渡

1．物権の変動

第 176 条、第 522 条他【当事者間では意思表示だけで全てが決まる】

1 契約の成立（例 Aの家をBが買った＝売買契約の成立）
2 物権の変動（例 Aの家がBのものになった＝所有権の移転）
には、

➜ 当事者の意思表示（口約束）さえあればよく、他の何の手続き（①契約書の作成や、②登記や、③引渡しや、④代金の支払い等）も必要ない。
（例外 質権の設定には ➜ 目的物の引渡しが必要）

（１）意思表示だけでＯＫ

たとえば、ＢがＡに、「貴方の家を１億円で売ってくれませんか？」と契約の申込みの意思表示をし、ＡがＢに「はい、いいですよ」と承諾の意思表示をすれば、それだけで、1 AB 間に家の売買契約が成立するし、2 家の所有権はＡからＢに移転するのだ。しかも、この意思表示というのは、単なる口約束で足りるから、電話でもできるし手紙でもできる。他に何の手続きもいらない。

注！ ただし、ＡはＢに対し対抗要件を備えさせる義務（登記を移転する義務）を負う。

（2）質権は別

ただし、質権という権利を設定する場合（質屋から金を借りる場合）は、意思表示だけではダメで、目的物（質草）を相手方（質屋）に引き渡さなければ、質権設定の効力を生じないことになっている。

（3）物権と債権

ところで、権利には「物権」と「債権」がある。

物権とは、物を支配する権利のことで、所有権が代表選手だ。所有権以外にもいろいろあるが（㊐地上権、抵当権、占有権、地役権等）、個人が勝手に物権を創設すると世の中が混乱するので、物権の種類は法律で決めることになっている（物権法定主義という）。そして、所有権を移転したり、地上権や抵当権を設定したりすることを物権の変動という。

一方、「債権」とは、人に何かを請求する権利（㊐金を返せ、家を使わせろ等）のことで、これは当事者の意思で自由に作り出せる（契約自由の原則という）。

物権と債権

権　利
- 物　権（物を支配する権利）➔勝手に作れない（物権法定主義）（㊐所有権、地上権、抵当権等）
- 債　権（人に何かを請求する権利）➔**自由**に作れる（契約自由の原則）（㊐賃借権等）

地上権と賃借権の比較

	地　上　権	賃　借　権
1 **抵当権**を設定できるか?	○	×
2 地主の承諾なしに**譲渡**できるか?	○	×
3 **登記**できるか?	○	○

（4）人の物を売る契約

ところで、人の物を売ることはできるだろうか？　答えは「できる」だ。他人の物でも**有効**に売買することができるのだ（他人の物を売る契約は有効）。

たとえば、Ｃの所有地をＣとは全く赤の他人のＡがＢに売ることが有効にできる。この場合、Ａは、Ｃの所有地を取得してＢに移転するという義務（権利取得移転義務）を負うことになる。ちなみに、Ａがこの義務を履行できなかったら、債務不履行だから（➡ 90 頁）、Ｂは、1損害の賠償を請求できるし2契約の解除もできる。

２．危険負担

第 536 条【売買契約の目的物が不可抗力で滅失したらどうなるか？】

売買契約の目的物（例買った家）が、引渡し前に、**不可抗力**によって（例落雷で）、滅失（例全焼）した場合は
➔ 買主は代金の支払いを**拒むことができる**。

コメント

（1）危険負担とは？

たとえば、Ａの家をＢが１億円で買ったが、引渡しを受ける前に落雷でこの家が全焼した。この場合でも、買主Ｂは代金を支払う必要があるのか、という問題を**危険負担**という。

解　決　この場合の危険は、売主Ａの側で負担する、ということになっている。だから、買主Ｂは代金の支払いを**拒むことができる**。Ａには気の毒だが、Ａに泣き寝入りしてもらうしかない。

3．物権変動の対抗要件

第 177 条【不動産物権変動の対抗要件は登記だ】

①不動産の物権変動（例　土地所有権の取得）は、

- **原則**　登記がないと ➔ 第三者に対抗できない（「俺の土地だ」と主張できない）。
  - 例 ➔
    1. 二重譲渡の場合
    2. 解除の場合
- **例外**　登記がなくとも ➔ 次のような「極悪」な第三者には対抗できる（「俺の土地だ」と主張できる）。
  - 「極悪」の例 ➔
    1. 不法占拠者
    2. 不法行為者
    3. 背信的悪意者（いやがらせ）
    4. 登記申請の依頼を受けていた者
    5. 詐欺・強迫により登記を妨げた者

②登記には、**原則**として公信力はない（**例外**あり、これは難しい）。

コメント

（1）二重譲渡とは？

物権の変動が意思表示だけで生じるということは、ひとつの不動産を２人の人に売ることもできる。それを二重譲渡という。

具体例　Ａが自分の土地を４月１日にＢに売り、さらに、４月２日にＣにも売ったとする。ＡＢ間の売買契約も、ＡＣ間の売買契約も、ともに有効だ。

では、ＢとＣのどちらが所有者になるのか？

解　決　答えは、先に**登記**を得た方が所有者になる。Ｃが Ａから登記の移転を受ければ、ＣはＢに「俺の土地だ」と主張（対抗）できる。

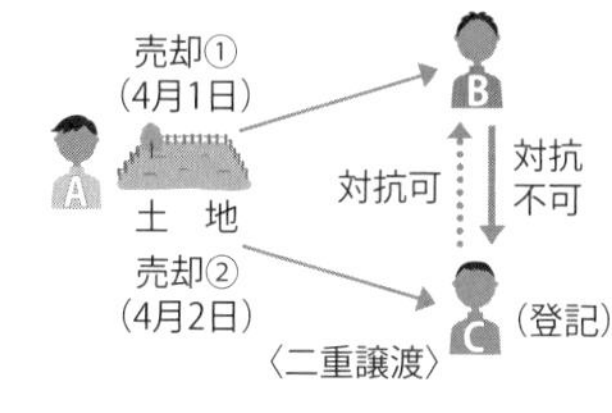

Ｃは登記さえ得れば、Ｂが自分より先に土地を買ったことを知っていたとしてもＢに所有権を対抗できる。つまり、**悪意でもいい**。

（２）解除も同じ！

Ａの土地が、ＡからＢ、ＢからＣへと売り渡されたが、AB間の契約が解除されたとする。この場合、AC間でどちらが土地所有権を相手方に対抗できるかは、解除がＣへの転売の**前**だろうと**後**だろうと**登記**の有無で決まる。

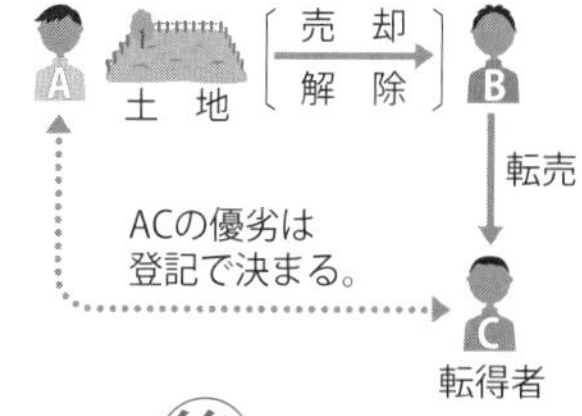

（３）「極悪」な第三者

さて、物権の変動を第三者に対抗するには登記が必要だというのが**原　則**だが、これには**例　外**がある。

次のような「極悪」な第三者Ｚに対しては、**登記がなくても対抗できる**。

1 **不法占拠者Ｚ**……例Ａの土地にＺが勝手に家を建て住みついている場合、Ａは登記がなくてもＺに「俺の土地だ。明け渡せ！」と主張できる。

2 **不法行為者Ｚ**……例Ａの家にＺが放火した場合、Ａは登記がなくてもＺに「俺の家だ。弁償しろ！」と主張できる。

3 **背信的悪意者Ｚ**……例Ａの土地をＢが買った。ＺはＢを困らせるためだけの目的でＡから同じ土地を買って登記を得た（正常な取引競争ではなく単なるいやがらせ)。Ｂは登記がなくても、Ｚに「俺の土地だ！」と主張できる。

4 **登記申請の依頼を受けていた者Ｚ**……
例ＢはＡから土地を買い､司法書士Ｚに登記申請を依頼した。ＺはＢを裏切り、自分もＡから同じ土地を買い自己名義に登記してしまった。Ｂは登記がなくても、Ｚに「俺の土地だ！」と主張できる。

5 **詐欺・強迫により登記を妨げた者Ｚ**……
例ＢはＡから土地を買った。ＺはＢを脅して登記を妨げ、その間に自分もＡから同じ土地を買い自己名義に登記してしまった。Ｂは登記がなくても、Ｚに「俺の土地だ！」と主張できる。

（4）公　信　力

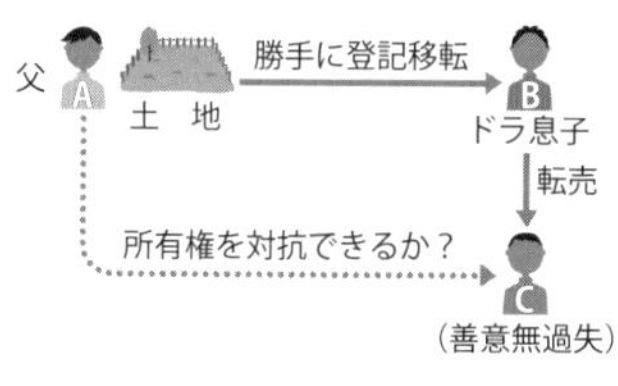

父親Ａの土地の権利書と実印をドラ息子のＢが勝手に持ち出して自己名義に登記を移転したとしても、この登記は無効だ。

だから、善意無過失のＣがこの登記を信じてＢからこの土地を買ったとしても、Ｃは土地所有権を取得できない。このことを、「登記には公信力（こうしんりょく）がない」（登記を信じても権利を取得できない）という。Ａは登記がなくともＣに所有権を対抗できる。これが**原　則**だ。

例　外　しかし、Ｂが勝手に自己名義に登記を移転した事実をＡが知りながら放置していた場合（黙認（もくにん）していた場合）には、Ａを保護する必要はないから、ＡはＣに所有権を対抗できない。

（5）動　　　産

今まで不動産の話ばかりしてきたが、動産（時計やカメラ等）の譲渡については、登記ではなく、引渡しが対抗要件とされている（対抗要件とは、第三者に対抗するために必要な要件ということ）。

4. 債権譲渡

第467条他【債権譲渡とはどういうものか?】

① 債権は➔ 譲渡を禁止・制限する特約(譲渡制限の特約)があっても、有効に譲渡できる。
(ただし、譲受人がこの特約について悪意・重過失であれば、債務者は履行を拒むことができる。)

② 債権譲渡を譲受人が債務者に対抗するには(「俺に払え」と言うためには)➔ 次の3つのうちのどれか1つが必要だ。

➔ 1 譲渡人から債務者への通知(口頭でOK)
 2 債務者から譲渡人への承諾(口頭でOK)
 3 債務者から譲受人への承諾(口頭でOK)

③ 債権が二重に譲渡された場合、二重譲受人間の優劣は➔ 上の1~3のどれか1つが確定日付のある証書(例 内容証明郵便など)で行われたかどうかで決まる。

(1) 通知・承諾

Aが、Bに対する100万円の貸金債権をCに譲渡した場合、Cは、直ちにBに、100万円の支払いを求められるかというと、そうではない。

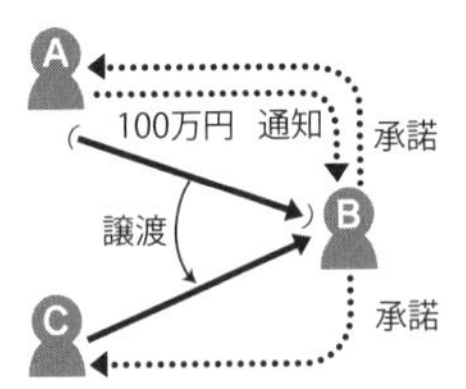

「私が譲り受けましたので、私に100万円払って下さい」というCの言葉がウソだったとしたら、Bとしては、Cに払った後で、Aに、もう100万円払わなければならなくなるかもしれない。

解決　そこで、こういう二度払いの心配をなくすために、ＣがＢに譲渡を対抗するには、

1 ＡからＢへの通知
2 ＢからＡへの承諾
3 ＢからＣへの承諾

の３つの**どれか１つ**が必要ということになっている。

この３つは、どれも口頭(こうとう)でできる（電話でもいい）。

（2）二重譲渡

ＡがＢに対して有する100万円の債権を、ＣとＤに、二重に譲渡した場合、ＣがＢに対して、「Ｄではなく俺が本当の譲受人だから俺に100万円払え」と言うためには、どんな対抗要件が必要か？

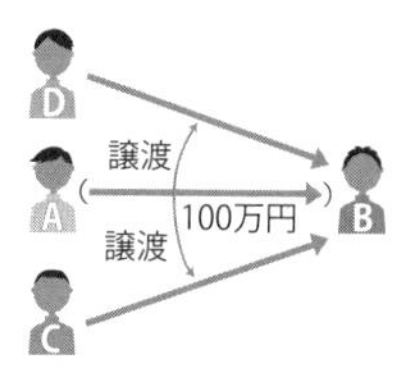

解決　そのためには、1 ＡからＢへの通知、2 ＢからＡへの承諾、3 ＢからＣへの承諾、の３つのどれか１つが、「**確定日付(かくていひづけ)のある証書(しょうしょ)**」なるもので行われる必要がある。確定日付のある証書とは、内容証明郵便などのことだ。

注！　ＡがＢに対して有する債権を、ＣとＤとに二重譲渡し、ＡがＣに対する債権譲渡もＤに対する債権譲渡も確定日付のある証書でＢに通知した場合、ＣとＤの優劣は、通知がＢに到達した日時の先後で決まる。

ちなみに、通知が同時にＢに到達した場合、ＣＤは、両者ともＢに対して、債権全額の弁済を請求できる（ただし、Ｂは、ＣＤのどちらか一方に弁済すればOK)。

第6章　不動産登記法

1．登記記録とはどういうものか？

登記記録の見本

表題部	○○市○○町○丁目○番 地目　　宅地 地積　　330 ㎡	表示（に関する）登記
権利部	所有権（共有持分や買戻特約等も） 地上権 賃借権 （根）抵当権	権利（に関する）登記

（1）登記記録

不動産とは、土地と建物のことだ。登記記録は、**一筆の土地**または**一個の建物**ごとに作成されている。この登記記録が記録されている帳簿のことを**登記簿**という（帳簿といっても、紙ではなく電磁的に記録され登記所に保管されている）。上に示したのが、登記記録の見本だ。

（２）２つの部分

登記記録は、土地の場合も、建物の場合も、①表題部と②権利部という２つの部分から成り立っている。表題部に記録される登記を表示に関する登記（表示登記）といい、権利部に記録される登記を権利に関する登記（権利登記）という。

不登法第 27 条等【表題部には何が記録されるか？】

表題部には　➜　土地・建物の「表示に関する登記」が記録される。

（１）何を記録する？

その登記記録が、どこのどの土地・建物の登記記録なのかをはっきりさせるために、所在地の他、**【土地】**であれば地目（宅地、山林等）と地積（面積）等、**【建物】**であれば床面積等、物件の**物理的状況**（これが「表示に関する登記の登記事項」だ）が記録される。物件の**価格は記録されない**。

（２）中心線

建物の床面積は、壁その他の区画の**中心線**で囲まれた部分の水平投影面積だ。

（３）1カ月以内

表示に関する登記のうち、表題部に最初にされる登記のことを**表題登記**という。建物を新築したときは、**１カ月**以内に表題登記を申請しなければならない。また、建物が滅失したときは、**１カ月**以内に滅失の登記を申請しなければならない。

（４）どちらか一方

建物を２つの登記所の管轄区域にまたがって新築した場合には、**どちらか一方**の登記所が指定される。

不登法第 59 条【権利部には何が記録されるか？】

権利部には　➔　「権利に関する登記」が記録される。

（１）権利部は２つに分けられている

登記記録は、表題部と権利部に分けられている（➡ 57 頁）が、権利部は、さらに**甲区**と**乙区**の２つに分けられている。

	どんな権利が登記されているか？
1 甲区	**所有権**
2 乙区	所有権**以外**の権利

所有権以外の権利は、全て乙区に登記される。だから、地上権、賃借権、（根）抵当権、**配偶者居住権**等は乙区に登記されることになる。

ちなみに、賃借権と配偶者居住権は債権だが（➡ 48 頁）登記**できる**ことに注意！

言葉のイミ

配偶者居住権　➔　夫が所有する**居住**用の建物に、夫婦仲良く住んでいた。ところが、夫が死亡してしまった。残された妻が住み慣れた住居から出ていくしかないとしてはかわいそうだ。そこで、残された妻は一定の場合、無償で、その住んでいた建物に居住する権利を取得できることになっている。これが**配偶者居住権**だ。

（２）何を記録する？

Ａの土地をＢが買うと、「ＡからＢに所有権が移転しました」という意味のことが権利部に記録される（所有権移転登記（しょゆうけんいてんとうき））。これ以外にも、権利に関することは全て権利部に記録される。

たとえば[1]所有権移転登記の抹消(まっしょう)、[2]買戻(かいもど)しの特約、[3]共有の場合の持分(もちぶん)などだ。

（３）登記義務について

物権の変動（所有権の移転が代表選手だ）が生じても、登記するかしないかは、全く当事者の自由だ（自分のことは自分で自由に決めてよいという考え方＝**私的自治(してきじち)の原則**、が根底(こんてい)にある）。

だから、登記をせずに永久に放置しても構わない。

ただし、**相続**の場合だけは、話は別で、相続により不動産を取得した相続人は、相続により所有権を取得したことを知った日から**３年**以内に相続登記の申請をしなければならない。

キーポイント

登記の申請義務はあるか？

- 建物の新築・滅失 → ある（**１カ月**以内に）
- 権利登記のうちの相続の登記 → ある（**３年**以内）
- 相続の登記以外の**権利登記** → ない

（４）改姓は？

抵当権者「鈴木花子」さんが結婚して「山田花子」さんに改姓した場合、登記記録の権利部に記録されている「鈴木花子」の名前を「山田花子」に訂正する。この訂正手続のことを、「抵当権の登記名義人の**住所氏名**変更の登記」という。

「氏名の表示を変更するのだから表題部に記録するのだろう」と誤解しないように。抵当権の登記名義人の名前を訂正するのだから権利部だ。

不登法第４条【登記された権利の順位はどう決まるのか？】

登記された権利の順位は　➔　登記の前後で決まる。

たとえば、一番抵当権と二番抵当権では、どちらが優先するかといえば、もちろん一番抵当権だ。では、一番二番の優劣は何によって決まるのか？　それは登記の前後で決まる。先に登記した方の勝ちということだ。

不登法第119条【登記事項証明書】

登記記録をプリントアウトした登記事項証明書は、
➔　利害関係がなくても交付してもらえる。

タダじゃない。手数料を原則として**収入印紙**で納付する。

2. 登記手続のポイント

（1）申請が必要

登記するかどうかは、当事者が自由に決めることだから当事者の**申請が必要**だというのが**原 則**。

例 外　しかし、**表示登記**は、公的（こうてき）なものだから、登記官が職権（しょっけん）でやることもできる（㊖建物の滅失の登記）。

（2）共同で申請

Ａの土地をＢが買った場合、登記によって得をする立場のＢ（登記権利者（とうきけんりしゃ）という）と、損をする立場のＡ（登記義務者（とうきぎむしゃ）という）が共同して申請すれば、その申請内容は真実だと考えることができる。そこで、登記の申請は**原 則**として、**登記権利者と登記義務者が共同**してやるのが原則。

例 外　しかし、次のような場合には、単独申請OK！

1. **表示登記**……そもそも登記権利者と登記義務者という二当事者はいない。
2. **相続による権利移転登記**……父親から土地を相続した子が、所有権移転登記を申請する場合、父の骨壷を持って申請に行っても仕方ないから。
3. **判決による登記**……登記義務者が登記申請に協力しない場合、登記権利者は協力するよう裁判を起こすことができ、裁判に勝てば、単独で申請できる。
4. **仮登記**……仮登記義務者の承諾があれば、仮登記権利者が単独で仮登記を申請できる。損する人が納得しているからだ。

注１　①**法人の合併**による権利移転登記、②**収用**による権利移転登記、③相続人に対する遺贈による所有権移転の登記も単独申請OKだ。

注２　共有物分割禁止の定め（➡ 68 頁不分割特約）の登記は、共有者である全ての登記名義人が共同してしなければならない。

注３　信託の登記の申請は、信託に係る権利の移転等の登記の申請と同時にしなければならない。

（3）申請の方法

万が一にもミスがあってはいけないから、口頭による申請は絶対認めず（例外なし）、権利登記も表示登記も、次のどちらかの方法で申請しなければいけない。

1　オンラインで申請

インターネットを使う方法だ。本番では「電子情報処理組織を使用する方法」と表現されるから面食らわないように。

2　書面で申請

書面（磁気ディスクでも OK）を登記所に提出してもいいし、郵送で提出してもいい。

受験テクニック

原則には例外が付きものだから、「絶対」「常に」という表現が出てくる問題文は十中八、九誤りと判断せよ。これを「常に」は常に×のテクという。

しかし、ごくまれに、このテクニックが通用しないケースもある。そのひとつが、この問題だ。

3．登記識別情報

深入りするな!

(1) コワイ話

貴方の家が貴方の名前で登記してあるとする。ところが、誰かが勝手に貴方の家の登記を移転してしまったら？……コワイ！　そんなことができないように、登記名義人（自分の名前で登記してる人）を守ってくれるのが**登記識別情報**だ。

(2) パスワードで守れ！

1　そもそも登記はコンピューターでやる。コンピューターの世界にはパスワードが付きモノ。たとえば、Aが土地の所有権保存登記をしたら、登記官から登記識別情報というパスワード（何兆通りもある数字とアルファベットの組合せ）が誰にもバレないように通知される。これは絶対誰にも知られちゃダメ。

2　さて、後日Aがこの土地をBに売り、AからBに所有権移転登記をすることになったとする。この登記の申請は、61頁で勉強したように、AとBが共同してやる。その申請をするとき、Aは自分の登記識別情報を登記所に**提供**しなければならない。こうすることで、Aがニセモノじゃなく本人に間違いないという証明になるワケだ。

3　そして、Bが新しい登記名義人になるに際して、登記官はまた誰にもバレないようにBに新しい登記識別情報を通知する。それを他人に知られない限り、Bの登記を誰かが勝手に移転するのはムリ。こうして登記名義人は守られる。メデタシ。

（３）登記官も黙ってない！

登記識別情報が提供されたとしても、盗んだ情報かも知れない。この申請人はニセモノのようだ、と**疑うに足る相当な理由**があれば、登記官は申請人に**出頭**を求めたり**質問**をしたりして本人かどうかを調査しなければならない。

（４）登記識別情報が提供できないなら？

1　登記識別情報を忘れることもあるし、そもそも盗まれたら大変だから登記識別情報を**通知しないでくれ**と言うことも認められてる。そういう場合は登記申請に際して登記識別情報を提供できない。そこで、次のようにしてニセモノでないかどうかチェックする。

2　登記官から登記義務者に対して「こういう登記申請がありましたが、間違いないですネ？」と通知し（**事前通知**という）、登記義務者が「はい、間違いありません」と回答しない限り登記ができない。

3　しかも、**所有権**の登記に限っては、登記義務者が住所変更登記をしている場合には、**前の住所にも**通知をしなければならない。所有権は重要だから念には念を入れるというコト。

（５）プロがからめば別

登記識別情報を提供できない場合であっても、

1　**司法書士**や弁護士が登記申請を**代理**した上で登記名義人が本人に間違いないと言っているか、

2　**公証人**が登記名義人を本人であると**認証**したなら、上の（**4**）2の事前通知**だけ**は**不要**となる（（**4**）3の通知はそれでも**必要**）。

4．第三者の許可、承諾が必要なケース

深入りするな！

	許可、承諾は必要か？
売買を原因とする農地の所有権移転登記をするには？	農業委員会・知事等の許可が**必要**。（農地法で、許可がないと契約できないことになっているから。➡ 300頁）
時効取得を原因とする農地の所有権移転登記をするには？	農業委員会・知事等の許可は**不要**。（時効は農地法に優先するため、無許可で所有権移転の効力が生ずるから。）
登記上利害関係を有する抵当権者がいる土地の所有権の登記を**抹消**するには？	抵当権者の承諾が**必要**。（抵当権者は抵当権を失うことになるから。）
抵当権設定登記のある土地の**分筆**の登記をするには？	抵当権者の承諾は**不要**。（抵当権は分筆後の両方の土地に存続するため、抵当権者に不利益はないから。）

5．仮　登　記

不登法第105条他【仮登記とはどういうものか？】

1　仮登記ができるのは ➡ 次の2つの場合だ。

➡
- ①　物権の変動がまだ生じていない場合＝請求権保全のための仮登記（例、宅建士試験に合格することを条件に土地を売買した）
- ②　物権の変動は生じたが、登記申請に必要な情報が揃わない場合（例、土地を売買したが、土地の登記識別情報を忘れた）

2　仮登記を本登記にすると ➡ 本登記の順位は仮登記の順位による。

（1）仮登記とは？

４月１日に、ＢがＡから、宅建士試験に合格することを条件として土地を買ったとする。まだ受かっていない以上、所有権はＡからＢへ移転していないから、移転登記はできないが、仮登記をしておくことができる。

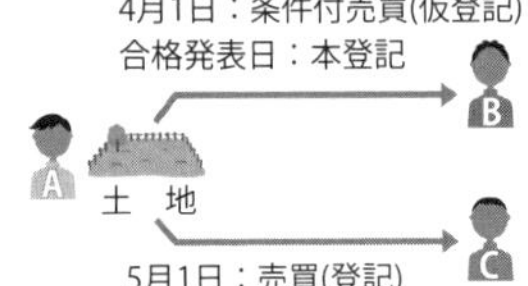

そして、Ｂへの仮登記後も、Ａはまだ所有権を有している以上、たとえば５月１日に同じ土地をＣに売り、所有権移転登記をすることができる。その後、Ｂが合格すると、仮登記を本登記に改めることができ、Ｂの本登記の順位は４月１日の**仮登記の順位**になり、５月１日のＣの登記に優先する（順位保全の効力）。

（2）承　　　諾

そして、Ｂが仮登記を本登記に改めるとＣは土地所有権を失うから、Ｂが本登記を申請するには、Ｃの**承諾**を得なければならない。

（3）対抗力なし

なお、仮登記はあくまで「仮の」登記だから、**対抗力はない**。対抗力は、本登記に改められてから生ずる。

第7章　共有・区分所有法

第1節　共　　有

第251条他【共有物のルール】

1　保存行為は ➔ 各共有者が単独でできる。
（例 雨漏りの修理、不法占拠者に明渡しを求める）

2　管理行為は ➔ 持分の過半数の賛成が必要（頭数の過半数ではない！）。
（例 管理者の選任と解任）

3　変更行為は ➔ 全員の同意が必要。注！
（例 増改築や建替え、売却、抵当権の設定）

注！　軽微な変更（形状または効用の著しい変更を伴わない変更）の場合は、持分の過半数でOK。

コメント

（1）共有とは？

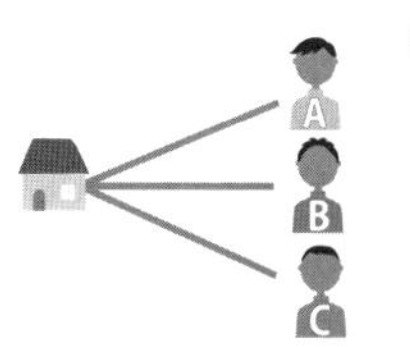

ＡＢＣの３人が、別荘を共同購入すると、この別荘は、ＡＢＣの共有物になる。

（2）持　　分

ＡＢＣそれぞれの、所有権の割合のことを「持分」といい、それは、出したお金の割合による。いくらずつ出したかがはっきりしない場合は、持分は各共有者**平等と推定**される。

（3）「全体」か「持分」か？

別荘全体をＤに売却するという場合には、ＡＢＣ全員の同意が必要だが、各共有者が自分の**持分をＤに譲渡**（じょうと）するという場合には、他の共有者の同意は不要だ。抵当権の設定についても、共有物全体に設定するには全員の同意が必要だが、各自が自己の**持分に抵当権**を設定するのは単独でできる。

（4）管理費用を滞納すると？

ＡＢＣは、各自、持分に応じて（たとえば１年の３分の１ずつ）別荘の**全部を使用**できる。そして、別荘の管理費用は、各共有者が**持分**に応じて負担する。

Ａが、管理費用を滞納している場合、Ａが**１年以内**に支払わないと、ＢＣはＡの持分を買い取ることができる。

また、Ａが管理費用を滞納したまま、自分の持分をＤに譲渡した場合には、ＢＣは、**Ｄに対しても**、Ａの滞納分の支払いを請求できる。

（5）分　　割

各共有者は、**原　則**としていつでも自由に、共有物の**分割を請求**できるが、共有物の分割を禁ずる特約（**不分割特約**（ふぶんかつとくやく））をすることもできる。この特約の有効期間は**５年が限度**だが、更新もできる。

（6）人のモノは自分のモノ

最後に、共有者の１人が**持分を放棄**した場合や、死亡したが**相続人**も特別縁故者（内縁の妻などのこと）も**いない**場合は、その人の持分は他の共有者のものになる。

第2節　区分所有法

1. 専有部分・共用部分・敷地利用権

キーポイント

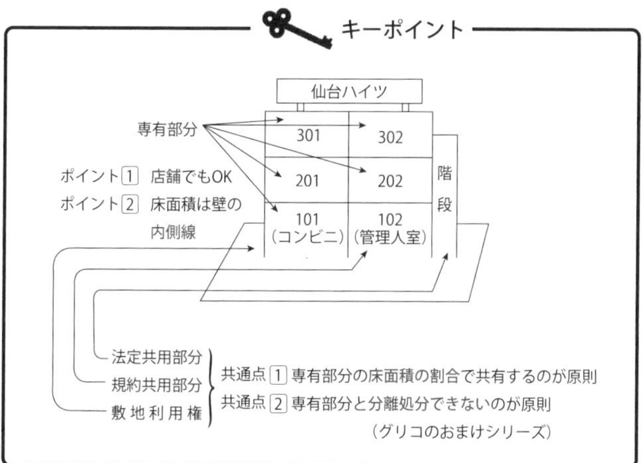

(1) 区分所有法とは？

区分所有法（正式名称は建物の区分所有等に関する法律）が適用されるのは、分譲マンションの方だ（賃貸には適用なし）。

マンションといっても、**居住用に限らない**。店舗でも事務所でも倉庫でも区分所有法は適用される（**ポイント**1）。

(2) 専有部分

さて、Aが仙台ハイツの301号室を買ったとする。Aが取得した301号室の所有権のことを区分所有権という。そして、この区分所有権の対象となっている301号室のことを専有部分という。

専有部分の床面積は、壁その他の区画の「内側線」で囲まれた部分の水平投影面積で算出する（**ポイント**2）。

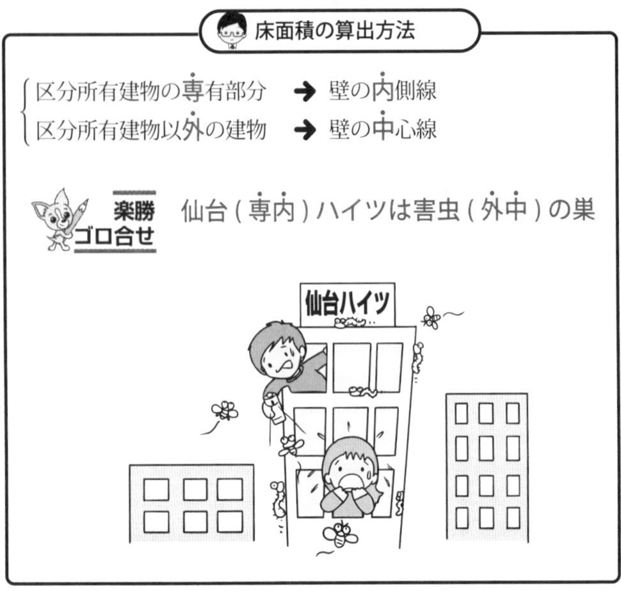

仙台ハイツの皆様、申し訳ございません。

（３）共用部分

入居者が共同で使うスペースが共用部分だ。

1. **法定共用部分**……　これは、階段・廊下・エレベーターなどのように、構造上みんなで使うようにできている部分のことだ。
2. **規約共用部分**……　これは、管理人室・集会室・附属建物などのように、本来は専有部分となり得るスペースを、マンションの規約で、分譲せず共用部分にすると定めた部分のことだ。

床面積の割合で共有　どちらの共用部分も、原則として、区分所有者（各戸の持ち主）全員が専有部分の床面積の割合で共有する。

グリコのおまけ　共用部分の持分を専有部分と別個に譲渡することは**原　則**としてできない。たとえば、Aが301号室（専有部分）をBに売ると、共用部分の持分も、グリコのおまけのように付いてきて、Bのものになる（**グリコのおまけシリーズ**1）。

◉登　記

①ところで、規約共用部分は本来は専有部分となり得る（分譲し得る）から、規約共用部分である旨の登記が必要になる。この登記は**表題部**にする。
②これに対して、法定共用部分は、もともと分譲の対象にならないのだから法定共用部分である旨の登記は**できない**。

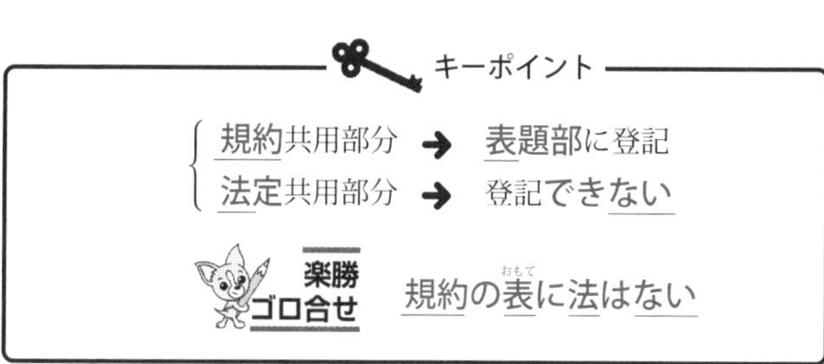

(4) 敷地利用権

専有部分の所有者は、敷地を利用する権利にもとづいて専有部分を所有している。この権利を敷地利用権という。具体的には、敷地の所有権・地上権・賃借権などだ。

敷地利用権は、区分所有権とは別個の権利だから、区分所有権は**敷地**の部分には**及ばない**。

敷地利用権のポイント（＝共用部分との共通点）

1 敷地利用権は ➔ 専有部分の**床面積の割合**で各区分所有者が共有する。

2 敷地利用権は ➔ 原則として専有部分と**別個に譲渡できない**。

〔専有部分を譲渡すると、敷地利用権も、グリコのおまけのように付いてくる＝**グリコのおまけシリーズ** 2〕

2．区分所有建物の管理

これだけの賛成があれば	こういうことができる	定数を規約で変更できるか？
$\frac{1}{5}$ 以上	集会の**招集**（しょうしゅう）	**頭数**も**議決権**も減らせる
$\frac{3}{4}$ 以上	共用部分の**重大**な変更	**頭数**だけ**過半数**まで減らせる
	規約の設定・変更・廃止	×
	違反者への措置（そち） （使用禁止・競売（けいばい）・引渡請求（ひきわたしせいきゅう））	×
	管理組合の**法人化**	×
	大規模滅失の**復旧**	×
$\frac{4}{5}$ 以上	**建替え**	×

集会に来い！
5・1（$\frac{1}{5}$以上）（招集）

しみったれの重大な　規約　違反に　報　復だ！
4・3（$\frac{3}{4}$以上）（共用部分の重大な変更）（規約設定等）（違反者への措置）（法人化）（復旧）

しのごの言わずに　建替えろ！
4・5（$\frac{4}{5}$以上）（そのまんま）

注１　どの定数も、Ⓐ**区分所有者**（の頭数）とⒷ**議決権**（これは専有部分の床面積の割合）の両方について満たすことが必要だ。

たとえば、仙台ハイツの区分所有者が５人いて、その中のＡの専有部分が他の４人より狭い場合、Ａ単独で集会の招集を要求することはできない。

注２　上の表に出ていない事項を集会の決議で決めるには、**過半数**の賛成が必要（本来それが **原則** で、上の表は **例外** をまとめたものだ）。例えば、管理者の選任や解任をするには、過半数の賛成が必要だ。

（1）書面・代理もＯＫ

区分所有建物の管理は、区分所有者の集会で決める。**書面**や電磁的方法（電子**メール**等のこと）だけでなく**代理人**による議決権の行使も OK だ。

（2）３つの言葉

次の３つの言葉を理解せよ。

1. **包括承継人**（ほうかつしょうけいにん）……相続人等のこと。301 号室の区分所有者Ａが死亡し、子のＢが相続したら、ＢがＡの包括承継人だ。
2. **特定承継人**（とくていしょうけいにん）……譲受人のこと。Ａが 301 号室をＣに売ったら、ＣがＡの特定承継人だ。
3. **占有者**（せんゆうしゃ）……賃借人等のこと。Ａが 301 号室をＤに賃貸したら、Ｄが 301 号室の占有者だ。

効力が及ぶ 集会の決議や規約は、上の1～3の人にも効力が及ぶ。現に建物を使っている人に効力が及ばなければ無意味だから。

出席・意見 占有者は、集会に出席して意見を述べることができるが、占有者は区分所有者ではないから、決議には参加できない。

では、次に前記の表をもう少し詳しく、順ぐりに勉強していこう。

1　共用部分の重大な変更

> 共用部分の重大な変更には、
> ➔$\frac{3}{4}$ 以上の賛成が必要。

共用部分の変更（例 非常階段の取付け）には、次の２つがある。

1. **軽微な変更**……形状または効用の著しい変更を伴わない変更
2. **重大な変更**……それ以外の変更

このうち、1は、過半数の賛成で決定でき（➡73頁 注2 の 原則 ）、2には、４分の３以上の賛成が必要だ。

◉ 保存行為は単独で

共用部分の保存行為（例 雨漏りの修理）は、各区分所有者が単独でできる。

2　規約の設定等

> 規約の設定・変更・廃止には、
> ➔$\frac{3}{4}$ 以上の賛成が必要。

「ペットは飼えない」というようなことを規約で決める。

◉閲　　覧

マンションの購入希望者としては、どんな規約があるのか、買う前に知っておく必要があるから、規約の**閲覧**を請求する権利が認められている。

◉公正証書（こうせいしょうしょ）

４分の３以上の賛成で規約を設定するのは、区分所有建物の分譲後のことだ。分譲前は、分譲業者が**公正証書**によって、一定の事項を設定することができる。

注１　規約と議事録は、**管理者**（管理者がいない場合は、規約または集会の決議で定められた者）が保管する。

注２　規約と議事録の保管場所は、**建物内の見やすい場所**に掲示しなければならない。なお、通知は不要だ。

注３　規約と議事録の保管者は、**利害関係人の請求**があった場合、正当な理由がある場合を除いて、閲覧を拒んではならない。拒んだら過料だ。

３　違反者への措置　■

Ⓐ 使用禁止（しようきんし）
Ⓑ 競売（けいばい）
Ⓒ 引渡請求（ひきわたしせいきゅう）

→ $\boxed{1}$ $\frac{3}{4}$ 以上の賛成 ＋ $\boxed{2}$ 裁判が必要。

（１）「共同の利益に反する行為」

「共同の利益に反する行為」（規約違反ということではなく、常識違反ということ）をする人がいたら、他の居住者としては、次の３つの手を打てる。

３つの手段

Ⓐ　301 号室の所有者のＡが毎晩カラオケパーティー。
➔ 他の居住者は、Ａに、相当期間 301 号室の**使用を禁止**できる。

Ⓑ　使用禁止では効き目がない場合には、
➔ 他の居住者は、301 号室を**競売**して、Ａを追い出すことができる。

Ⓒ　Ａが 301 号室をＢに賃貸したところ、Ｂが毎晩カラオケパーティー。
➔ 他の居住者は、ＡＢ間の賃貸借契約を解除して、301 号室をＡに**引き渡す**よう、Ｂに請求できる。

Ⓐ～Ⓒにはどれも、1 ４分の３以上の賛成による集会の決議に基づき、2 裁判を起こすことが必要。**管理組合法人も**、Ⓐ～Ⓒの手段を取れるが、その場合も、1と2の手続きが必要。

（２）　Ⓐ～Ⓒ以外

なお、カラオケはうるさいからやめてくれ、と請求するだけなら、裁判によらずに、各区分所有者は**単独**で請求できる。また、上のⒶ～Ⓒのような強い内容の請求ではなく、ただカラオケをやめてくれと裁判で請求する場合は、集会の**過半数**の決議があればいい。

4 法　人　化

管理組合を法人にするには ➔ $\frac{3}{4}$ 以上の賛成が必要。

実はこの他にも、主たる事務所の所在地で登記をすることと、理事と監事（かんじ）を置くことも必要だが、よく出るポイントは、上の $\frac{3}{4}$ 以上だ。

5 復　　旧

大規模な滅失（建物全体の価格の2分の1を超える部分の滅失）の場合、共用部分を復旧するには ➔ $\frac{3}{4}$ 以上の賛成が必要。

（1）専有部分の復旧

落雷でマンションが半焼した。焼けた専有部分は、各区分所有者が自分で**自由**に復旧工事をしていい。

（2）共用部分の復旧

焼けた共用部分の復旧工事は、焼けた規模により、手続きが異なる。

1 大規模なら4分の3以上

まず、大規模な滅失（専有部分と共用部分を合わせた建物全体の価格の2分の1を超える部分の滅失）の場合には、区分所有者及び議決権の各**4分の3以上**の賛成による集会の決議で、復旧を決めることができる。

2 小規模なら過半数

小規模な滅失（建物全体の価格の2分の1以下の部分の滅失）なら73頁の［注2］の［原則］どおり、区分所有者及び議決権の各**過半数**の賛成でOK。

6 建 替 え

> 建物全体を取り壊して建て替えるには、
> ➔ $\frac{4}{5}$ 以上の賛成が必要。

この5分の4以上という定数は、**規約をもってしても変更できない**。

3．区分所有建物の登記

区分所有建物の登記記録の見本

表題部	○○市○○町○丁目○番 仙台ハイツＢ棟　101号室 １階の100㎡
権利部	所有者Ａ

コメント

区分所有建物を新築したら、一棟の建物（仙台ハイツＢ棟）に属する全ての区分所有建物（全３戸なら３戸全部）の表題登記を**まとめて申請**しなければならない。なぜなら、所在地も仙台ハイツＢ棟という名称も３戸全てに共通だから、バラバラにならないようにするためだ。

ところで72頁で勉強したように、専有部分と敷地利用権は、別個に譲渡できないのが原則だ（**グリコのおまけ**）。そこで、登記も、建物登記記録だけでことが足り、土地登記記録は不要だ、というようにできれば、こんな便利なことはない。それができるのだ。そのための手続を次に示す。

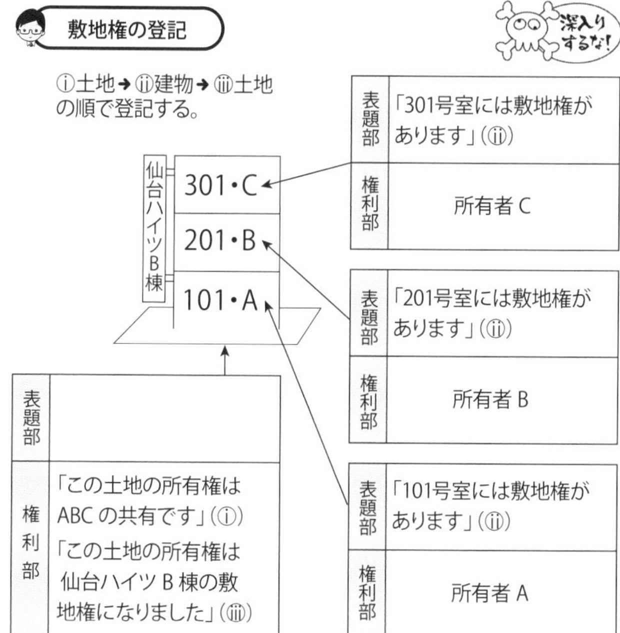

スタート　土地登記記録に、ⅰの登記をすると敷地利用権が「敷地権」になる。

➜ 次に、建物登記記録にⅱの登記（これが「**敷地権についての表示の登記**」）をする。

➜ 次に、土地登記記録にⅲの登記（これが「**敷地権である旨の登記**」）をする。

⇨ ⅰ〜ⅲの登記がなされると、専有部分と敷地権が合体し、以後、土地登記記録は不要となる。つまり、

⇨
- 1 専有部分と敷地権を分離処分する登記は **原　則** として禁止される
- 2 専有部分に登記をすると、敷地権にも登記をしたことになる。
- 3 敷地権についての登記は、**原　則** として禁止される

手続き ⅰ

「登記された敷地利用権」のことを**敷地権**(しきちけん)という。仙台ハイツＢ棟の敷地の、土地登記記録にⅰの登記をすると、ＡＢＣの敷地利用権は敷地権になる。

手続き ⅱ

次に、建物登記記録の表題部に、「この建物の敷地利用権は敷地権ですよ」ということを登記する。これを、「**敷地権についての表示の登記**」という（ⅱだ）。

手続き ⅲ

「敷地権についての表示の登記」をしたら、次は、敷地の土地登記記録の権利部に「この土地は敷地権の目的（対象）となりました」ということを登記する。この登記を「**敷地権である旨の登記**」という（ⅲだ）。

以上の手続きの結果、**専有部分と敷地権が合体**し、以後、土地登記記録は必要なくなる。つまり、次の３つの効力が生ずる。

３つの効力

1. 専有部分と敷地権を**分離処分**する登記は、**原　則**として禁止される（例 専有部分だけの所有権移転登記は不可）。
2. 専有部分に登記をすると、敷地権にも登記をしたことになる（例 専有部分の所有権移転登記によって、**敷地権の移転にも対抗力**を生ずる）。
3. 敷地権自体について登記をする必要がなくなるし、敷地権を分離処分することもできないから、敷地権については、**原　則**として**登記が禁止**される（例 敷地権を目的とする抵当権設定登記は不可）。

第8章　抵　当　権

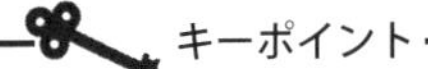

物的担保 → 抵当権（ここで勉強する）
人的担保 → 保証債務（第11章で勉強する）

1．抵当権とはどういうものか？

第369条【抵当権とはどういうものか？】

抵当権者（つまり債権者）は、債務者が債務を弁済しない場合には、抵当権の目的（対象ということ）となっている財産を競売して、貸した金（被担保債権という）を取り立てることができる。

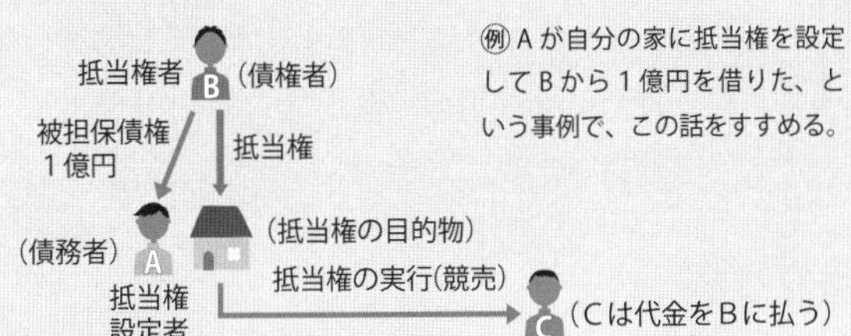

（1）意思表示だけで設定できる

ＡＢ間での抵当権の設定は、物権の変動の一種だ。そこで、47頁を見てほしい。物権変動は、当事者の**意思表示だけ**で生ずる。つまり、抵当権の設定は、口約束だけで完全に有効に成立し、登記も引渡しも契約書もいらない。

（２）登記は対抗要件

ところで、抵当権を設定した後も、Ａは今まで通りこの家に住み続けることができるし、家を第三者Ｄに売却することも自由だ（譲渡に抵当権者Ｂの**承諾不要**）。

ただし、ＢがＤに抵当権を**対抗**するには、抵当権の**登記**が必要だ（不動産物権変動の対抗要件は登記➡50頁復習）。

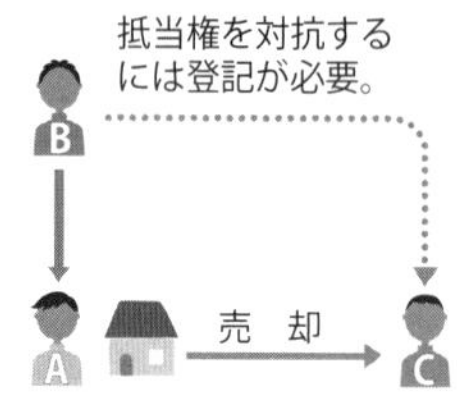

キーポイント

抵当権｛当事者間 ➜ 登記なしで**効力**を生ずる。
　　　　対第三者 ➜ 登記がないと**対抗**できない。

第370条【抵当権の効力は何に及ぶか？】

抵当権の効力は、

➜｛１ **付加一体物**（ふかいったいぶつ）（付合物（ふごうぶつ））（㊞、雨戸）
　２ 抵当権**設定時**からあった**従物**（じゅうぶつ）（㊞、畳）、従たる権利（㊞、**借地権**）｝に及ぶから、

これらも競売できる。

債務者Ａが借金を返さないと、抵当権者Ｂは家を競売できる。家と一緒に競売できるのが、上の１と２だ。

付加一体物というのは、雨戸のように、もはや家の一部と考えてよい物であり、従物というのは、畳のように、家の一部とまではいかないが、それに近いものだ。

なお、借地権は従たる権利だ。だから、借地上の家に抵当権を設定した場合、抵当権の効力は、抵当権設定時からあった借地権にも及ぶ。

第369条後半【抵当権は何に設定できるか？】

抵当権は、不動産（土地・建物）だけでなく ➔ 地上権（ちじょうけん）・永小作権（えいこさくけん）にも設定できるが ➔ 賃借権には設定できない。（48頁の表を復習！！）

第373条他【抵当権の順位はどう決まるのか？】

1 抵当権の順位は ➔ 登記の前後で決まる。
2 抵当権の順位を変更するには ➔ ①抵当権者全員の合意と、②利害関係者の承諾が必要だが ➔ 抵当権設定者の承諾は不要だ。
3 一番抵当権が消滅すると ➔ 二番抵当権が一番に繰り上がる。

コメント

（1）順位の決め方

AがBから8,000万円借りて自分の土地に抵当権を設定して登記し、その後でCからも8,000万円借りて同じ土地に再び抵当権を設定したら、BはCに優先する。

さらに、AがDからも8,000万円借り、抵当権を設定しなかったとすると、DはＢＣに劣後（れつご）する。抵当権が実行されて、土地が1億円で売れたら、BCDの取り分は次のようになる。

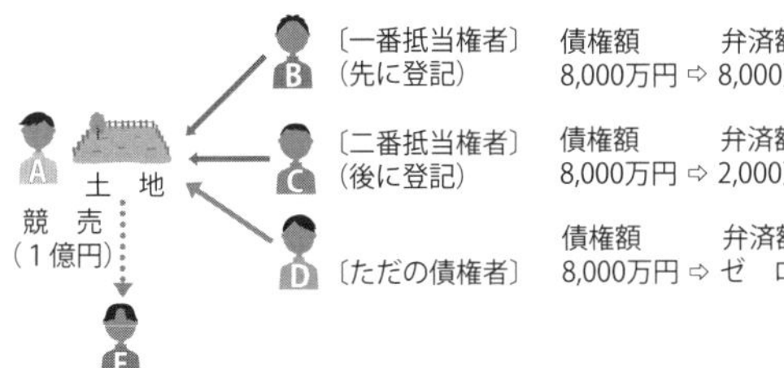

なお、Bは、元本8,000万円は、全額CDに優先して弁済を受けられるが、利息については、**最後の２年分**に限って優先的に弁済を受けられる。

（2）順位の変更

BCの順位を変更するには、BCの合意の他に、**利害関係者**（**転抵当権者など**）**の承諾**が必要だ。抵当権設定者は**利害関係者ではない**から、BCが抵当権の順位を変更するには、Aの承諾は不要だ。

（3）順位の上昇

AがBへの8,000万円の債務を完済すると、Bの一番抵当権は自動的に消滅し、Cの二番抵当権が、自動的に、一番抵当権へと**繰り上がる**（順位の上昇）。

第388条【法定地上権の条件は何か？】

法定地上権が成立するための条件は ➔ 次の２つだ。

➔
1. **抵当権設定時に、土地の上に建物が存在して**いたこと。
（ということは ➔ 抵当権設定後に建物が滅失し、再築されても ➔ 法定地上権は成立する。）
2. その土地と建物が、**抵当権設定時に、同一人物**の所有物だったこと。
（ということは ➔ 抵当権設定後に土地か建物の一方が第三者に譲渡され、所有者が別々になっても ➔ 法定地上権は成立する。）

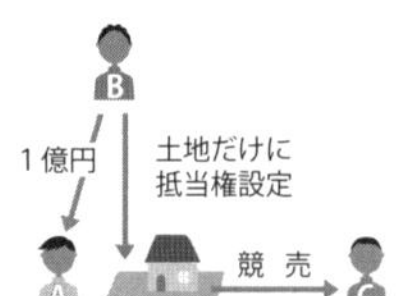

Aが B から 1 億円を借り、自宅の敷地だけに抵当権を設定したとする。その後、抵当権が実行されて C がこの土地を買ったら、本来なら C は A に建物の撤去を要求できるはずだが、それでは A に気の毒だ。

そこで、A は C の所有物となった土地に、自動的に地上権を取得できることにした。これが**法定地上権**だ。

①Aの建物が**無登記でも**法定地上権は成立する。②土地と建物の**両方に抵当権**が設定された場合でも法定地上権は成立する。

第 389 条【一括競売とはどういうものか？】

更地に抵当権が設定された後でその更地に建物が建てられると

➔ 抵当権者は、土地と建物の**両方を競売**できるが ➔ 優先弁済を受けられるのは、**土地の代金**からだけだ。

コメント

Aが B から 1 億円を借り、A の所有する更地（建物の建っていない土地）に抵当権を設定したとする。抵当権設定後も、A はこの土地に自由に建物を建てられる（B の承諾不要）。

しかし、建物を建てた後で、敷地だけを競売するのは非常に困難だ（買手がつきにくい）。そこで作られたのが、この一括競売という制度だ。

第 395 条【建物の明渡猶予期間】

抵当権が設定されている**建物**（土地はダメ）を賃借した人は
➔ 抵当権が実行されて建物が競売されても明渡しを**6カ月**間猶予してもらえる。

（1）抵当権者に対抗できる賃貸借なら ➔ Cの勝ち

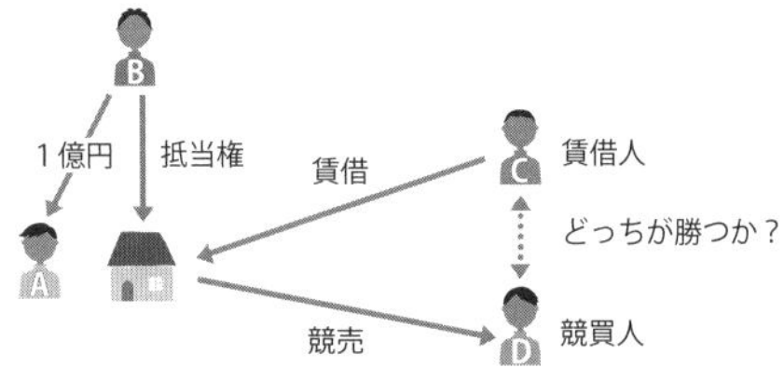

たとえば、Aが所有する建物をCがAから賃借し、賃借権を登記して対抗力を備えたとする（115 頁で勉強することだが、実は登記しなくても引渡しを受ければ対抗力は認められる）。その**後**でAがBから１億円借りてこの建物に抵当権を設定したとする。この場合、Cの賃借権はBの抵当権に**対抗できる**から、Bが抵当権を実行して建物が競売され、Dが競買人になったとしても、Cは建物をDに明け渡さなくて OK。

（2）抵当権者に対抗できない賃貸借なら ➔ Dの勝ち

それに対して、CがAからこの建物を賃借して賃借権の対抗力を備える**前**からBが抵当権を有していた場合には、Cの賃借権はBの抵当権に**対抗できない**。その結果、Bが抵当権を実行してDが建物の競買人になると、Cは建物をDに明け渡さなければならない。しかし、「直ちに出て行け！」はいくらなんでもあんまりだ。そこで、**6カ月**間は明渡しを待ってあげるよ、ということにしたのがこの条文というワケ。

2．抵当権の４つの性質

第 372 条他【4つの性質の１番目＝物上代位性(ぶつじょうだいいせい)】

目的物の、[1] 滅失、[2] 売却、[3] 賃貸等を原因として、債務者が他人からお金をもらう場合には、

➔　抵当権**その他**の担保物権を有する者は、そのお金を差し押さえることができる(差押えは、債務者にお金が**支払われる前**にしなければならない)。

コメント

AがBから１億円借りて、A所有の家に抵当権を設定。この家が火事で焼失したらBは抵当権を失うのか？

答えは×だ。Aが、火災保険に入っていたなら、保険金請求権(ほけんきんせいきゅうけん)は、家が姿を変えたものだから、抵当権は、この保険金請求権の上に生き残る、という話。

第372条他の続き【4つの性質の2番目＝不可分性（ふかぶんせい）】

抵当権その他の担保物権は、
➔ 被担保債権全額が弁済されるまで、目的物全部に効力を有する。

借金を半分返しても、抵当権が半分なくなることはない、という話。

第369条他【4つの性質の3番目＝随伴性（ずいはんせい）】

被担保債権が譲渡されると、
➔ 抵当権その他の担保物権も一緒に移転する。
（グリコのおまけシリーズ3）

債権者でなくなった人が抵当権だけ持っていても仕方がないから、抵当権も自動的に債権についてまわる、という話。

第369条他の続き【4つの性質の4番目＝付従性（ふじゅうせい）】

抵当権その他の担保物権は
➔ 1 被担保債権が成立しないと自分も成立しないし、2 被担保債権が消滅すると自分も消滅する。（債権なければ担保なし）

借金が無効だったら抵当権も成立しないし、借金を完済すれば、抵当権も自動的に消えてなくなる、という話。

３．根抵当権 深入りするな！

たとえば１億円なら１億円というワクを設けて抵当権を設定し、何度借金をしても、合計１億円に達するまでは、すべてその１個の抵当権に面倒を見てもらえる便利な方法が根抵当権という制度だ。この１億円なら１億円というワクのことを**極度額**という。そして、変動する被担保債権の額をはっきり固定させることを元本の確定という。

根抵当は難解だが、ポイントは次の表だ。

	利害関係者（後順位抵当権者等）の**承諾**は必要か？	元本**確定後**でもできるか？
1 **被担保債権**の範囲の変更	不要	×
2 **債務者**の変更	不要	×
3 元本**確定期日**の変更	不要	×
4 **極度額**の変更	**必要**	○

注１　元本確定前は 1 ～ 4 の全部ができる。

注２　ちなみに、元本確定前の根抵当権には、随伴性はない。

債務不履行・損害賠償・解除

1．債務不履行

第415条他【債務不履行の種類】

債務不履行（契約違反のこと）
- ① **履行遅滞**（㊐引渡期日が来たのに家を引き渡さない）
- ② **履行不能**（㊐売主のタバコの火の不始末で家が焼失した）

（1）債務不履行とは？

Aの家をBが1億円で買う契約が成立した。

①4月1日に引き渡す約束になっていたのに、4月1日になってもAが家を引き渡さないのが**履行遅滞**だ。

②Aのタバコの火の不始末で家が焼失してしまったというのが**履行不能**だ。

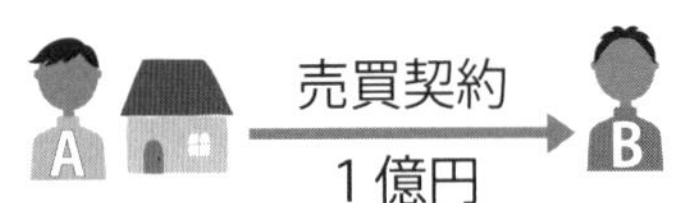

第412条【いつから履行遅滞になるのか？】

	いつから**履行遅滞**になるか?
1 確定期限付の債務 （例 4月1日に引き渡す）	期限が**到来した時**から履行遅滞になる。 （4月1日から）
2 不確定期限付の債務 （例 Bの父親が死んだら引き渡す）	債務者が、①期限の到来後に請求を**受けた時**または②期限の到来を**知った時**のいずれか早い時から履行遅滞になる。 （Ａが、①Ｂの父親が死んだ後に請求を受けた時または②Ｂの父親が死んだことを知った時のいずれか早い時から）
3 条件付の債務 （例 Bが宅建士試験に受かったら引き渡す）	債務者が、条件が成就したことを**知った時**から履行遅滞になる。 （Aが、Bが宅建士試験に受かったことを知った時から）
4 期限の定めのない債務 （例 いつ引き渡すか決めてない）	債務者が、請求を**受けた時**から履行遅滞になる。 （Ａが、家の引渡しの請求を受けた時から）

この先の勉強のスケジュール

Aの家をBが買ったのに、Aが家を引き渡さない。この場合、Bとしてはどういう手を打てるか？　答えは、次の2つの手を打てる。

債務不履行の2つの効果 ➔ 債権者は
- [1] **損害賠償**を請求できる。（➡次の2．で勉強）
- [2] 契約を**解除**できる。（➡3．で勉強）

この2つを、この先、順ぐりに勉強してゆく。

2．損害賠償

第415条他【損害賠償のポイント】

[1] 債権者は、債務者に対して ➔ 債務不履行によって生じた損害の**賠償**を請求できる。注！

注！ 債務者に帰責事由がある場合に、損害の賠償を請求できる（帰責事由が**ない**場合は、請求**できない**）。

[2] 賠償は ➔ **金銭**で支払うのが原則だ（特約（とくやく）があれば別）。

コメント

要するに、被（こうむ）った損害をお金で弁償（べんしょう）してもらえる、ということ。

第420条【損害賠償額を予定することができる】

契約の当事者は、もし債務不履行があったらいくら支払う（金銭でなくてもよい）ということを約束しておくことができる。この約束をしておくと、債権者は、

- [1]　実害がゼロでも予定額をもらえるし、逆に、
- [2]　実害がもっと大きくても予定額しかもらえない。

Ａの家をＢが買う場合、引渡しが１日遅れるごとに１万円払う、と約束しておく。すると、引渡しが１日遅れると、Ｂは実害がゼロでも１万円もらえるし、逆に、実害が２万円あったとしても、１万円しかもらえない。

なお、この約束は、**契約と同時にする必要はなく**、実際に債務不履行を生ずる前までにしておけばいい。

第 419 条【金銭債務は特別扱い】

①　金銭債務の履行遅滞の場合、債権者は、原則として年３％の利率（当事者間の約定でもっと高くすることもできる）で損害賠償を請求できる。そして、債権者は、

➔
- [1]　実害がゼロでも年３％の損害賠償をもらえるし、逆に、
- [2]　実害がもっと大きくても年３％の損害賠償しかもらえない。

②　金銭債務の債務者は　➔ **不可抗力**で遅れた場合でも（帰責事由がなくても）、履行遅滞になる。

金銭債務とは、代金の支払いや借金の返済のような、お金を払う債務のことだ。

金銭債務の履行遅滞の場合、債権者は、年３％の利率（もっと高率の約定があればその率）で損害賠償を請求できる。たとえば、１億円の支払いが１年遅れたら、債権者は実害がゼロでも 300 万円の賠償を請求できるし、実害が 1,000 万円あったとしても、

300万円しか請求できない。つまり、**実害の証明は必要ない**わけだ。

3．解　　　除

第541条他【解除のやり方】

債務不履行により、債権者が契約を解除するには、

→
1. 相当の期間を定めて履行するよう**催告**をし、それでも、その期間内に履行がない場合に、解除できる（**原　則** 催告必要）。
2. ただし、催告をしても無意味な場合（㊥ 履行不能）は、催告せずに、直ちに解除できる（**例　外** 催告不要）。

解除とは、契約を**一方的**になかったことにすることだ。相手方の**承諾**（しょうだく）**はいらない**。契約を解除するには、原則として**催告**が必要だ。しかし、催告しても意味がない場合は、催告せずに直ちに解除できる。

第540条【解除は撤回できない】

解除の意思表示は　→　撤回できない（解除は片道切符）。

契約を解除された債務者の立場も少しは考えてあげよう、という話。

第 544 条【当事者が数人いたらどうなる？】

当事者の一方が数人いる場合、解除の意思表示は、

➜ **全員から、または、全員に対して**しなければ無効だ。

共同購入

A　B　C

たとえば、Ａの家をＢとＣが共同購入したが、Ａが家を引き渡さないので、ＢＣが契約を解除するには、解除の意思表示をＢとＣの**両方**がやる必要がある。

ということは、Ｂが解除権を放棄したら、Ｃだけで解除することは許されないから、結局**Ｃも解除権を失う**。

第 545 条【解除の効果は何か？】

1. 解除の効果は、解除の時から生ずるのではなく ➜ 契約の当初に**さかのぼって**生ずる（**坂登四郎**（さかのぼりしろう））。
（一郎 ➡ 5 頁、二郎 ➡ 29 頁、三郎 ➡ 32 頁を復習）
2. だから、解除の結果、金銭を返還する場合、利息は解除時からではなく ➜ **受領時**から付けなければならない。
3. 解除の結果、返還してもらえるはずの不動産が既に第三者に転売（てんばい）されている場合、返還してもらえるかどうかは
➜ **登記**の有無で決まる。

（1）原状回復義務

解除の結果、契約は、はじめからなかったことになるのだから、契約の当事者は、受け取った物があれば、お互いに返還しなけれ

ばならない。これを原状回復義務という。そして、既に支払われた代金のようなお金を返す場合には、利息を付けて返さなければいけない（利率は年３％➡93 頁）。

では、いつからの利息を付けるか？　答えは、**受け取った時から**だ。「解除の時からの利息を付ける」というヒッカケが出る（もちろん×だ）。

（2）第三者との関係

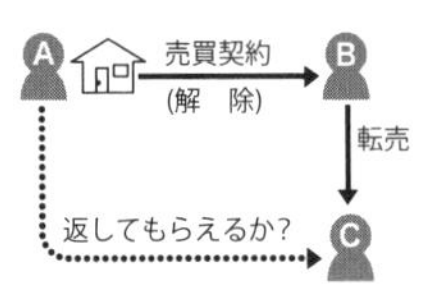

Ａから家を買ったＢが、この家をＣに転売した後で、ＡＢ間の売買契約が解除されたら、ＡはＣから家を返してもらえるか？

答えは、**登記**の有無で決まる。つまり、Ａが登記を有していれば返してもらえるが、登記がＣにあれば返してもらえない（これは、実は51 頁で既に勉強済みだ）。

第 557 条【手付(てつけ)とはどういうものか？】

①　売買契約で、買主が手付を交付(こうふ)した場合、

➔ [1] 買主は ➔ 手付を**放棄(ほうき)**すれば契約を解除できる。
[2] 売主は ➔ 手付の**倍額を返還**すれば契約を解除できる。

②　買主も売主も➔　**相手方**が契約の履行に着手(ちゃくしゅ)した後は、手付による解除はできなくなる（自分の側だけが履行に着手しているなら解除できる）。

（1）契約をなかったことにできる

契約した後で、「やっぱり契約しなければよかった」と思うこともある。手付を交付しておけば、放棄（買主から）または、

倍額返還（売主から）して、契約をなかったことにできるのだ。相手方への迷惑料というわけだ。

（2）相手方が履行に着手したらダメ

ただ、相手方が履行に着手した後で解除すると、相手方に迷惑がかかり過ぎるから、**相手方**が履行に着手した後は、手付による解除はできない。

もっとも、自分の側だけが履行に着手しただけなら、履行の着手がムダになるのは自分でかぶればすむことだから、解除できる。

（3）債務不履行とは別物

手付による解除は、債務不履行による解除とは全く別物だから、相手方に**債務不履行がなくとも**、手付の放棄または倍返しによって、契約を解除できる。

これに対して、手付を交付している場合に、債務不履行があったら、相手方は債務不履行による解除ができる。これは、手付による解除ではないから、買主は**手付の返還**を求めることができるし、損害賠償額は、手付の額とは全く無関係に、**実害の算定**によって決められる。

第10章　契約不適合の場合の売主の担保責任

けいやくふてきごう　たんぽせきにん

１．契約不適合の場合の売主の担保責任

売買契約の買主が、「こんなはずじゃなかった」と、売主に文句を言いたくなる場合、どんな責任を追及できるだろうか。

その責任のことを、契約の内容に適合しない場合（契約不適合の場合）の売主の担保責任という。

（1）契約不適合とは？

買主は、引渡しを受けた物が約束した物と違っていた場合には「契約不適合だ。責任を取ってくれ」と言える。ところで、契約不適合とは何か？　それは、次の４つだ（次の４つのどれかに該当したら、「責任を取ってくれ」と言える）。

キーポイント

契約不適合とは次の４つ

1　**種類**が不適合（種類が違う）
2　**品質**が不適合（品質が悪い）
3　**数量**が不適合（数量が足りない）
4　**権利**が不適合（移転した権利が契約の内容に適合しない）注！

注！　買った物権の一部が売主以外の人の所有物だったり、買った物権に抵当権が付いていた場合が、4の例だ。

(2) 買主が請求できる権利（責任追及の方法）

契約不適合があったら、買主は「責任を取ってくれ」と言える（責任を追及できる）。では、どのようにして責任を追及できるかというと、それは、次の4つだ。

キーポイント

責任追及の方法（文句の言い方）

1 **追完請求**（何とかしろ）
2 **代金減額請求**（代金を下げろ）
3 **損害賠償請求**（損害を払え）
4 **契約解除**（契約をキャンセルする）

2. 追完請求

第 562 条他【追完請求の方法は 3 つある】

1 引き渡された目的物が種類・品質・数量・権利に関して契約の内容に適合していないときは（契約不適合のときは）、買主は、売主に対し、①**目的物の修補**、②**代替物の引渡し**、③**不足分の引渡し**による履行の追完を請求できる。

2 ただし、売主は、買主に不相当な負担を課するものでないときは、買主が請求した方法と**異なる方法**による追完ができる。

（1）追完請求の方法は３つある

「契約不適合だ。何とかしてくれ」というのが追完請求だ。その追完請求の具体的な方法として①**目的物の修補**（直して）、②**代替物の引渡し**（代わりの物をくれ）、③**不足分の引渡し**（足りない分をくれ）の３つがある。

（2）異なる方法による追完でも OK

売主は、買主に不相当な負担を課するものでないときは、買主が請求した方法と**異なる方法**による履行の追完ができる。たとえば、買主が修補してくれと請求してきた場合でも、代替物を引渡して勘弁してもらうことができるのだ（「買ったオモチャ壊れていたよ。修理して」と言われたが、修理しないで、代わりのオモチャを渡して勘弁してもらうことができる）。ただし、買主に迷惑をかけるわけにはいかないから、買主に不相当な負担を課するものでないことが必要だ。

3．代金減額請求

第 563 条他【代金減額請求のやり方】

引き渡された目的物が種類・品質・数量・権利に関して契約の内容に適合していないときは（契約不適合のときは）、

1. 相当の期間を定めて履行の追完の**催告**をし、それでも、その期間内に履行の追完がない場合は、買主は、その不適合の程度に応じて代金減額請求できる（**原　則** 催告必要）。
2. ただし、催告をしても無意味な場合（㊞ 追完**不能**）は、催告せずに、**直ちに**代金減額請求できる（**例　外** 催告不要）。

(1)代金減額請求のやり方(原　則 催告必要)

契約不適合がある場合には、代金減額請求ができる。この代金減額請求をするには、原則として、相当の期間を定めて、追完をしてくれ（つまり、①修補②代替物の引渡し③不足分の引渡しをしてくれ）と**催告**をする必要がある。そして、その期間内に追完がない場合に、はじめて代金減額請求ができる。

(2) 催告をしても無意味な場合 (例　外 催告不要)

ただし、催告をしても無意味な場合がある。たとえば、追完が**不能**な場合だ（追完が不能なのに「追完してくれ」と催告しても、意味がない）。だから、このような場合には、催告せずに**直ちに**代金減額請求できる。

４．損害賠償請求と契約解除

第 564 条他【債務不履行と同じやり方】

契約不適合がある場合、買主は、

➔　債務不履行の規定に従って**損害賠償請求**や**契約解除**ができる。

契約不適合（1種類が×　2品質が×　3数量が×　4権利が×）の場合には、買主は、債務不履行の規定に従って（つまり、債務不履行の場合と同じやり方で）、**損害賠償請求**や**契約解除**ができる。

５．担保責任の期間の制限

第 566 条【目的物の種類、品質に関する担保責任の期間の制限】

売主が**種類**または**品質**に関して契約の内容に適合しない目的物を買主に引き渡した場合において、➔　買主がその不適合を**知った時**から**１年**以内にその旨を売主に通知しないときは、買主は、その不適合を理由として、追完請求・代金減額請求・損害賠償請求・契約解除できない。

（１）知った時から１年以内に通知しないと……

種類または**品質**に不適合があった（種類が違う・品質が悪い）ということを、買主が**知った時**から**１年**以内に「不適合があったよ」と売主に通知しなかったら➔買主は、その不適合を理由として、追完請求・代金減額請求・損害賠償請求・契約解除できない。

（2）売主が悪意または善意重過失なら

ただし、売主が引渡しの時に不適合（種類が違う・品質が悪いということ）を知っていたり、または**重大な過失**によって知らなかったときは（悪意または善意重過失のときは）、この限りでない。つまり、売主が悪意または善意重過失なら、買主は、知った時から 1 年以内に「不適合があったよ」と売主に通知しなかった場合でも、追完請求・代金減額請求・損害賠償請求・契約解除ができる。

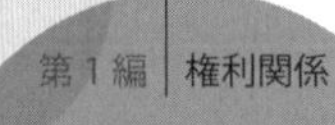

第11章　連帯債務・保証債務

第1節　連帯債務

第436条他【連帯債務とはどういうものか？】

1 債権者は、連帯債務者のうちの１人に対して
→ 債務全額の履行を請求することができる。

2 連帯債務者のうちの１人が全額を弁済すると
→ 他の連帯債務者も債務全額を免れる。

3 弁済した連帯債務者の１人は、他の連帯債務者に
→ 負担部分の割合で求償することができる。

コメント

ＡＢＣの３人が個人タクシーに乗り、メーターが9,000円になった。ＡＢＣの３人が負担している9,000円の債務が連帯債務の例だ。

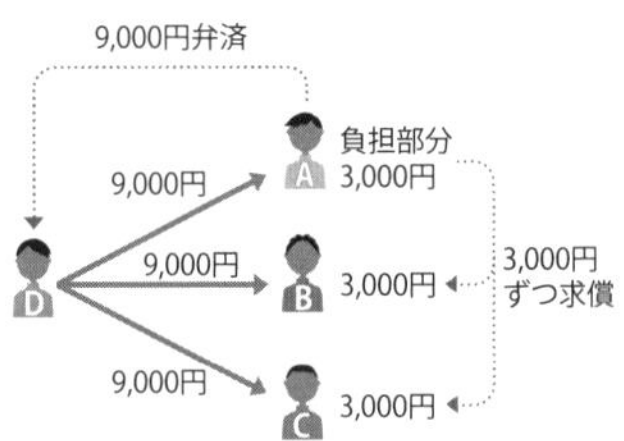

1　運転手Dは、ＡＢＣのどの１人に対しても、9,000 円全額を請求できる。

2　Ａが 9,000 円を支払ったとすると、それでメーターはゼロになり、全員が債務を免れる。

3　車から降りてから、Ａは、Ｂに 3,000 円、Ｃに 3,000 円を請求する。これが求償だ。負担部分は、特にＡＢＣ間で取り決めがなければ、平等となる。

第 438 条以下【他の連帯債務者に効力が及ぶ場合】

連帯債務者の１人に、次のことが起こると

➔ 他の連帯債務者にも効力が及ぶ。

1　相続（そうぞく）
2　更改（こうかい）

ＡＢＣの３人が、Ｄに対して、9,000 円の連帯債務を負っている事例で考えてみよう。

（1）他の連帯債務者に効力が及ぶ場合

1　相　　続

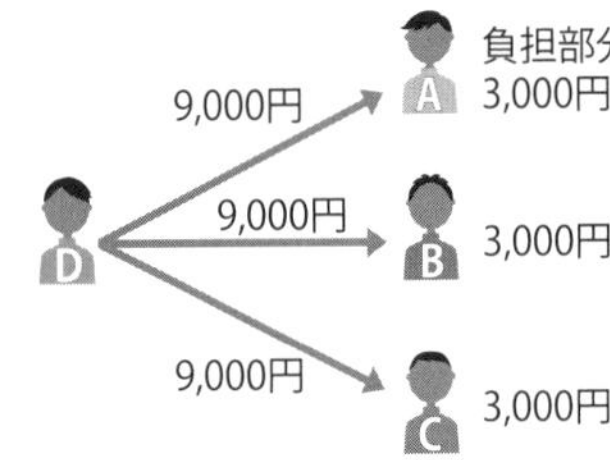

ＡがＤの子供で、Ｄが死亡し、Ａが相続人になったとする。Ａは、Ｄの財産を受け継ぐが、その財産の中には、9,000 円の債権も含まれているから、Ａは、自分自身に対して 9,000 円の債権を有することになる。これでは奇妙だから、こういう場合、9,000 円の連帯債務は消滅する。

この相続による連帯債務消滅の効力はＢＣにも及び、ＢＣも 9,000 円の**連帯債務を免れる**。後は、Ａが、ＢＣに対して各 3,000 円を**求償**できるだけだ。

2　更　　改

更改とは、従前の債務に代えて、新たな債務を発生させる契約のことだ。たとえば、ＡがＤとの間で「9,000 円（従前の債務）ではなく、私（Ａ）の腕時計を引き渡します（新たな債務）」と約束（契約）すれば、9,000 円の連帯債務は消滅する。

この更改による連帯債務の効力はＢＣにも及び、ＢＣも 9,000 円の**連帯債務を免れる**。後は、Ａが、ＢＣに対して各 3,000 円を**求償**できるだけだ（相続と同じだ）。

（2）他の連帯債務者に効力が及ばない場合

1　請　　求

請求の効力は、他の連帯債務者には**及ばない**。たとえば、ＤがＡに対して請求しても、他の連帯債務者ＢＣには請求したことにならない。

請求は時効の完成猶予・時効の更新事由だ（➡ 37 頁）。だから、ＤがＡに対して請求したら、Ａについては、時効の完成猶予・時効の更新が生じる。しかし、Ａに対する請求の効力は、他の連帯債務者には及ばないから、ＢＣについては、時効の完成猶予・時効の更新は**生じない**。

2　承　　認

承認の効力は、他の連帯債務者には**及ばない**。たとえば、ＡがＤに対して承認しても、他の連帯債務者ＢＣは承認したことにならない。

承認は時効の更新事由だ（➡ 37 頁）。だから、ＡがＤに対して承認したら、Ａについては、時効の更新が生じる。しかし、Ａの承認は、他の連帯債務者には及ばないから、ＢＣについては、時効の更新は**生じない**。

3　無効・取消し

ＡＤ間の契約が無効だったり、ＡＤ間の契約が取り消されても、ＢＣは依然としてＤに対して 9,000 円の連帯債務を負う。

4　期限の猶予

ＤがＡに対して、「支払いを１カ月間待ってやる」と言ったとしても、ＢＣは本来の弁済期（べんさいき）に弁済しなければならない。

まとめ

他の連帯債務者に効力が**及**ぶ場合	他の連帯債務者に効力が**及ばない**場合
[1] 相続 [2] 更改	[1] 請求 [2] 承認 [3] 無効・取消し [4] 期限の猶予（ゆうよ）

第２節　保証債務（ほしょうさいむ）

1．保証債務

第447条【保証人の責任はどのくらい重いか？】

① 保証人は、主たる債務者が弁済しない場合には、
➔ 主たる債務者に代わって、主たる債務とそれに付随（ふずい）するものすべて（[1]元本（がんぽん）だけでなく、[2]利息や[3]違約金や[4]損害賠償も）履行しなければならない。

② 保証人が①の責任を果たさない場合にそなえて、
➔ 主たる債務とは別個に、保証債務についてのみの違約金を定めたり、損害賠償の予定をすることができる。

コメント

ＢがＡから100万円を借り（これが主たる債務）、Ｃが保証人になった。Ｂが100万円を支払わない場合、[1]ＣがＢの代わりに100万円を支払わなければならなくなる。

それだけでなく、[2]利子も、[3]**違約金**も、[4]**損害賠償**も

Cが支払わされることになる。

つまり、主たる債務 100 万円だけでなく、それに付随する利息**その他一切**を保証したことになる。

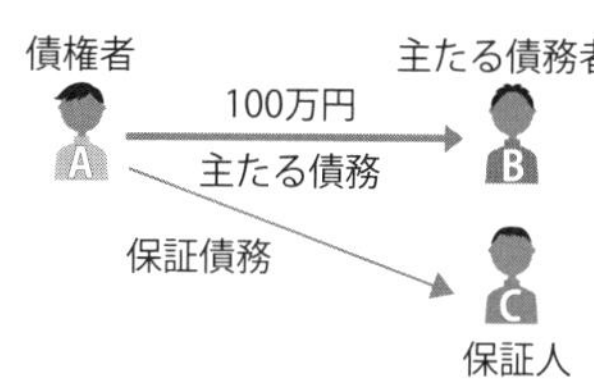

第 452 条【催告（さいこく）の抗弁権（こうべんけん）とは何か？】

債権者が保証人に保証債務の履行を請求してきたときは、

➔ 保証人は、「まず主たる債務者に催告（さいこく）しろ」と請求できる。

だから、債権者が主たる債務者に請求しないで、いきなり保証人に請求してきたら、つっぱねることができるという話。

第 457 条前半【保証人は履行を拒むことができる】

主たる債務者が債権者に対して相殺できる場合

➔ 保証人は、履行を拒むことができる。

少しは保証人の保護も考えるべきだ。そこで、主たる債務者が債権者に対して相殺できる場合は、保証人は、履行を拒むことができる（債権者から「支払え」と言われても、支払わなくて OK)。

第 457 条後半【時効の更新についてのポイント】

① 債権者が主たる債務者に対して「請求」したり、
② 主たる債務者が債権者に対して「承認」をすると、
➜ 1 主たる債務の消滅時効が更新されるだけでなく、
2 保証債務の消滅時効も更新される。

主たる債務の消滅時効が更新されれば、「請求」が原因でも、「承認」が原因でも、保証債務の消滅時効も自動的に更新される。

第 448 条他【付従性と随伴性】

付従性

1 主たる債務が成立しないと ➜ 保証債務も成立しない。
2 主たる債務が消滅すると ➜ 保証債務も消滅する。

債権なければ担保なし！

随伴性

主たる債務が譲渡されると ➜ 保証債務も一緒に移転する。

（グリコのおまけシリーズ 4）

保証債務は、主たる債務を担保するためのものだから、主たる債務が存在しないところに、保証債務だけ存在してはおかしい。

だから、こうなる。88 頁と同じリクツ。

第450条【保証人の条件は何か？】

債務者が保証人を立てる義務を負う場合には、

➜ {①弁済資力（べんさいしりょく） ②行為能力（こういのうりょく）} を有する人を立てなければならない。

（1）保証人の条件

1 弁済資力（べんさいしりょく）がなければ保証人の責任を果たせないし、2 制限行為能力者は保証契約を取り消せる（➡8頁の第13条 4）。だから、こういう条件が作られた。

（2）誰と誰の契約か？

ところで、保証契約（ほしょうけいやく）（私が保証人になります、という契約）は、債権者と保証人の間で締結する。次図でいえば、ＡＣ間だ。ＢＣ間ではない！　だから、保証契約は、Ｂの意思を無視してＡＣだけで締結できる。

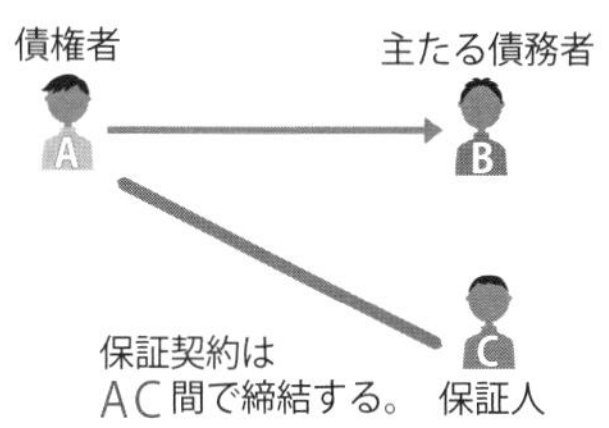

2．連帯保証

第 454 条他【連帯保証とは何か？】

連帯保証は、次の点が通常の保証債務と違う。

➔ 連帯保証人には ➔ 催告の抗弁権がない。

（１）催告の抗弁権なし

通常の保証よりも、もっと強力な保証が連帯保証だ。連帯保証人には**催告の抗弁権はない**。

たとえば、ＢがＡから 100 万円借りて、Ｃが連帯保証人になったとする。ＡがＣに弁済を求めた場合、Ｃは、「まずＢに請求してくれ」と抗弁することは許されない。

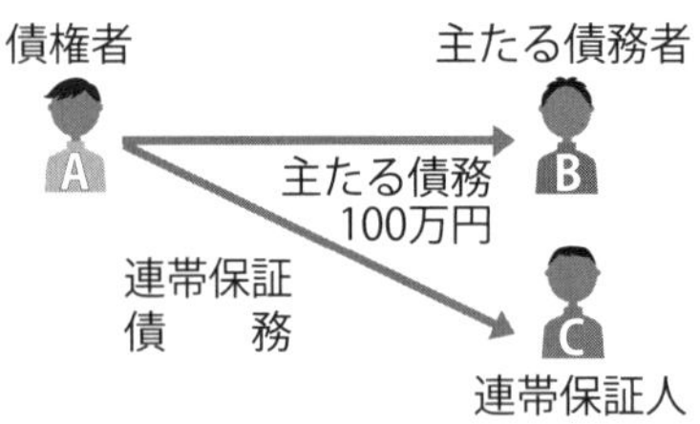

第12章　賃貸借・借地借家法

第1節　賃　貸　借

第 606 条他【賃貸人の義務は何か？】

① 賃貸物の使用・収益に必要な修繕は ➔ 賃貸人の義務だ。

だから

賃借人が「必要費」を支出したときは ➔ [1] 直ちに、[2] 全額を、賃貸人に請求できる。

② 賃借人が「有益費」を支出したときは ➔ [1] 賃貸借終了時に、[2] 全額または現存増加額（賃貸人が選択する）を、賃貸人に請求できる。

コメント

（1）雨漏りは賃貸人が直す

A　賃貸人　賃貸借契約　10万円/月　B　賃借人
家の使用 ⇨ 債務者 ―― 債権者
賃料の支払い ⇨ 債権者 ―― 債務者

Aの家を、Bが月額 10 万円の家賃で借りる契約が成立した。

この家の屋根がいたんで、雨漏りがするようになったら、誰が修理しなければならないか？　答えはAだ。

注！　ただし、Bの落度（帰責事由）で修理が必要となった場合には、Aは修理する義務を負わない。

（2）「必要費」とは？

Ｂが自分で工務店に依頼して、屋根を修理したら、かかった費用をＡに請求できる。この費用は、家を住める状態にするために、必要な費用だから、「必要費」という。

なお、Ａにとって、雨漏り直しは義務であると同時に、権利でもあるから、Ａが雨漏りの修理をしようとする場合、Ｂは、それを**拒むことはできない**。

（3）「有益費」とは？

この家の壁紙が薄汚れて来たので、Ｂが 10 万円かけて張り替えたとするとこの 10 万円は家をより住み良くするための費用だ。そういう費用を「有益費」という。

必要費も有益費も、①いつ、②いくら請求できるか、が出る！

第 611 条他【賃借人の義務は何か？】

賃料支払い義務のポイントは、次の２点だ。

① 宅地建物の賃料は ➜ **月末払い**が原則。

② 賃借物の一部が滅失等によって使用収益できなくなった場合 ➜ 賃借人に落度（帰責事由）がないときは、賃料は、使用収益をすることができなくなった部分の割合に応じて、**減額**される。

第 621 条他【賃借人の原状回復義務】

賃借人は、賃貸借が終了したときは、

➜ 損傷を現状に復する義務を負う（**原状回復義務**。つまり、元に戻す義務を負う）。

ただし、通常の使用・収益によって生じた損耗や経年劣化については、原状回復義務を負わない。

第 605 条他 【不動産賃借権の対抗力はどういう場合に認められるか？】

1．借地権の対抗力は、次の場合に認められる。

→
- 1 借地権が「登記」されている場合
- 2 借地上の建物が「登記」されている場合
- 3 借地上に建物があったことが「掲示」されている場合
（これは、土地の見やすい場所に立札を立てて一定事項を掲示するという一時しのぎの方便だ。だから、掲示による対抗力は建物滅失の日から 2 年間が限度だ）。

2．建物賃借権の対抗力は、次の場合に認められる。

→
- 1 建物賃借権が「登記」されている場合
- 2 建物の「引渡し（ひきわた）」があった場合

コメント

（1）借地権の対抗力とは？

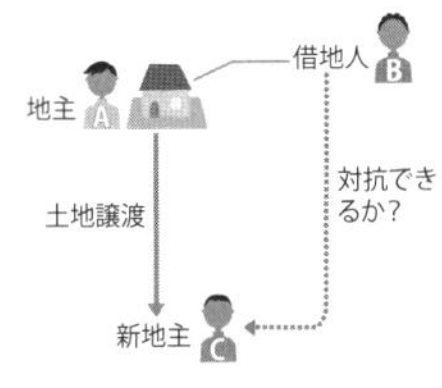

Aの土地をBが賃借し、家を建てて住んでいた。Aがこの土地をCに譲渡した場合、CはBに対して、「俺の土地だ、明け渡せ」と言えるか？

Bが、借地権をCに対抗できるなら（借地権に対抗力があるなら）、Bは土地をCに明け渡す必要はない。借地権の対抗力が認められるのは、上の 1. 1 2 3の 3 つの場合だ。

（2）建物賃借権の対抗力とは？

Aの家をBが賃借していたところ、Aがこの家をCに譲渡した。Bはどういう場合に、Cに賃借権を対抗できるか？答えは、115頁の2. 1 2 の2つの場合だ。

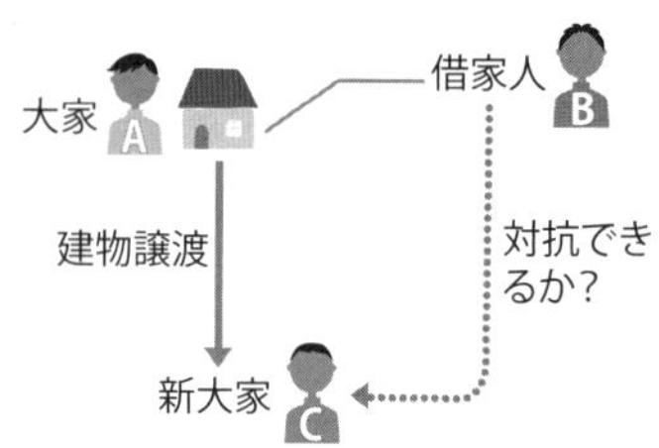

第612条他【賃借権の譲渡・転貸は、勝手にはできない】

① 賃借人が、1賃借物を転貸したり、2賃借権を譲渡するには、
➔賃貸人の「承諾」が必要だ。

② 賃借人が賃貸人の承諾を得て賃借物を転貸すると、
➔賃貸人は、1賃借人にも、2転借人にも、賃料を請求できる。

（1）Aの承諾が必要

Aの家を賃借しているBが、家をCに転貸（又貸しのこと）したり、賃借権を譲渡するのは、勝手にはできない。Aの承諾が必要。ではBがAに無断で転貸や譲渡をしたらどうなるか？その結果、AB間の「信頼関係」が破壊されると、AはBとの賃貸借契約を解除できる。無断転貸・無断譲渡があっても。常に解除できるわけではなく、「**信頼関係**」が破壊された場合に限って**解除できる**点に注意。

（2）Cにも請求できる

Aの承諾を得て、適法に転貸が行われると、Aは**Cにも直接賃料を請求**できることになる。

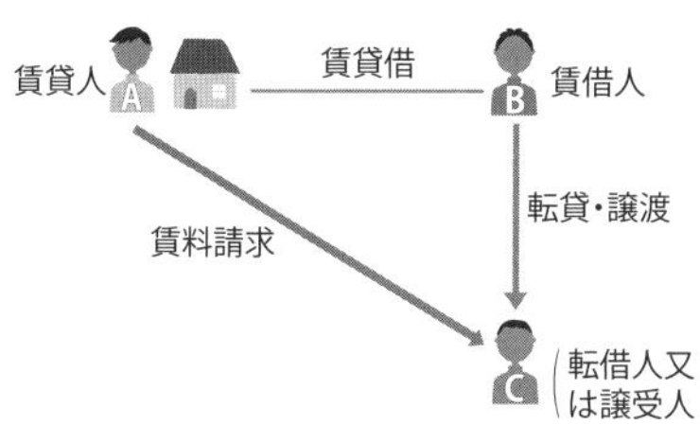

第 617 条他【賃貸借は、一体どういう場合に終了するのか？】

賃貸借は ➔ 次の場合に終了する（例外は借地借家法）。

（1）　期間の満了（50 年が限度。50 年を超える期間を約定しても、自動的に 50 年に短縮される）

（2）　解約の申入れ（期間を定めなかった場合、各当事者は、「もうそろそろ賃貸借を終りにしましょう」と言える。これを**解約の申入れ**という）

解約申入れ後 {① 土地 ➔ 1 年 / ② 建物 ➔ 3カ月} 経過すると終了する。

（3）　解　　除

（4）　賃借物の全部滅失（賃借物がこの世から無くなったら、それ以上賃貸借を続けるのは不可能だから、賃貸借は自動的に終了する。解除等の特別の意思表示は不要）

第2節　借地借家法

キーポイント

借地借家法は何のためにあるかと言うと
➔ ズバリ「**借主を保護**するため」にある。
（貸主は狼で、借主は羊だ、という考え方）

よく出るポイント①

だから、当事者間で借地借家法の規定と異なる特約をしても**借主に不利**な特約は**無効**。

よく出るポイント②

しかし、**一時使用の目的**で借りたことが明らかな場合（㊐選挙事務所の設置）には、借地借家法の一定の規定は適用されない。

1．借　地

借地借家法第２条【借地権とは何か？】

借地権とは、「建物の所有を目的とする地上権または土地賃借権」のことだ。つまり

借地権＝
- [1] 建物所有の目的 ＋ **地上権**
- [2] 建物所有の目的 ＋ **土地賃借権**

なお、地主のことを借地権設定者という。

借地借家法第３条【借地権の存続期間は何年か？】

借地権の存続期間は　➔　**30 年**
（契約で、もっと長い期間を定めた場合は別）

具体例

- **例 1** 存続期間を定めなかった場合 ➔ 存続期間は 30 年となる。
- **例 2** 存続期間を 20 年と定めた場合 ➔ 存続期間は 30 年となる。
- **例 3** 存続期間を 40 年と定めた場合 ➔ 存続期間は 40 年となる。

◉ 建物が滅失しても

では、借地権の存続期間が満了する前に（たとえば 20 年目）、借地上の建物が滅失してしまったら借地権も消滅するのだろうか？

答えは×だ。建物がなくなっても、借地権は**存続期間が満了するまで**なくならない。建物滅失の原因も関係ない。1 火災で焼失した場合でも、2 建物の寿命が来て自然に**朽廃**（きゅうはい）した場合でも、3 借地人が自分で**取り壊し**た場合でも、いずれにせよ、存続期間が満了するまでは、借地権はなくならない。

借地借家法第 4 条他【更新・その 1（合意更新（ごういこうしん））】

当事者が合意によって借地契約を更新する場合、更新後の存続期間は、

① 第 1 回目の更新の場合には ➔ 更新の日から 20 年

② 第 2 回目以降の更新の場合には ➔ 更新の日から 10 年

（①、②とも、当事者がもっと長い期間を定めた場合は別）

コメント

借地契約の更新は 4 通りある。4 つとも通称だ。

その 1　**合意**更新 ―― これが本条だ。

その 2　**請求**更新
その 3　**いすわり**更新
その 4　**建替え**更新
} この先、順ぐりに勉強する。

借地借家法第５条他　【更新・その 2、3（請求更新、いすわり更新）】

原　則　借地権の存続期間が満了したが、まだ**建物がある場合**には、借地権者は、

① 更新を「請求」するか（**請求更新**）、

② 土地の「使用を継続」することによって（**いすわり更新**）

➔ 借地権設定者（地主のことだ）の意思を無視して一方的に借地契約を更新してしまうことができる（期間は、Ⓐ第１回目の 更新の場合は 20 年、Ⓑ第２回目以降の更新の場合は 10 年だ）。

例　外　これに対して、借地権設定者が更新を阻止するには、

➔ 1 **正当事由**（せいとうじゆう）に基づいて、2 **遅滞**（ちたい）なく**異議**（いぎ）を述べることが必要だ。

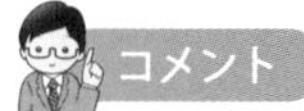

（１）請求更新・いすわり更新

借地人は、か弱い羊ということになっており、手厚く保護されている。そこで、

① 借地人が、更新してくれなくちゃイヤだ、とダダをこねれば、ダダが通ることになっている（**請求更新**）。

② また、いすわりを決め込めば、いすわった方の勝ち、ということになっている（**いすわり更新**）。

どちらも**建物がある場合**に限って認められるという点に注意！

（2）阻止するには？

地主としては、「請求」や「いすわり」に対して、**遅滞なく異議**を述べれば、更新を阻止できることになっている。

ただ、この異議を述べるためには、「**正当事由**（せいとうじゆう）」なるものが必要だとされている。正当事由にも色々あるが、試験にでるのは次の２つだ。

キーポイント

1. 当事者双方が、その土地をどの程度必要としているか
   ➜ 地主側が土地を必要とする程度が高い程、正当事由があると認められやすい。
2. **財産上の給付**（立退料（たちのきりょう））の申出　➜ 地主側が、立退料を払ってあげるよ、と申し出ると、正当事由があると認められやすくなる。

借地借家法第７条他【更新・その4（建替え更新）】

借地権の存続期間満了前（そんぞくきかんまんりょうまえ）に、借地権者が、借地権設定者の承諾を得て残存期間（ざんぞんきかん）を超えて存続するような建物を再築（さいちく）すると

➜ 借地権は、Ⓐ**承諾日**かⒷ**再築日**のどちらか早い方から**20年間**存続することになる。

「承諾」を得ずに再築する奥の手

借地権者が、借地権設定者に、「建物を再築するぞ」と一方的に通知し、借地権設定者が、**2カ月**以内に異議を述べないと

➜「承諾」したものとみなされる（みなし承諾）。

借地借家法第８条【更新後に建物が滅失したらどうなるか？】

（１）借地権者側

更新後に建物が滅失したら、

➔ 借地権者は借地権の消滅を一方的に申し入れることができ、申入れ後**３カ月**経過すると借地権は消滅する。

（２）借地権設定者側

更新後に建物が滅失し、借地権者が、借地権設定者の承諾を得ずに残存期間を超えて存続するような建物を再築したら、

➔ 借地権設定者は、借地権の消滅を一方的に申し入れることができ、申入れ後**３カ月**経過すると借地権は消滅する。

コメント

借地権者としては、建物もないのに地代を払い続けるのはかなわない。そこで、借地権者からの一方的な申し入れで、借地権を消滅させることができることにしたわけだ。

更新後に限られる　この申入れができるのは、「**更新後に**」建物が滅失した場合に限られる、ということだ。つまり、最初の存続期間中に建物が滅失しても、この申入れはできない。

借地借家法第 13 条【借地人は建物の押し売りができる！】

借地権の存続期間が満了したのに**更新しない場合には** ➔
借地権者は、借地権設定者に、建物を時価で**買い取らせる**ことができる。

請求更新やいすわり更新は借地権設定者側から、[1]正当事由にもとづいて、[2]遅滞なく異議が述べられれば、更新を阻止されてしまう（➡121頁復習）。その場合、借地人としては、まだ使える建物を取り壊さなければならないのか？

解　決　答えは×だ。借地人には、「更新してくれないなら、地主よ、お前が建物を買い取れ！」と、押し売りする権利が認められている。地主としては、買取りを拒絶することはできない。

借地借家法第19条【裁判所に泣きつけ！その[1]】

借地権（賃借権）の**譲渡・転貸**を、借地権設定者が承諾しない場合には ➔ 借地権者は、裁判所から借地権設定者の**承諾**（しょうだく）**に代わる許可**をもらうことができる。

コメント

借地権の譲渡・転貸に借地権設定者（地主）の承諾は必要か？答えは、借地権が地上権か土地賃借権かで異なる。

借地権が
- 地上権なら ➔ 借地権設定者の承諾「不要」……パターン①
- 賃借権なら ➔ 借地権設定者の承諾「必要」……パターン②

ということになる（➡48頁復習）。

本条は、パターン②についてだけのものだ。パターン②の場合、借地権設定者が承諾してくれないなら、借地権者としては、裁判所に泣きつき（申立て）、借地権設定者の**承諾に代わる許可**をもらうことができることになっている。

借地借家法第 17 条【裁判所に泣きつけ・その2】

建物の増改築(ぞうかいちく)を、借地権設定者が承諾しない場合には、

➔ 借地権者は、裁判所から借地権設定者の承諾に代わる許可をもらうことができる。

借地借家法第 11 条【地代の変更でモメたらどうなるか？】

地代の増減について話し合いがまとまらない場合には、

➔ 裁判で決着がつくまで、借地権者は、「**相当と認める額の地代**」（今まで通りの額という意味）を支払えばよい。

コメント

後日判決が出て、増額・減額が認められたら、今までの額との差額に、**年１割の利息**を付けて清算しなければならない。

借地借家法第 22 条他【更新しない借地権もある】

ココが出る!!

		A 居住用・非居住用どちらでも○か?	B 書面で契約する必要はあるか?
更新しない3つの借地権	1 **事業用定期借地権** ・10 年以上 50 年未満（注1） ・**非居住用**の事業用建物（事務所、店舗等）しか建てられないタイプ	**非居住用**に限る 注2 居住用賃貸マンションはダメ!	**公正証書**に限る
	2 **定期借地権** ・50 年以上	どちらでも○	公正証書等の書面または**電磁的記録**
	3 **建物譲渡特約付借地権** ・30 年以上 ・借地権設定者が建物を買い取り、借地権を消滅させるタイプ	どちらでも○	書面**不要** （口頭で OK）

注1　事業用定期借地権には、① 10 年以上 30 年未満と② 30 年以上 50 年未満の 2 タイプがある。

軒を貸して母屋を取られる、という言葉があるが、地主としては一度土地を貸すと、請求更新・いすわり更新・建替え更新によって、永久に土地を返してもらえなくなる恐れがある。いくら借地人が、か弱い羊だと言っても、少しは地主の立場も考えてあげる必要がある。

2．借家（しゃくや（しゃっか））

借地借家法第 29 条他【建物賃借権の存続期間は何年か？】

建物賃貸借の存続期間は　➔　１年以上に限る。

（１年未満の期間を定めると ➔ 期間の定めがないものとみなされる。）

例外　定期建物賃貸借（128 頁）は１年未満でも OK。

具体例

- **例１** 存続期間を定めなかった場合 ➔ 期間の定めがない賃貸借となる。
- **例２** 存続期間を10カ月と定めた場合 ➔ 期間の定めがない賃貸借となる。
- **例３** 存続期間を 10 年と定めた場合 ➔ 存続期間は10年となる。
- **例４** 存続期間を 30 年と定めた場合 ➔ 存続期間は30年となる。

「期間の定めのない賃貸借」は「解約の申入れ」によって終了する。

借地借家法第 26 条他【建物賃貸借の更新と終了】

ココが出る!!

（1）期間の定めがある場合

原　則　期間が満了しても ➔ 建物賃貸借は自動的に更新する。

例　外　これに対して、賃貸人が更新を阻止するには
➔ 1 正当事由にもとづいて、2 期間満了の「1年前から6カ月前までの間に」更新拒絶通知をすることが必要だ。

（2）期間の定めがない場合

建物賃貸借は ➔ 解約申入れによって終了する。

➔ A 賃貸人からの解約申入れには
　➔ 1 正当事由が必要であり、2 解約申入れ後6カ月を経過すると終了する。

　B 賃借人からの解約申入れには
　➔ 1 正当事由は不要であり、2 解約申入れ後3カ月を経過すると終了する。

コメント

か弱い羊（賃借人）が、なるべく借家から出て行かなくていいようになっている。特に（2）A と B の違いがよく出る！

借地借家法第 38 条他【更新しない建物賃貸借もある】

次の２つの場合には➔「期限が来たら確実に終了し、更新しない建物賃貸借」を行うことができる。

1. 定期建物賃貸借（定期借家ともいう）➔ 公正証書等の書面または電磁的記録でしなければならない。
2. 取壊し予定の建物の賃貸借（取り壊す予定の建物を、取り壊すまでの間だけ賃貸すること）➔ 公正証書等の書面または電磁的記録でしなければならない。

建物賃借人が、いくら、か弱い羊だからといっても、永久にいすわられてはたまらない。そこで､上の２つの例外が作られた。

借地借家法第 36 条【愛人を守れ！】

居住用建物の賃借人が、その建物で愛人と同棲中に死亡したが、相続人がいない場合には ➔ 愛人は賃借権を承継（しょうけい）することができる。

注！　本条に反する特約も有効！

コメント

賃借権を引き継ぐということは、借賃を支払う**義務も引き継ぐ**ことだから、それがいやなら、賃借人の死亡を知ってから**1カ月以内**に「出て行く」と言えばよいことになっている。

借地借家法第 35 条【借地上の建物の賃借人を守れ！】

借地上の建物の賃借人が、借地権の存続期間の満了を知らなかった場合 ➔ 最高で **1 年間**まで、土地の明渡しを裁判所から猶予してもらえる。

コメント

Aの土地にBが存続期間 30 年の借地権を有し、建物を所有しており、CがBから、この建物を賃借していた。Bの借地権が、30 年の存続期間の満了によって消滅し、更新もしなかった場合、本来なら、Bは土地をAに明け渡さなければならず、当然、Cも出て行かなければならないはずだ。

借地権者
借地権設定者
建物賃借人
〔Cを守れ！〕

しかし、Cが、Bの借地権の存続期間がいつ満了するのか知らなかった場合まで、Cが出て行かなければならないとしては、か弱い羊（C）を路頭に迷わせることになる。そこで、この条文が作られた。

借地借家法第 33 条【建物賃借人は、畳等の押し売りができる！】

賃貸人の同意を得て建物に付加した造作（畳とか雨戸のことだ）を、
➔ 建物賃借人は、賃貸借終了時に、賃貸人に時価で買い取らせることができる。

注！　本条に反する特約も有効！

コメント

借地人に建物の押売り権がある（➡ 122 頁復習）のと同じ趣旨。

借地借家法第 32 条【借賃の変更でモメたらどうなるか？】

建物の借賃の増減について話し合いがまとまらない場合には、

➔ 裁判で決着がつくまで、建物賃借人は、「**相当と認める額の借賃**」（今まで通りの額という意味）を支払えばよい。

コメント

これも、借地権の場合（➡ 124 頁復習）と全く同じだ。裁判で増額・減額が認められた場合に、今までの額との差額に、**年１割の利息**を付けて清算しなくてはならないことも同じ。

借地借家法第 19 条【借地と借家の違い】

賃借人が賃借権を第三者に**譲渡・転貸**しようと思ったが、賃貸人が承諾してくれない場合、賃借人は、裁判所から賃貸人の**承諾に代わる許可**をもらうことができるか？

借地の場合 ➔ できる（➡ 123 頁）。
借家の場合 ➔ できない！

第13章　その他の事項

1 「弁済」は

Q1　弁済って何？

A　代金を支払ったり、借りた金を返したり、要するに、債務を履行することだ。

Q2　債務者以外の第三者も債務者に代わって弁済できるの？

A
- 正当な利益を**有しない**第三者は ➔ 原則として、債務者・債権者の意思に反して弁済できない。
- 正当な利益を**有する**第三者は ➔ 債務者・債権者の意思に**反しても**弁済できる。

Q3　弁済って、どこでやるの？

A　**債権者の「今現在の」住所**でやる。だから、債権者が引越ししてしまったら、引越先まで出向いて弁済しなければいけない。

注！　ただし、特定物（例土地・建物）の引渡しは、特定物が存在した場所でやる。

Q4　100 万円借りて、利息が 3 万円生じて、元利合計 103 万円になったけど、100 万円しか弁済できない。これで、元本は 0 になり、利息の 3 万円だけ残るの？

A　NO！　弁済額が、元利合計に足りない場合には、**まず利息**に優先的に充当し、残額を元本に充当することになっている。だから、この場合には、利息は 0 になり、元本が 3 万円残ることになる。

② 「相殺」は

Q１　相殺って何？

Ａ　たとえば、ＡがＢに 100 万円貸していて、ＢもＡに 100 万円貸していたとする。この場合、**実際に弁済しないで**、貸し借りをチャラにすることができる。これが相殺だ。

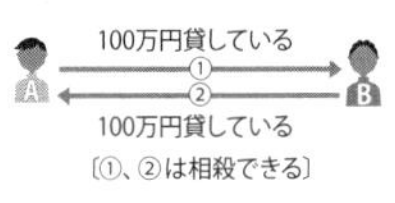

Q２　では、Ａが東京、Ｂが大阪に住んでいたとしても、相殺できるの？

Ａ　OK！　相殺は、**離れていても**、電話１本でできる。

Q３　Ｂの債務（Ａの債権）の弁済期が４月１日で、Ａの債務（Ｂの債権）の弁済期が６月１日で、今日が５月１日だとしたら、相殺はできるの？

100万円貸している
（弁済期4月1日）
○ A　B ×
100万円貸している
（弁済期6月1日）
〔今日は5月1日〕

Ａ　Ａからは相殺できるが、Ｂからは相殺でない。自分の債務は、まだ弁済期が来ていなくとも、自分から**期限の利益**を放棄して弁済するのは自由だが、相手方の債務の方は、無理矢理弁済させるわけにはいかない。だから相殺は、相手方の債務が弁済期にある側（相手から今すぐ金を取り立てられる側）からしかできない。

Q４　では、Q3の例で、7月1日に相殺が行われたら、相殺の効力はいつ生じるの？

Ａ　６月１日に生じる。７月１日ではない！　両方の債務の弁済期がともに到来した時を、相殺に適する状態、つまり「**相殺適状**」になった時（どちらからでも相殺できる時という意味）という。相殺の効力は、この「相殺適状」になった時にさかのぼって生ずることになっている（**坂登五郎**だ。一郎➡５頁、二郎➡ 29 頁、三郎➡ 32 頁、四郎➡ 95 頁をおっくうがらずに復習！）。ということは相殺に、条件や期限を付けても全く無意味だ（どうせさかのぼるのだから）。だから、相殺には、**条件や期限は付けられない**。

③「委任」は 

Q1　委任って何？

A　たとえば、AがBに、本を1冊買ってきてもらうように、契約を人にまかせるのが委任だ。Aを委任者、Bを受任者という。

Q2　BはAに報酬は請求できるの？

A　NO！　委任は、**タダ働きが原則**だ（無償契約）。だから、特約があれば別だが、特約がない限り報酬は請求できない。

Q3　それなら、Bは、Aのために買った本をていねいに運ぶ必要はないね？

A　これもNO！タダ働きとはいえ、Bは、本の取扱いに「**善良な管理者の注意義務**」（細心の注意を払えという意味）を負う。

Q4　Bは、他にどんな義務を負うの？

A　BはAから**請求**があった時は、委任事務処理の状況を**報告**しなければならない。

Q5　では、本の代金はどうなるの？　Bが立て替えるの？

A　NO！　Aに前払いを請求できる（**費用の前払い請求権**）。

Q6　委任契約は、どういう場合に解除できるの？

A　AからでもBからでも、**いつでも**解除できる。ただし、相手方に不利な時期に解除した場合は、**やむを得ない**事由があったときを除き、損害を賠償しなければならない。

Q7　解除以外で、委任が終了するのはどんな場合？

A　委任者の　➜　死亡・破産
　　受任者の　➜　死亡・破産・後見開始

だ。これは、委任による代理の終了原因（➡26頁復習）と全く同じだ。

４「請負（うけおい）」は

Q１　請負って何？

A　洋服屋がスーツのオーダーを請け負ったり、工務店が家の建築を請け負ったりするように、何かを完成させることを請け負う契約が請負だ。

Q２　完成したスーツのサイズが合わなかったら（契約の内容に不適合だったら）、注文者はどうしたらいいの？

A　１サイズを直してもらうこともできるし（追完請求）、２報酬の**減額を請求する**こともできるし、３損害賠償を請求することもできるし、４契約を解除することもできる。

Q３　スーツや家を注文したけど、完成前にもう必要なくなったら、注文者はどうしたらいいの？

A　その場合には、注文者は、**損害を賠償**して、契約を解除できる。いりもしないものを、みすみす完成させては無駄だからだ。

5「使用貸借(しようたいしゃく)」は 

Q1　使用貸借って何？

A　**タダ**（無償）で物の貸し借りをする契約のことだ。賃貸借の場合と違って、タダだから、借主の力は弱い。例えば、賃貸借は、借主が死んでも契約は終了しない（相続人が賃借権を相続する）けれど、使用貸借は、借主が死んだら当然に終了することになっている。タダだから、借主が死んだら終わり、ということだ。

Q2　他にも賃貸借と違う点はあるの？

A　借主は、**通常の必要費**（固定資産税や現状維持に必要な修繕費等）を負担しなければならないことになっている。タダで借りているんだから、通常の必要費ぐらい負担しなさい、ということだ。また、借地借家法が適用されないことになっている。

Q3　借地借家法が適用されないってどういうこと？

A　たとえば、建物の賃貸借の場合は、引渡しが対抗要件となるから、 借主は、借家に実際に住んでいれば、新しい大家から明渡しを要求される心配はない（借主は出て行かなくてOK ➡ 115頁2. 2）。しかし、建物の使用貸借の場合は、**引渡しが対抗要件とならない**から、借主は、借家に住んでいても、新しい大家に対して、使用貸借権を主張することはできない（借主は出て行かなければならない）。

2

第２編
宅建業法

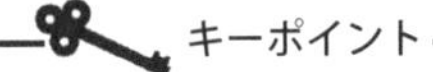

宅建業法（たっけんぎょうほう）は何のためにあるかと言うと、

➜　ズバリ「**一般消費者保護**」のためにある。

宅建業法は、「**業者は狼で、お客さんは羊だ**」という考え方で作られている。

業者は海千山千のプロだから、業者とお客さんが対等の立場で交渉すると、お客さんが損をするに決まっている。

そこで、業者に、様々な規制を加えて、お客さんを守ろうということになった。そのための法律だ。

第1章 宅 建 業

第1節　4つの用語

1.「宅地」とは、次の3つだ

1 **今現在**、建物が建っている土地。

2 今現在、建物は建っていないが、建物を**建てる目的**で取引される土地。

3 「**用途地域**」内の土地。ただし、**道路・公園**等の公共施設用地は除く。

登記記録の地目は一切関係ない。たとえば、登記記録の地目が山林だろうと原野だろうと別荘を**建てる目的**で取引される土地は宅地だ。

また、**用途地域**（➡ 242 頁）内にあれば駐車場も農地も宅地だ。

2.「建物」のポイントは2つ

1 **住居に限らず**、倉庫も工場も建物だ。

2 マンションの1室のような、**建物の一部も建物**だ。

3．「取引」とは、次の８つだ

宅地建物の「**売買・交換・貸借**」を、「**自ら**行うか、**代理**するか、**媒介**する」こと（３×３で９つ）のうち、「自ら貸借を行うこと」を除いた８つ。

ココが出る!!	自　　ら	代　　理	媒　　介
売　　買	○	○	○
交　　換	○	○	○
貸　　借	×	○	○

上の８つの○が取引に当たる。

注！　「自ら貸借」だけは「取引」に当たらない＝免許なしで、誰でもできるということ。

（1）「自ら貸借」には免許不要

だから、貸ビル業は、免許なしで誰でも自由にできる。

（2）ビル管理業にも免許不要

「管理」は、「売買・交換・貸借」のどれにも当たらないから、**ビル管理業は、宅建業には当たらない。**同様に、宅地造成業も、宅建業には当たらない（造成は売買でも交換でも貸借でもないから）。

（3）代理と媒介の違い

代　　理 ➔ 契約締結権限あり
媒　　介 ➔ 契約締結権限なし

4.「業」のポイントは2つ

> 「業」とは、
> ➔ { 1 不特定多数の人を相手として / 2 反復継続して } 取引を行うことだ。

(1)「業」に当たらない例

ある会社が**自社の従業員だけ**に、宅地を反復継続して分譲するのは宅建業には当たらない(1を欠くから)。

また、農家Aが農地を宅地として50区画に区画割りし、これをBに**一括して(一度に)売却**することも宅建業に当たらない(2を欠くから)。

(2)「業」に当たる例

しかし、農家Aがこの50区画の宅地の売却の**代理を一括して**Bに**依頼**する場合には、Aに免許が必要だ。なぜなら、代理人Bが行った契約の効力は、直接本人に帰属するため(➡22頁復習)、A自身が、不特定多数の人に反復継続して売買を行っていることになるからだ。

(3) 次の者は免許なしで宅建業ができる。

1 国
2 地方公共団体(都道府県と市町村のこと)
3 信託銀行
4 信託会社

> 注! 3の信託銀行と4の信託会社は、一定の事項を大臣に届け出ることが必要。

第2節　免許と事務所

1．免許は誰がくれるのか？

（1）知事免許と大臣免許

> **1つの都道府県内だけ**に事務所を設置する場合には
> 　➜ その都道府県の**知事**
> **2つ以上の都道府県内**に事務所を設置する場合には
> 　➜ 国土交通**大臣**

事務所の数で決まるのではない。本店新宿、支店都内100カ所でも東京都知事免許。本店新宿、支店横浜1カ所でも国土交通大臣免許。

注！　免許を受けた後でないと、広告もできない（だから、「免許**申請中**」と注記しても、広告できない）。

（2）本店（主たる事務所）と支店（従たる事務所）

支店は ➜ 実際に宅建業を営んでいる場合だけ事務所とされる。

本店は ➜ 実際に宅建業を営んでいなくとも、支店で**宅建業**を営んでいれば**自動的に**事務所とみなされる。

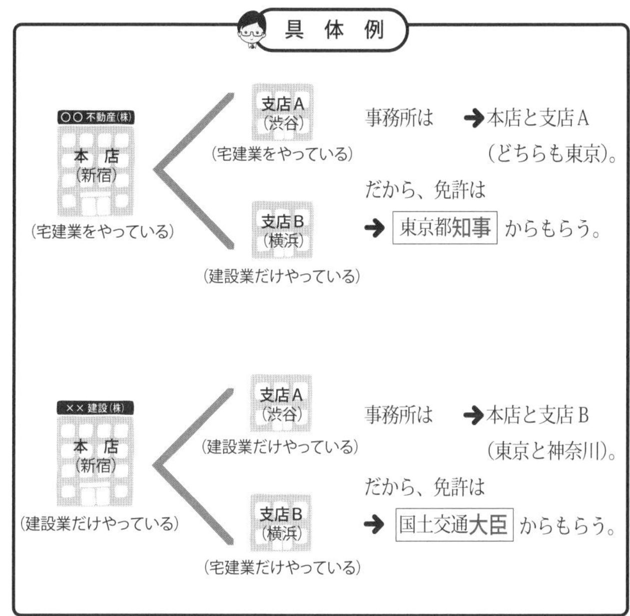

(3) 個人と法人(会社のこと)は別物

ある人が個人として免許を受けて宅建業をやっていたとする。その人が会社を設立して宅建業を営もうとする場合、**改めて免許を受ける必要がある**。

(4) 免許の条件

知事も大臣も、免許(更新のときにも)に**条件**を付けることができるし、後日条件を**変更**することもできる。

2. 免許換え(めんきょが)

知事免許も大臣免許も**全国で有効**。東京都知事免許を受けたAも北海道で営業できる。

しかし、Ａが北海道にも事務所を設置して営業するとなると、東京都知事免許のままではダメで、新たに国土交通大臣免許を受けなければならない。この、新たに免許を受け直すことを「**免許換え**」という（免許換えの結果、Ａが国土交通**大臣免許**を受けたときに、東京都**知事免許は失効**する）。

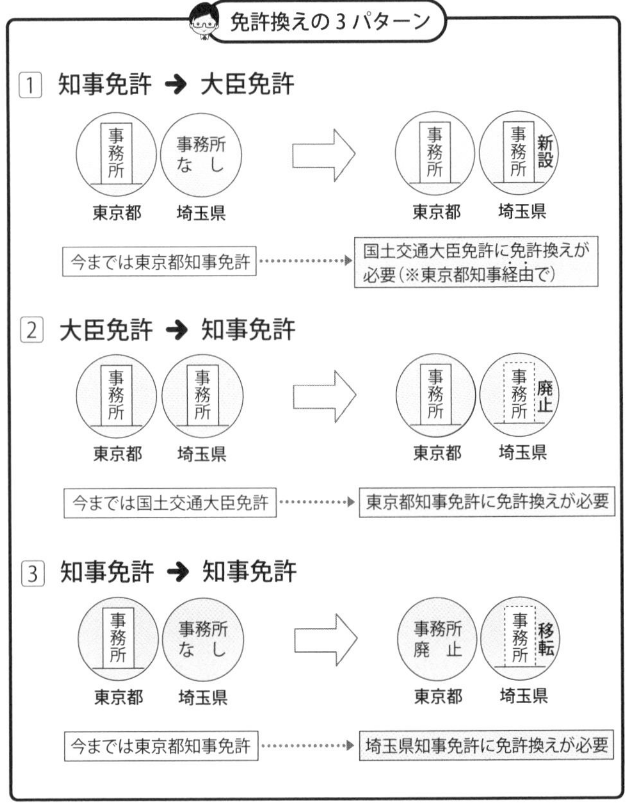

※「**経由**」……１のパターンだけは、国土交通大臣に直接申請書を提出するのではなく、東京都知事に提出する。そうすると、知事が大臣に申請書を届け

てくれる。これが知事経由ということだ。

注！ 免許換えをした場合、新免許の有効期間は5年間だ（免許換えをする前の旧免許の有効期間の残りの期間ではない）。

3．免許の有効期間

（1）5年・90日前から30日前

免許の有効期間は**5年**だ。更新の手続きは、有効期間**満了の日の90日前から30日前までの間**にやらなければならない（満了後30日以内は×だし、前30日以内も×だ。）。

（2）有効期間が延びることもある

更新手続きをしても、新しい免許証が、今までの免許の有効期間中に交付されない場合には、業者側には落度がないわけだから、旧免許は、有効期間満了後も**効力を有する**。

ただし、その後、新免許証が交付されると、その有効期間は、旧免許の本来の有効期間**満了の日の翌日**から起算される。

（3）相続人が後始末

業者が死亡すると免許は失効するが、業者が**生前締結していた契約**に限っては、業者の一般承継人（相続人のこと）を業者とみなし、免許なしで取引をやりとげることが認められる。

ただし、相続人が、新しい取引をするには、自分で免許を受けることが必要だ（無免許でできるのは、後始末だけ）。

（4）免許証の返納

免許証を返納しなければならないケースは、次の4つだ。

1 免許換えにより免許が効力を失ったとき。

2 免許を取り消されたとき。

3 なくした免許証を発見したとき。

4 廃業等の届出をするとき。

4．届　　出

（1）業者名簿の登載事項に一定の変更を生じた場合の届出（変更の届出）

1 名称・商号
2 事務所の所在地・名称
3 役員（非常勤も含むし、監査役も含む。また、個人業者なら本人も含む）と政令で定める使用人（各事務所の代表者のこと）の氏名
4 専任の宅地建物取引士の氏名

明（名）治（事）の薬（役）剤師（士）

30日以内に（ミンナ届けると覚える。30日前までにではない）免許権者に届け出る。

国土交通大臣が免許権者の場合には、本店所在地の都道府県知事経由で届け出る。

（2）業者が業者でなくなる場合の届出（廃業等の届出）

	届出義務者
1 死　亡	相続人
2 合　併	消滅会社の代表役員
3 破　産	**破産管財人** 注!
4 解　散	清算人
5 廃　業	代表役員（個人業者なら本人）

注！　宅地建物取引士が破産した場合には**本人**が届け出る（➡159頁）。

よく出るポイント①

30日以内に（死亡の場合だけは相続人が**知ってから**30日以内に）免許権者に届け出る（ミンナ届けると覚える）。国土交通大臣が免許権者の場合には、本店所在地の**知事経由**で届け出る。

よく出るポイント②

1 死亡と、2 合併の場合は、**死亡・合併**の時に当然に失効するが、残りの3つ（3破産、4解散、5廃業）は、その時ではなく、**届出の時**に失効する。

よく出るポイント③

業者が破産すると ➔ **破産管財人**が届け出る。
宅建士が破産すると ➔ **本人**が届け出る。

5．欠格事由（難！ しかしよく出る！）

業者としてふさわしくない人には免許を与えない。

それは、次のような人だ。免許がもらえなくなる原因のことを欠格事由という。

（1）宅建業を適正に営むことができない人はダメ

1 営業に関して成年者と同一の行為能力を有しない未成年者で、**法定代理人**（法定代理人が法人の場合は、法人の**役員**）が**次の** 2 ～ 12 のどれかに当たる場合はダメ。

「営業に関して成年者と同一の行為能力を有しない未成年者」とは、「営業許可を得ていない未成年者」（つまり一般の未成年者）のことだ（➡４頁復習）。一般の未成年者は、**原則としてもらえる**。

しかし、その法定代理人が、業者としてふさわしくない人物の場合（次の2〜12のどれかに当たる場合）には、ダメ。

これに対して、未成年者が、「営業に関し成年者と同一の行為能力を有する」場合（営業許可を得た未成年者のことだ）には、たとえ法定代理人が次の2〜12のどれかに当たっていても、その未成年者は免許がもらえる。

2 **心身の故障**により宅建業を適正に営むことができない者はダメ。 3 **復権**を得ていない破産者はダメ。

破産者は、**復権を得れば直ちに**免許がもらえる。復権後５年間待つ必要なし。

（２）前科者はダメ

4 **禁錮**、懲役に処せられた者 5 **宅建業法**違反で**罰金**に処せられた者 6 暴力団系の犯罪 （暴行、傷害、現場助勢、脅迫、**背任**、凶器準備集合・結集、**暴力団新法違反等**）で**罰金**に処せられた者	執行終了後 **５年間**はダメ。

4は、塀の中に入った原因は問わない。道路交通法違反も公職選挙法違反も、全て含む。

よく出るポイント①＝執行猶予

執行猶予中も免許はもらえない。しかし、執行猶予期間が**満了すると、直ちにOK**だ。５年間待つ必要はない。

よく出るポイント②＝控訴・上告

有罪判決を受けても、控訴や上告中は免許が**もらえる**。刑が確定するまでは、無罪と推定されるからだ。

よく出るポイント③＝拘留、科料、過料

拘留、科料、過料は欠格事由に**ならない**。ささいなあやまちは大目に見るということだ。

（3）極悪な業者と役員はダメ

7 ⓐ不正手段で免許を取得した場合
ⓑ**業務停止処分に違反**した場合
ⓒ業務停止処分事由に当たり情状が特に重い場合
のどれかに当たるために、
免許取消処分を受けた元業者は極悪だから、
➜**免許取消し**から5年間はダメ

8 7 のⓐ～ⓒのどれかに当たるために、免許権者（知事か大臣）が免許取消処分をしようとして**聴聞**の期日と場所を公示（言い分があるなら聴いてやるから出てこい）したところ、相当の理由がないのに、処分前に自分から廃業等の届出をした元業者（いわゆる**かけこみ廃業**）は、
➜廃業等の**届出**から5年間はダメ

9 上の 7 8 の場合に、聴聞の**公示前**60日以内に、その業者の役員（取締役等）だった者は
➜**免許取消し**（7 の場合）、**届出**（8 の場合）から5年間はダメ

7の解説

ⓐ～ⓒ以外の理由で免許が取り消された場合には、極悪とまでは言えないから、５年間待たされることはない。

8の解説

相当の理由がないのに、かけこみ廃業をするということは、自分からクロと認めたことになるから、廃業等の届出をしてから５年間は免許がもらえなくなる。

9の解説

会社と役員は一心同体だから、役員が個人で業者になろうと思っても、５年間は免許がもらえない。ただ、ずっと前に会社をやめている役員は無関係だから、聴聞公示前60日以内に籍があった役員だけ×。

役員には、㋐**取締役**と㋑**相談役**は含まれるが、㋒**監査役**と㋓**専任の宅地建物取引士**は含まれない（➡146頁の「役員」とは意味が違う）。

（4）極悪な人と会社はダメ

10 現役の**暴力団員**や暴力団員でなくなった日から**５年**を経過してない元暴力団員（暴力団員等という）

11 免許の申請前**５年**以内に宅建業に関し不正または著しく不当な行為をした者

12 **宅建業**に関し**不正**または不誠実な行為をするおそれが明らかな者

13 暴力団員等が**事業活動を支配**する者（暴力団員等が相当の影響力を及ぼしているフロント企業等のこと）

極悪な人と会社（法人）は、業者としてふさわしくないから、免許がもらえない。そして、暴力団員は、特に極悪だから、暴力団を辞めてから**5年間**は免許がもらえない。

（5）役員等がダメな人なら、会社もダメ

> 14 役員（取締役等）か、**政令で定める使用人**（各事務所の代表者）の中に、上の 2 ～ 12 のどれかに当たる人がいる場合には、
> ➔ その会社もダメ。

役員や政令で定める使用人がダメな人なら、会社もダメな会社だという話。

6．事　務　所

事務所とは、

1 継続的に業務を行うことができる施設を有する場所（テントじゃダメ）で、かつ、
2 宅建業についての契約締結権限を有する使用人が置かれている場所のことだ。

業者は、事務所ごとに、次の（1）～（5）の５つのものを備えなければならない。

（1）標　　識

標識の代わりに、業者の免許証を掲示してもダメ。

注！ ちなみに、標識は、案内所（➡ 154 頁）、宅地建物の所在する場所（現地のこと）、展示会等の催しを実施する場所、事務所以外で継続的に業務を行うことができる施設を有する場所にも掲示しなければならない。

（２）宅地建物取引士

業者は、事務所ごとに ➔ その事務所の従業者の**５人に１人**以上の割合で、**成年者**である**専任**の宅地建物取引士を置かなければならない。

よく出るポイント①＝５人に１人（第31条の3第１項）

「５人に１人以上」の計算ができないと困る。たとえば、従業者16人の事務所には、宅建士が何人必要か？　答えは４人だ。３人ではない。

ココが出る!!

よく出るポイント②＝２週間以内に補充（第31条の3第3項）

宅建士の数に欠員（けついん）が生じたら**２週間以内**に補充する。補充しないと**業務停止処分**。

よく出るポイント③＝専任とは？

常勤のこと。パートとか、複数の事務所の**かけもち**は、専任じゃない。ただし、事務所に常勤していない場合でも、ITの活用等により適切な業務ができる状態で、事務所以外の場所で通常の勤務時間を勤務する場合は専任としてよい。

よく出るポイント④＝みなす

業者本人や**役員**が宅地建物取引士である場合には、その者は当然に、専任の宅地建物取引士とみなされる。しかし、この役員には監査役は含まれない。

(3) 従業者名簿

名簿の保存期間は、最終の記載をした日から10年間だ。

(4) 帳　　簿

帳簿をまとめて本店に置いてもダメ。必ず**事務所ごと**に置く（帳簿に限らず（1）～（5）は全部そうだから念のため）。帳簿の保存期間は閉鎖後5年間（**業者が自ら売主**となる新築住宅に係る取引の帳簿だけは10年間）だ。

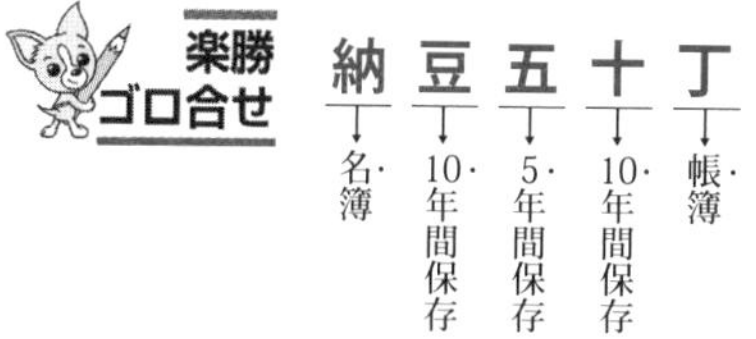

(5) 報酬額の掲示

報酬は代理・媒介の場合にもらうものだから、**自社物件の分譲を専門**にやっている業者は、報酬をもらうということはないが、それでも掲示する。

7. 案内所

ここは 卒 再

事務所以外の場所にも、いろいろと規制がある。

	こういう場所には	こういう規制がある
1	**一団の**宅地建物(宅地なら10区画以上、建物なら10戸以上という意味)を、案内所を設けて分譲する場合には …………➔	①「**標識**（第 50 条第 1 項の標識)」を掲示しなければならない。
2	1の案内所で**契約を締結**したり、申込みを受ける場合には…………➔	①に加えて、 ②**免許権者**および**現地の知事**に、業務開始の**10日前**までに「**届出**(第50条第2項の届出)」をしなければならない(10区画と10日前で**10**が共通、と覚える)。 成年者である専任の**宅地建物** ③**宅建士**を**1人**以上設置しなければならない (1人でOK。5人に1人以上ではない)。
3	2の案内所が**土地に定着**している場合には…➔	①・②・③に加えて、 ④**クーリング・オフ**ができない。

注1 1の「分譲」には、自己物件の分譲だけでなく、他人の物件の分譲の代理・媒介をする場合も含まれる。

注2 2②の免許権者への「届出」は、国土交通大臣が免許権者の場合だけは、現地の知事を経由して行う。

注3 一団の宅地建物を分譲する売主は、自ら案内所を設けようが設けまいが、責任の所在をはっきりさせるために現地(現場)に「所在場所の標識」(1の案内所の標識と混同するな！）を掲示しなければならない。

注4 案内所には、153 頁の(3)(4)(5)は不要。

第２章　宅地建物取引士

１．宅地建物取引士になるには？

（１）宅建士試験合格

受かっても直ちに宅建士というわけではない。

宅建士試験合格（一生有効）　＝宅地建物取引士資格試験合格者

↓ 1 欠格事由なし
2 ２年以上の実務経験または国土交通大臣の登録実務講習受講

知事に登録（一生有効）　＝宅地建物取引士資格者

↓ 知事の講習受講（合格後１年以内なら免除）

宅建士証の交付（５年間有効）　＝宅地建物取引士

注１　大臣の登録実務講習と知事の講習を逆にするヒッカケ問題に注意！

注２　登録は５年ごとに更新が必要だというウソにひっかかるな！
登録は一生有効だから更新などない。５年ごとに更新が必要なのは宅建士証だ。

注３　不正（カンニング等）をした場合は、合格を取り消されたり、最長で３年受験を禁止されることがある。

（２）知事に登録

その後で、**受験地**の都道府県知事に登録（第 18 条第１項の登録）をする。

それには、第一に、欠格事由がないこと、第二に、宅建業について２年以上の実務経験があることが必要だ。ただし、実務経験がない場合には、国土交通**大臣**の登録(オスミツキ)を受けた実務講習（登録実務講習）を受講すればよい。

こうして知事に登録しても、まだ宅建士ではないから、宅建士でなければできない事務（➡ 161 頁）は、**一切できない**。もしやると、登録を消除(しょうじょ)（抹消(まっしょう)のこと）されることがある。

（３）宅建士証の交付

宅建士（正式名称は宅地建物取引士）とは、

1. 宅建士試験に**合格**し、
2. 知事に**登録**し、
3. 宅建士証を**交付**された

者のことだ。宅建士証は、自分が登録している知事から交付される。それ以外の知事には、交付を申請できない。

そして、この宅建士証の交付を受けるには、交付申請前６カ月以内に行われる**知事**が指定する講習を受けなければならない。**初めて**交付を受ける場合も、宅建士証を**更新**する場合もだ。もっとも、宅建士試験**合格後１年以内**に交付を受けようとする者は、この知事の講習が**免除**されることになっている。

2. 欠格事由

宅建士にふさわしくない人は、たとえ宅建士試験に合格しても、登録を受け付けないことになっている。この登録を受け付けてもらえない原因（次の1～13）が欠格事由だ。業者の欠格事由（➡ 147 頁）と約３分の２が共通だから、違うところ（次の1 2 11 12 13）**だけ勉強**すればいい。

1 営業に関して**成年者と同一の行為能力を有しない**未成年者はダメ。

「営業に関して成年者と同一の行為能力を有しない未成年者」とは、「営業許可を得ていない未成年者」（つまり一般の未成年者）のことだ。

ここが違う

営業許可を得ていない未成年者は
- 業者に**なれる**（ただし、法定代理人に欠格事由があればダメ（➡ 147 頁））。
- 宅建士には**なれない**。

2 **心身の故障**により宅建士の事務を適正に行うことができない者はダメ。

業者と共通の欠格事由

3 復権を得ていない破産者はダメ。

4 禁錮、懲役に処せられた者
5 宅建業法違反で罰金に処せられた者
6 暴力団系の犯罪（暴行、傷害、現場助勢、脅迫、背任、凶器準備集合・結集、暴力団新法違反等）で罰金に処せられた者

➡ 執行終了後５年間はダメ。

7 ⓐ不正手段で業者免許を取得した場合
ⓑ業務停止処分に違反した場合
ⓒ業務停止処分事由に当たり情状が特に重い場合
} のどれかに当たるために、
免許取消処分を受けた元業者は極悪だから、
➔ 業者免許取消しから５年間はダメ。

8 7のⓐ～ⓒのどれかに当たるために、免許権者（知事か大臣）が免許取消処分をしようとして聴聞の期日と場所を公示（言い分があるなら聞いてやるから出てこい）したところ、相当の理由がないのに、処分前に自分から廃業等の届出をした元業者（いわゆるかけこみ廃業）は、
➔ 廃業等の届出から５年間はダメ。

9 上の7 8の場合に、聴聞の公示前60日以内に、その業者の役員（取締役等）だった者は、
➔ 免許取消し（7の場合）、届出（8の場合）から５年間はダメ。

10 現役の暴力団員や暴力団員でなくなった日から５年を経過していない元暴力団員は、
➔ ダメ。

ここは 卒 再

11 ⓐ不正手段で宅建士登録または宅建士証の交付を受けた場合
ⓑ事務禁止処分に違反した場合
ⓒ事務禁止処分事由に当たり情状が特に重い場合
ⓓ宅建士証の交付を受けていないのに、取引士としての事務を行い、情状が特に重い場合
} のどれかに当たるために、
登録消除処分を受けた者は極悪だから、
➔ 登録を消除されてから５年間はダメ。

12 11のⓐ～ⓓのどれかに当たるために、登録権者（知事）が登録消除処分をしようとして聴聞の期日と場所を公示（言

い分があるなら聴いてやるから出てこい）したところ、相当の理由がないのに、処分前に自分から登録消除の申請をして登録を消除してもらった者（いわゆるかけこみ消除）は、

➜ 登録消除から５年間はダメ。

13 事務禁止処分を受け、その期間中に、自分から登録消除の申請をして登録を消除してもらった者（これは、かけこみ消除とは違う！）は、

➜ 事務禁止処分の期間が満了するまではダメ（登録消除から５年間ではない！　12との違いに注意！）。

3．届　出　等

（１）登録簿の登録事項に一定の変更を生じた場合の届出（変更の登録）

1 住所、氏名、本籍
2 勤務先の業者名（名称または商号、免許証番号）

上の事項に変更を生じた場合には、

➜ 本人が遅滞なく登録先の知事に変更の登録を申請しなければならない。

何日以内に、というような規定はない（146 頁の（１）とは違う）。

（２）宅建士が宅建士でなくなる場合の届出（死亡等の届出）

ここは 卒 再

	届出義務者
1 死　亡	相　続　人
2 心身の故障	本人・法定代理人・同居の親族
3 破　産	本人 注1
4 禁錮・懲役	本人 注2

注１　業者が破産した場合には破産管財人が届け出る（➡146 頁）。

注２　宅建業法違反と暴力団系の犯罪の場合は、罰金でも届出必要。また、暴力団員等になった場合と成年者と同一の行為能力者を有しない未成年者になった場合も届出必要（届出義務者は本人）。

宅建士登録を受けている者に上のような事態が生じたら、

➜ 届出義務者が、30日以内に（死亡の場合だけは相続人が知ってから30日以内に）登録先の知事に届け出なければならない（30日以内 ➜ ミンナ届けると覚える。146頁の（2）と同じだ）。

4．登録の移転

宅建士登録の効力は**全国**に及ぶから、東京都知事に登録している宅建士のＡが、北海道支店に転勤になったとしても、東京都知事から交付された宅建士証で仕事ができる。しかし、Ａは東京都知事から北海道知事に登録を移転することができる。これは義務ではない。**任意**だ。

よく出るポイント①＝今の知事を経由

Ａは、東京都知事「**経由**」で、北海道知事に登録移転の申請をする。

よく出るポイント②＝今の宅建士証は失効

登録を移転すると、東京都知事から交付されていた宅建士証は**効力を失う**。

よく出るポイント③＝引き換え交付もあり

旧宅建士証と**引き換え**に、新宅建士証を交付してもらう方法もある。それは、㋐登録移転の申請と、㋑新宅建士証交付の申請を、同時にやるという方法だ。なお、この場合、知事が指定する講習（➡156頁）を受ける必要は**ない**。

よく出るポイント④＝残りの期間だけ

その方法で交付された新宅建士証の有効期間は、旧宅建士証の有効期間の**残りの期間**だ。

よく出るポイント⑤＝転勤○・引越×

登録の移転ができるのは、別の都道府県の**事務所**に勤務することになった場合だ。宅建士自身が別の都道府県に**引越**しても、登録の移転はできない。

よく出るポイント⑥＝事務禁止処分中はダメ

最後に、**事務禁止処分中**は、登録の移転が禁止される。

5．宅地建物取引士でなければできない仕事とは一体何か？

1. **重要事項の説明**
2. 重要事項説明書への**記名**
3. 37条書面（契約成立後に交付する書面のこと）への**記名**

６．宅地建物取引士証と従業者証明書（じゅうぎょうしゃしょうめいしょ）

（１）宅地建物取引士証

1　取引の関係者から**請求があったとき**は、必ず提示しなければならない。

2　重要事項の説明をするときは、**請求がなくても**、提示しなければならない。

２つのＯＫ

宅建士証に旧姓を併記してもOK。個人情報保護の観点から、宅建士証の住所欄にシールを貼って提示してもOK（➡212頁（4））。

「返　　納」

宅建士証を、交付を受けた知事に返すことだ。返納するのは、

㋐　宅建士証が効力を失ったとき。

㋑　宅建士証をなくしたので再交付してもらったところ、その後になくした宅建士証が出てきたら、**出てきた方の**宅建士証を返納しなければならない。

㋒　登録が消除されたとき。

これらの場合に、宅建士証を勝手に捨てたりしてはいけない。また、**退職**しても、返納する必要はない。

「提　　出」

事務禁止処分を受けた場合に、宅建士証を**交付を受けた知事**に差し出すことだ（Ａ県知事から交付を受け、Ｂ県知事から事務禁止処分を受けたら、**Ａ県知事に**提出）。

事務禁止処分の期間（１年以内）が満了したら、提出した取引

士証は**返還請求**すれば返してもらえるが、黙っていると返してもらえない。

（２）従業者証明書

勤務先の宅建業者から渡される。宅建業者は、従業者全員（宅建士以外の者も）に、従業者証明書を携帯させなければ、業務に従事させることができない。

従業者証明書は、取引の関係者から**請求があったとき**は、提示しなければならない。

注！　代表者（社長）、役員（非常勤も含む）、一時的に事務を補助する者（パート・アルバイト）にも、従業者証明書を携帯させなければならない。

７．業務処理

（１）業務処理の原則

宅建士は、宅建業の業務に従事するときは、宅地建物の取引の専門家として、購入者等の利益の保護及び円滑な宅地建物の流通に資するよう、**公正かつ誠実**に事務を行うとともに、宅建業に関連する業務に従事する者との連携に努めなければならない（努力義務）。

（２）信用失墜行為の禁止

宅建士は、**信用または品位を害する**ような行為をしてはならない。

なお、行為には職務に必ずしも直接関係しない行為や私的な行為も含まれる。

（３）知識及び能力の維持向上

宅建士は、**知識及び能力の維持向上**に努めなければならない（努力義務）。

第3章　営業保証金と保証協会

第1節　営業保証金

1．営業保証金とは？

業者が債務不履行をしたら、お客さんは損害賠償を請求できる。しかし、業者がスカンピンだったら、どうしたらいいのか？

解　決　そこで、こういう場合のために作られたのが、**営業保証金**という制度だ。業者は、営業保証金を、供託所に供託しなければ営業できない。お客さんが業者から損害を受けたら、**供託所**から弁済（**還付**という）を受ける。

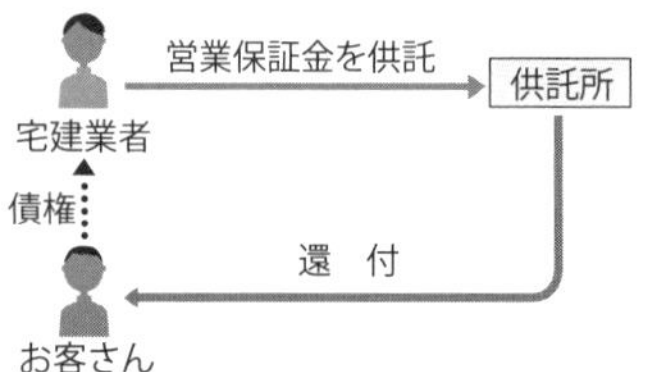

注！　**業者**は営業保証金から還付（弁済）を受けることが**できない**。

2．営業保証金の「供託」

（1）いくら供託するのか？

主たる事務所については ➔ 1,000万円	}	の合計額
その他の事務所については ➔ 1カ所につき500万円	}	

事務所がどこにあるかとか、大臣免許か知事免許かということは関係ない。また、案内所（➡ 154 頁）は、カウントしない。

（2）現金でも、有価証券でもOK！

有価証券の場合には、次の金額に評価される。

1 国債証券	➔	額面金額の 100%
2 地方債証券・政府保証債券	➔	額面金額の 90%
3 それ以外の国土交通省令で定める有価証券	➔	額面金額の 80%

（3）免許権者への届出

ここは 卒 再

1 **開業**の場合は、
➔ 営業保証金を供託し、供託した旨を免許権者に**届け出た後**でなければ、営業を開始できない。

2 開業後に、事務所を**新設**した場合は、
➔ その分の営業保証金を新たに供託し、供託した旨を免許権者に**届け出た後**でなければ、**その事務所での**営業を開始できない。

よく出るヒッカケは、「営業保証金を供託すれば直ちに営業を開始できる」（**届出が必要**だから×）とか、「届出は営業開始の２週間前までにしなければならない」（**届出後直ちに**営業を開始できるのだから×）とか、「開業後の事務所新設の場合は、その事務所での営業開始後に営業保証金を供託すればよい」（供託し、**届出をした後**でなければ、新設の事務所で営業を開始できないのだから×）というものだ。

（４）催告と取消し

免許を受けたのに、いつまでたっても営業保証金を供託しない幽霊のような業者を放置しておくのはまずい。

そこで、免許権者は、免許を与えてから**３カ月**以内に営業保証金を供託した旨の届出をしない業者には、早く届出をしろと**催告**しなければならず、催告後**１カ月**以内に届出がない場合には、免許を**取り消す**ことができる。

（５）どこの供託所に供託するのか？

> **主たる事務所の最寄りの供託所**に、全額をまとめて供託する。

たとえば、宅建業者Ａが、本店を八王子に置き、支店を浦和と横浜に置いていたとする。この場合、業者Ａは、2,000 万円の営業保証金を**八王子**の供託所に供託しなければならない。また、開業後に、業者Ａが千葉に支店を新設したら、新たに 500 万円を**八王子**の供託所に供託しなければならない（計 2,500 万円になる）。

（６）保管替え等

この業者Ａが、本店を八王子から札幌に移転したら、2,500 万円の営業保証金は、札幌の供託所に移さなければならない。その場合の手続きは、

> 1 **金銭だけ**で供託している場合
>
> ➜「**保管替え**」を請求しなければならない。
>
> **保管替え**……業者Ａは、八王子の供託所に、「2,500 万円を札幌の供託所に移転して下さい」と請求するだけでいい。ただし、遅滞なく、費用の予納を要す。後

は全て供託所がやってくれる。これが保管替えという手続きだ。

[2] それ以外の場合（㋐**有価証券だけ**で供託している場合と、㋑**有価証券プラス金銭**で供託している場合）

➔ **新たに供託**し直さなければならない。

この場合には、業者Ａは、2,500 万円を札幌の供託所に新たに供託し、その後で、八王子の供託所から 2,500 万円を取り戻すことになる。つまり、一時的に**二重供託**（にじゅうきょうたく）の状態を生じるから、業者としては、資金の工面が大変だ。しかし、だからといって、八王子の供託所から先に取り戻して、それを札幌の供託所に供託することは、カラッポの状態を一時的に生じるため許されない。

[1] [2]とも、主たる事務所の**移転後「遅滞なく」**やらなければならない。

３．営業保証金の「還付（かんぷ）」

（１）還付とは？

業者と取引したお客さんが、損害を受けたらどうしたらいいか？　お客さんは、その業者が供託所に供託した営業保証金から弁済を受ければいい。これが還付（➡ 164 頁 注！）だ。還付を受けられる限度額は、供託した営業保証金の額と同額だ。

業者が**破産**したり、**免許が取り消され**たりした場合にも、お客さんは、還付が受けられる。

（2）還付を受けられる債権は？

答えは　➔「宅建業の取引から生じた債権」だ。

ということは、宅建業者が、マンションの分譲広告を広告業者に依頼して出した場合、広告業者は、**広告の代金債権**について、還付を受けられない。なぜなら、「広告を依頼すること」は、取引ではあるが、「**宅建業の取引**」（➡ 140 頁復習）**ではないから**だ。

（3）追加供託

還付がなされると、営業保証金に不足を生ずる。

そこで、業者は不足額を追加しなければならない。

業者が不足額を追加供託しなければならないタイムリミットは、
➔ 免許権者から**不足通知**を受けてから**２週間**以内だ。

先程の業者Ａ（営業保証金 2,500 万円）と取引したＢが、500 万円の還付を受けたら、Ａは、免許権者（大臣だ）から不足通知を受けてから２週間以内に 500 万円を供託し、供託額を 2,500 万円に回復させなければならない。

営業を停止してもダメ　その場合、Ａが 500 万円を追加供託せず、その代わりに、支店のうちの１カ所の**営業を停止**する、という方法で、追加供託を免れることはできない。

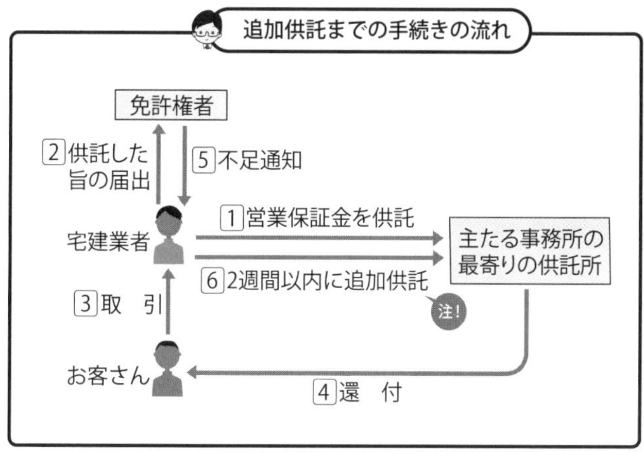

注！　追加供託をした場合、業者は、その日から２週間以内に、供託した旨を免許権者に届け出なければならない。

４．営業保証金の「取戻し」

営業保証金を業者が供託所から返してもらうことだ。廃業、**免許取消し**、支店の廃止等の場合にできるが、もし還付すべきものがあればお客さんへの還付が先。

原　則　業者は、**6カ月**を下らない一定期間を定めて、「債権をお持ちの方はお申し出下さい」と**公告**をしなければならない（その期間経過後に残額を取り戻せる）。

例　外　次の場合には、業者は、公告せずに**直ちに**取り戻せる。

1. **二重供託**を生じた場合
167頁の2の場合だ。新たに供託された営業保証金で、債権者は保護されるから、従来の営業保証金を直ちに取り戻してもいい。
2. 業者が**保証協会に加入**した場合
これで債権者は安泰だから、営業保証金を直ちに取り戻していい。
3. 取戻しの原因が生じてから**10年経過**した場合
債権は10年で時効消滅するから、もはや債権者保護の必要がないので、公告不要。

日（ニ）**本**（ホ）**中**（ジュウ）**から取り戻せ**

日→二・重供託
本→保・証協会に加入
中→10・年経過

第2節　保証協会

1．イントロ

営業保証金の 1,000 万円が用意できない宅建業者のためにあるのが、**保証協会**（正式名称は、宅地建物取引業保証協会）だ。事務所１カ所だけなら、**60 万円**の**弁済業務保証金分担金**を納付して保証協会に加入すれば、1,000 万円という営業保証金は供託しないでいい。

保証協会に加入している業者を「**社員**」という。メンバーという意味だ。

保証協会は国土交通大臣の指定を受けた一般社団法人であり、誰でも自由に作れるわけではない。

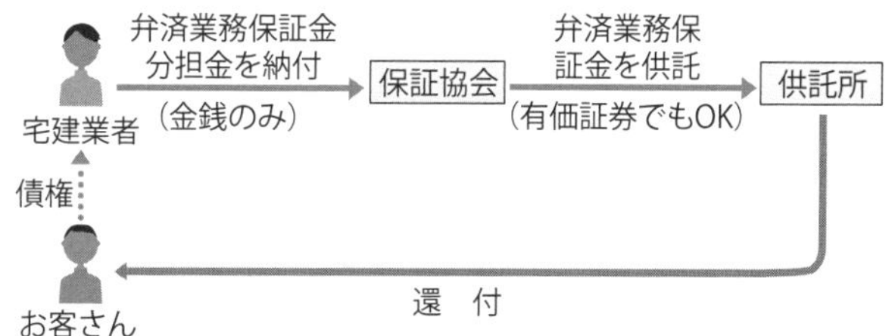

注！ **業者**は供託所から還付を受けることが**できない**。

2．弁済業務保証金分担金の「納付」

（1）いくら納付するのか？

主たる事務所については ➔ **60 万円** **その他**の事務所については ➔ 1カ所につき **30 万円**	の合計額 を金銭で

営業保証金と違って、有価証券で納付することはできない。**必ず金銭**に限る。

（2）いつまでに納付するのか？

1　業者が保証協会に**加入**する場合
　➔ **加入しようとする日まで**に納付しなければならない。

2　加入後に事務所を**新設**した場合
　➔ 新事務所設置後**２週間以内**に納付しなければならない。（注!）

注！　２週間以内に納付しなかったときは、制裁として社員の地位を失う。

（3）弁済業務保証金

業者から弁済業務保証金分担金の納付を受けた保証協会は、そのお金を供託所に供託する。この保証協会によって供託されるお金を、弁済業務保証金という。

弁済業務保証金**分担金** ➔ **金銭だけ**で納付しなければならない。

弁済業務保証金 ➔ **有価証券でも**供託できる（額面の評価は営業保証金の場合と同じ➡ 165頁）。

（4）どこに供託するのか？

保証協会がどこの供託所に供託するかは、**法務大臣**と**国土交通大臣**が定めることになっている。それは、東京法務局だ。

（5）いつまでに供託するのか？

業者が分担金を協会に納付してから**１週間**以内だ。新規加入の場合も、加入後の事務所新設の場合もだ。

３．弁済業務保証金の「還付」

（１）保証協会が認証

お客さんは、供託所から還付（➡ 171 頁の図）を受ける前に、まず、保証協会の「認証」（債権額の確認）を受けなければならない。

（２）加入前の取引でもＯＫ！

[1] 業者が社員になった**後**にその業者と取引したお客さんだけでなく [2] 業者が社員になる**前**に取引したお客さんも	還付を受けられる。

加入前の取引まで面倒を見てやろうというのだから、保証協会も太っ腹だ（**「３つの親切」その①**）。ただ、太っ腹にも限度があり、[2]の場合、保証協会は、必要に応じてその業者に**担保**を出させることができる。

（３）還付の限度額は？

還付の限度額は、
➜「その業者が保証協会の社員でないとした場合の**営業保証金の額**」だ。

本店だけ有する業者Ａは、保証協会に 60万円の分担金しか納付しないが、Ａと取引したお客さんは、１,000万円まで還付が受けられる。ありがたい話だ（**「３つの親切」その②**）。

（4）還付充当金

供託所がお客さんに1,000万円を還付した場合、まず、供託所は、国土交通大臣に還付した旨の通知をする。次に、大臣は、保証協会に還付があった旨の通知をする。そして、保証協会は、通知を受けてから**2週間**以内に、1,000万円を供託所に供託する。そして、その穴埋めは業者Aがする。この穴埋めとして納付する**1,000万円**を「**還付充当金**」という。

業者が還付充当金を保証協会に納付しなければならないタイムリミットは
➔ 保証協会から**納付通知**を受けてから**2週間**以内だ。

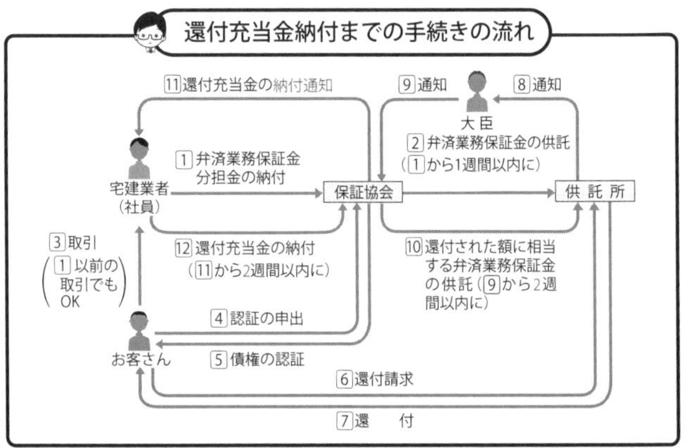

通知を受けてから2週間以内に1,000万円を納付しないと、業者Aは制裁として社員としての地位を失う。

（5）その先の話

それでも、1,000万円の穴は残る。その穴埋め用に、「**弁済業務保証金準備金**」が、保証協会に積み立てられている。それでも足りなければ保証協会が全社員に、「**特別弁済業務保証金分担金**」を納付しろと通知する。通知から**1カ月**以内に納付しないと制裁として社員としての地位を失う。

（6）社員でなくなった後の話

> 社員の地位を失った業者は ➔ 社員の地位を失ってから１週間以内に**営業保証金を供託**しなければならない。

4．保証協会の業務

（1）必須業務

1 弁済業務（これが一番大事な業務）
2 苦情の解決（注！）
3 研　　修
㋐現に宅建業に従事している者だけでなく、㋑**これから**従事しようとする者に対しても研修をしてくれる。（**「３つの親切」その③**）。

注！ ㋐保証協会は、苦情の解決について必要があるときは、社員に対し、文書・口頭による**説明**を求め、または**資料の提出**を求めることができる。社員は、**正当な理由**がある場合でなければ、これを拒んではならない。
㋑保証協会は、苦情についての申出と解決の結果について**社員に周知**させなければならない。

（2）任意業務

1 一般保証業務
2 手付金等保管業務（てつけきんとうほかんぎょうむ）（完成物件に限る➡ 203 頁）
3 宅建業の健全な発達を図るために必要な業務
4 全国の宅建業者を直接または間接の社員とする一般社団法人による宅地建物取引士等に対する研修の実施に要する費用の助成業務（注！）

注！ 業者を直接または間接の社員とする一般社団法人は、宅建士等がその職務に関し必要な知識及び能力を効果的に習得できるよう、法令、金融その他の多様な分野に係る体系的な研修を実施するよう努めなければならない（努力義務）。

第4章　業務上の規制と媒介契約

第1節　業務上の規制

1．守秘義務（第45条）

業者と従業者は、業務上知った秘密を、現役中も引退後も、正当な理由なく他に漏らしてはいけない。この義務を守秘義務という（違反は罰金）。

① 業者だけでなく、**従業者**にも守秘義務がある。
② **引退後**、退職後も、守秘義務がある。
③ **正当な理由**があれば漏らしてよい。

正当な理由となるのは、法律上秘密を告げる義務がある場合（**裁判の証人**として証言をする・税務署の職員からの質問に答える）や依頼者の**承諾**があった場合等だ。この場合は秘密を漏らしてよい。

2．ウソ・黙秘・断定・威迫等の禁止
（第47条第1号）　（第47条の2）

業者は、[1]故意に不実のことを告げること（**ウソ**）はもちろん、[2]故意に事実を告げないこと（**黙秘**）も許されない。[3]「必ず値上がりしますよ」と**断定的判断**を提供してはいけない（故意でなくても違法になる）。[4]**威迫**（おどすこと）したりして契約させようとしてはいけない。

よく出る禁止事項

1 正当な理由なく「今日中に決めてくれなければ契約できない」と**考える時間**を与えないワザ。
2 相手方が契約の申込みの撤回を行うに際し、受け取った**預り金**の返還を拒むワザ。
3 **手付放棄**による解除（➡206頁）に応じなかったり、逆に違約金を要求するワザ。
4 勧誘に先立って、業者名・勧誘を行う者の氏名・契約の締結について勧誘をする目的である旨を告げずに、勧誘を行うワザ。
5 相手方等が契約を締結しない旨の意思（勧誘を引き続き受けることを希望しない旨の意思を含む）を表示したにもかかわらず、勧誘を続けるワザ。
6 迷惑を覚えさせるような時間に電話し、または訪問するワザ。
7 深夜または長時間の勧誘その他の私生活または業務の平穏を害するような方法によりその者を困惑させるワザ。

3．遅延の禁止（第44条）

業者は宅地建物の**登記**や**引渡し**、あるいは、**代金（対価）の支払い**を、**不当に**遅延してはならない。

4．手付貸与の禁止（第47条第3号）

業者は、手付金をお客さんに貸し付けて、契約の勧誘をしてはならない。たとえ相手が**承諾**していたとしてもだ。軽々しい契約を誘発するな、ということ。なお、手付金の**分割**や後払い

もダメだ。ただし、手付金の**減額**や手付金に関し銀行などを**あっせん**することはOK。

5．誇大広告の禁止（第32条）

① 所在、規模、形質（**物件**）
② 現在または**将来の**「環境・利用の制限・交通」（**環境**）
③ 代金の額や融資のあっせん（**代金**）
について、

➜ Ⓐ著しく事実に相違する表示
Ⓑ実際より著しく優良・有利と誤解されるような表示
をしてはならない。

違反すると、**業務停止処分**だ。

よく出るポイント

1 物件それ自体だけでなく、「**環境**」等の表示も誇大広告になる。

2 環境等については、現在だけでなく、「**将来**」のことについての表示も誇大広告になる。

3 将来の環境等について、業者の「**予想**」に過ぎないと注記しても、誇大広告になる。

4 誰も信じなかったため、「**実害**」が発生しなかったとしても、誇大広告になる。

5 **おとり広告**（売る意思のない、条件の良い物件を広告し、実際は他の物件を販売しようとすること）も誇大広告になる。

注！ ちなみに、新聞・テレビ・インターネット等、**すべて**の広告が規制の対象になる。

6．取引態様明示義務（第34条）

（1）どんな義務か？

取引の態様（タイプ）は８種類ある（➡140頁復習）。トラブル防止のため、

業者は、取引態様を	Ⓐ「広告をするときに」明示しなければならない。 かつ、 Ⓑ「注文を受けたら遅滞なく」明示しなければならない。

違反すると業務停止処分だ。

（2）よく出るポイント５つ

❶ 違反の例

Ｂから宅地の売却の媒介を依頼された業者Ａが、「売主はＡです」と新聞広告に表示すると、Ａが「売買を自ら行う」態様になるから違反。正しくは、Ａが「売買を媒介する」態様だから、その旨明示しなければダメ。

❷ 広告のときおよび注文のときに

広告に取引態様を明示しても、更に念のため、注文を受けた時にも、取引態様を重ねて明示しなければならない。

❸ 自主的に

注文を受けたら、お客さんから尋ねられなくとも、自主的に遅滞なく明示しなければならない。

❹ 口頭でＯＫ

口頭で告げれば十分だ。文書にする必要はない。

5 業者間にも適用あり

お客さんが業者の場合にも明示が必要。

6 すべての広告に明示しなければならない

複数の物件を数回に分けて広告するときは、すべての広告について明示が必要。

7．未完成物件（みかんせいぶっけん）についての「広告」「契約」時期の制限（第33条・36条）

（1）どんな制限か？

業者がまだ建築されていないマンション（つまり未完成の物件）を売り出したが、建築確認が得られず、結局建たずじまいだったらお客さんは大迷惑だ。

そこで、未完成物件については、**建築確認**（建物の場合）、**開発許可**（宅地の場合）、津波防災地域づくりに関する法律の許可等の前では、広告・契約が制限されている。

		売買（自ら・代理・媒介）	交換（自ら・代理・媒介）	貸借（代理・媒介）
建築確認・開発許可等の前でも	「**広告**」ができるか？	×	×	×
	「**契約**」ができるか？	×	×	○

ここだけ○になるのがポイントだ！

（2）ダメなものはダメ

「建築確認**申請中**」と注記しても、広告できないし、「当物件は、建築確認を受けていませんから、売買契約は建築確認後でなければできません」と注記して広告することも許されない。

8．従業者の教育（第31条の2）

業者は、従業者に対して**必要な教育**をするように努めなければならない（努力義務）。

第2節　媒介契約

1．媒介契約の種類

（1）明示義務

一般媒介契約では、お客さんは、他の業者にも媒介を依頼できる。その場合、他のどの業者に重ねて媒介を依頼したかを明示しなければならないことにすることもできるし（**明示義務あり型**）、黙秘できることにすることもできる（**明示義務なし型**）。

（2）二股とは？

専任媒介契約と専属専任媒介契約では、依頼者は、他の業者に、㋐媒介を依頼できない、だけでなく、㋑**代理も**依頼できない。

（3）更新の条件

専任媒介契約と専属専任媒介契約では、契約を更新するには、**依頼者Ａからの申出が不可欠**だ。申出がなくとも更新する（自動更新する）、という特約は**無効**だ。

（4）代理も同じ

「媒介」を、そのまま、「代理」に置き代えればいい。
たとえば、二股かけてはいけない代理契約は、専任代理契約と専属専任代理契約だ。

（5）申込みがあったときの報告義務

媒介契約を締結した業者は、その媒介契約の目的物である宅地建物の売買・交換の**申込みがあったとき**は、**遅滞なく**、その旨を**依頼者に報告**しなければならない。この報告は一般媒介契約の場合も必要だ。

以上の３タイプの媒介契約の違いは、次の通りだ。

ここは 卒 再

絶対暗記!	**1** **一般**媒介契約	**2** **専任**媒介契約	**3** **専属専任**媒介契約
1 他の業者に**二股**かけてよいか?	○	×	×
2 **自己発見取引**をしてよいか?	○	○	×
3 **有効期間**は?	無制限	**3カ月**以内（3カ月を超える期間を約定しても**3カ月**に**短縮**される）	同　左
4 業務処理状況の**報告義務**は?	な　し	**2週間**に１回以上（口頭でもOK）	**1週間**に１回以上（口頭でもOK）
5 指定流通機構への**登録義務**は?	な　し	媒介契約締結の日から**7日**（休業日数は算入しない）以内に登録しなければならない。	媒介契約締結の日から**5日**（休業日数は算入しない）以内に登録しなければならない。

2．媒介契約書（ばいかいけいやくしょ）

媒介契約が成立したら、後々トラブルが生じないように、業者は媒介契約の内容を**第34条の2第1項の規定に基づく書面**

（媒介契約書）にして遅滞なく依頼者に引き渡さなければならない。媒介契約書の交付を怠ると業務停止処分を受けることがある。

よく出るポイント４つ

ポイント1……媒介契約書を交付するのは、

➔「売買・交換」の媒介・代理の場合だけ。

つまり ➔ **貸借**の媒介・代理なら、媒介契約書は不要（貸借は金額も低いことだし、口約束でOK）。

ポイント2……媒介契約書には、

➔ **業者が**（宅建士じゃない！）記名押印する。

ポイント3……媒介契約書の交付時期は、

➔ **媒介契約が**成立したら**遅滞なく**交付する。

注！「売買契約が成立したら遅滞なく交付する」というヒッカケに注意！　それでは遅すぎる。

ポイント4……業者間でも、省略できない。

３．媒介契約書の記載事項

1 物件については、

1 所　在

2 売買価額

注！ 中古の建物の場合は、建物状況調査を実施する者のあっせんに関する事項を書かなければならない。

2 媒介契約自体については、

1 種　類　（一般か専任か専属専任かを書く）

2 有効期間

3 **解除**に関する事項

4 媒介契約**違反**の場合の措置

5 標準媒介契約約款に基づくか否か

書式を統一するために、国土交通大臣が定めた標準媒介契約約款というヒナ型があるが、それに基づく契約かどうかを書く。それに基づかないなら、**基づかないと**書かなければならない。

3 報　酬

4 指定流通機構への登録に関する事項

登録する指定流通機構の名称等を書く。

注！ 一般媒介契約の場合、登録の義務はないが、指定流通機構へ登録するのか否か、登録する場合には登録する指定流通機構の名称等を書くことになっている。

よく出るポイント４つ

ポイント1……売買価額について、業者が意見を述べるときは、必ずその**根拠**を示さなければならない（口頭でOK)。**意見**だけ述べるのは**違法**。

ポイント2……この「根拠」は、依頼者側からと尋ねられなくとも、業者側から**自主的**に示さなければ違法。

ポイント3……しかも、希望価額より低い価額の意見だけでなく、**より高い**価額の意見を述べる場合にも、根拠を示さなければ違法。

ポイント4……なお、根拠の説明は、宅地建物**取引士**にやらせる必要は**ない**。

報酬額の制限

1．売買の媒介の場合

売買価額	報酬の限度額
1 200万円以下	5％
2 200万円超～400万円以下	4％＋2万円
3 **400万円超**	**3％＋6万円**

注！
消費税の総額表示の話は189頁の 注2 。

上の金額が、業者が**依頼者の一方**から受け取ることのできる報酬の限度額だ。

例1

業者Ｃが、宅地の売主Ａと買主Ｂの双方から媒介を依頼されて、800万円の売買契約を成立させた場合。

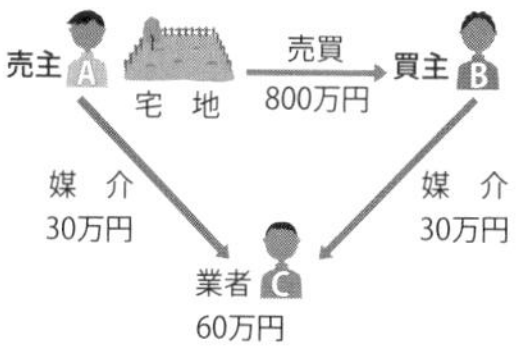

➔ 800万円×３％＋６万円
　＝30万円（上の表の 3 ）

Ａから30万円、Ｂから30万円、計60万円の報酬が、Ｃの受け取ることのできる限度額だ。

2．売買の代理の場合

1.の表の限度額の**２倍**の額を、依頼者（1人しかいない・双方代理の禁止➡25頁）からもらえる。相手側からは1円ももらえないのが原則だ。

もっとも、相手側の承諾があれば、相手側からも報酬をもらえるが、それでも、依頼者からの額と相手側からの額の**合計が**、1.の表の限度額の**２倍以内**でなければならない。

例２

業者Ｃが、宅地の売主Ａから売買の代理を依頼されて、Ｂとの間に、800万円の売買契約を成立させた場合。

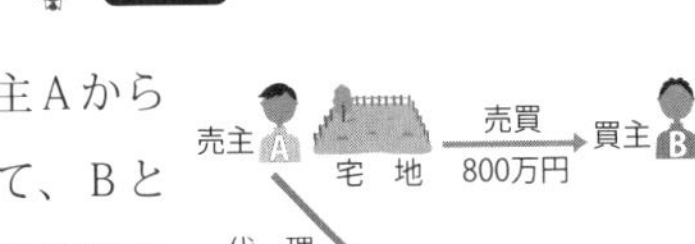

➔（800万円×３％＋６万円）×２＝60万円

これが、依頼者Ａからもらえる限度額だ。Ｂからは1円ももらえないのが原則。もっとも、Ｂの承諾があればＢからももらうことはできるが、その場合でも、ＡＢ両方からもらう額の**合計は60万円**が限度。

3．交換の媒介・代理の場合

1.、2.と全く同一に扱う。交換した２つの物件の価額に差がある場合には、**高い方**の価額を基準とする。

4．空家等の売買の媒介・代理の場合

（１）空家等の売買の媒介

400万円以下の空家等の場合、業者は、本来の報酬の他に**現地調査等の費用**も受け取ってOK、ということになっている。

注！ 400万円以下の「空家等」なので、空家でなくてもOK（400万円以下の宅地・建物であれば、報酬の他に現地調査等の費用を受け取ることができる）。

ポイントは次のとおり。

1 **400万円**以下の宅地・建物が対象だ。

2 報酬と現地調査等の費用の合計で**18万円**が限度額となる。

3 **あらかじめ**説明し、合意する必要がある。

4 現地調査等の費用は**売主**から受け取る（買主から受け取ってはダメ）。

たとえば、売買価額が300万円の場合、本来の報酬額は300万円×４％＋２万円で14万円だ。この14万円に加えて、現地調査等の費用として４万円まで受け取ることができる（14万円＋４万円=18万円）。

（２） 空家等の売買の代理

代理の場合は、本来の報酬については、媒介の２倍の額を受け取ることができる（この点は、普通の売買の代理と同じだ）。

注意しなければならないのは、**２倍**になるのは、**本来の報酬**についてだけ、という点だ。現地調査等の費用については、２倍受け取ってはダメだ（代理だからといって、現地調査等の費用が媒介の２倍かかるわけではないから）。

たとえば、売買価額が300万円の場合、媒介なら、本来の報酬額は14万円までで、現地調査等の費用は４万円までだ。この場合、代理なら、本来の報酬額は28万円（14万円×２）まで受け取ることができるが、現地調査等の費用については、媒介と同じ４万円までしか受け取ることができない。

5．消費税のポイントは２つ

ポイント①

計算の元になる売買価額（185 頁の 1. の表の売買価額）には、消費税**抜き**の価額を用いる。

売買・交換と消費税

消費税は
- 「**土地**」の売買・交換には
  → **課税されない。**
- 「建物」の売買・交換には
  → 課税される。

→　問題文に「消費税**込み**の物件価額が、宅地 500 万円、建物 330万円の場合」とあったら、消費税**抜き**の「宅地 500万円、建物 300万円」に**直してから、３％＋６万円**の計算に入る。

ポイント②

その結果出てきた報酬額に**消費税分を何％上乗せ**して依頼者に請求できるかは、業者が課税業者か免税業者かで異なる。それは、

消費税分を何％上乗せ請求できるか？

- **課**税業者　→　報酬額× 10%
- **免**税業者　→　報酬額× 4%

だ。免税業者であっても消費税分を 4％上乗せして請求できるのは、免税業者も営業活動の中で消費税を負担している（㊰広告を出せば広告代プラス消費税）から、その負担分を取り戻させてあげようということ。

注１　**土地**の売買・交換の媒介・代理の報酬にも、消費税分の上

乗せ請求はできるから念のため。

注２　業者が報酬額を表示する時は、185 頁の表に消費税分を上乗せした**総額表示**をしなければならない。

例 400万円超なら ｛課税業者 ➔ 3.3％＋ 66,000 円 / 免税業者 ➔ 3.12％＋ 62,400 円｝

これだと計算が大変だから、本書の計算方法（次の **例3** ）でイケ！

注３　上の **例1**・**例2** と「4. 空家等の売買の媒介・代理の場合」では、消費税分の上乗せの計算を省略した。省略しない例は次の **例3** 。

例３

課税業者Ｃが、ＡＢ双方から売買の媒介を依頼されて、消費税**込み**の物件価額が、宅地 500 万円、建物 330 万円の売買契約を成立させた場合。

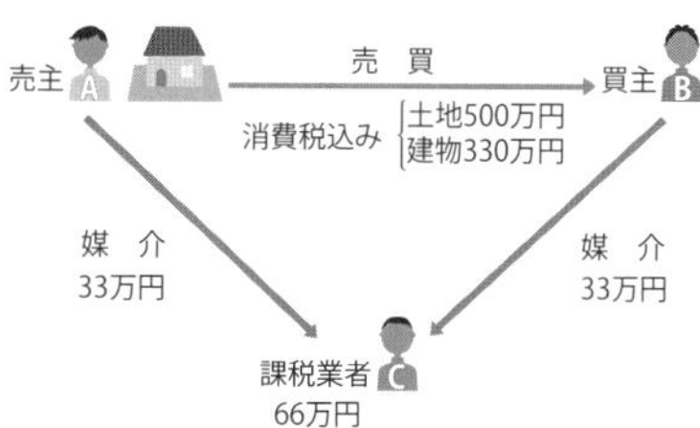

➔ まず、消費税**抜き**の価額に直すと、

土地 500万円＋建物 300万円＝ 800万円

次に、800万円の売買の媒介報酬は、

800万円× 3 %＋ 6 万円＝ 30万円

だが、Ｃは課税業者だから、この金額に**消費税分10%**を上乗せして、

30万円× 1.1 ＝ 33万円

Ｃは、**Ａから 33 万円**、**Ｂから 33 万円**、計 66万円を受け取ることができる。

６．複数の業者が関与する場合

複数の業者全員がもらえる報酬の**合計の限度額**は、１人の業者だけが関与した場合と同じ額だ。

免税業者Ｃが売主Ａから売買の**媒介**を依頼され、**課税**業者Ｄが買主Ｂから売買の**代理**を依頼され、消費税**込み**の物件価額が、宅地 500万円、建物 330万円の売買契約を成立させた場合。

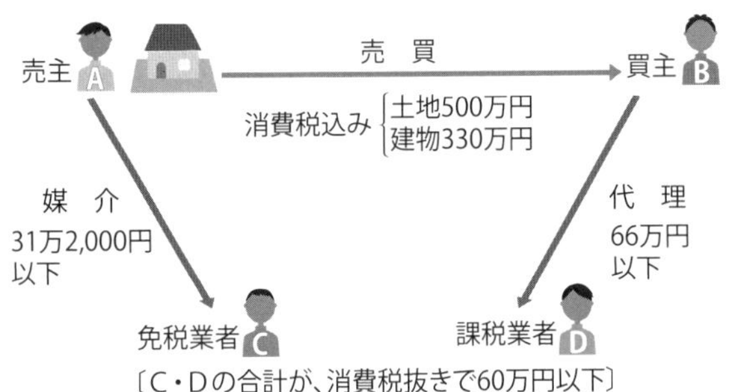

〔C・Dの合計が、消費税抜きで60万円以下〕

➔ まず、消費税**抜き**の価額に直すと、

土地 500万円＋建物 300万円＝ 800万円

次に、800万円の売買契約を、業者１人で媒介・代理する場合にＡ・Ｂからもらえる報酬限度額は、

(800万円×３％＋６万円) ×２＝ 60万円

これが、Ｃ・Ｄがもらえる消費税**抜き**の報酬の**合計額の限度**だ。

次に、消費税分を上乗せしたＣ・Ｄ、それぞれの限度額は、

Ｃ　➔ (800万円×３％＋６万円) × 1.04 ＝ 31万 2,000円

（免税業者だから）

（一方だけの媒介だからこれだけ）

D　➔ {(800万円×3％＋6万円)×2}×1.1 ＝ 66万円
(代理だから)(課税業者だから)

よって、ＣはＡから**31万2,000円を限度**に受け取ることができ、ＤはＢから(承諾があればＡからも)**66万円を限度**に受け取ることができるが、Ｃ・Ｄが、Ａ・Ｂから受け取ることができる消費税抜きの**合計額は、60万円が限度**だ。だから、

➔ **例** ＣがＡから30万円(税込31万2,00円)受け取れば、ＤはＢから30万円(税込33万円)まで受け取ることができる。
例 ＤがＢから60万円(税込66万円)受け取れば、ＣはＡから１円も受け取れない。

7．貸借の媒介・代理の場合

（1）賃貸借の媒介

依頼者（貸主と借主）の双方から業者が受け取ることのできる報酬額の合計は、**1カ月分の借賃額**が限度だ。

注！ 貸主側と借主側から、いくらずつもらえるかという内訳には、原則として制限はない（10：０でも、０：10でもOK）。
例外として、**居住用建物**の場合だけは、双方から借賃の**半月分ずつ**もらうことになっているが、この内訳の比率も、依頼者の承諾があれば変更できる。

例５

貸主Ａと借主Ｂの双方から賃貸の媒介の依頼を受けた業者Ｃが、ＡＢ間に、借賃月額10万円の賃貸借契約を成立させた場合。

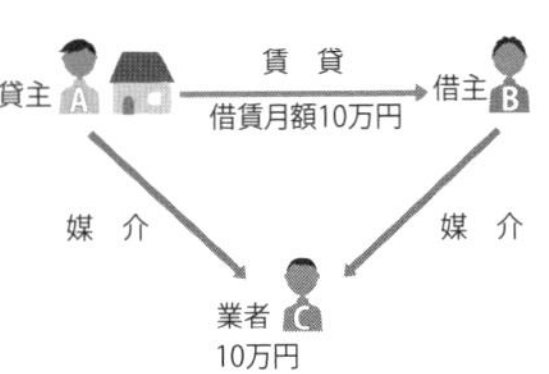

➔ Ｃは、**ＡＢ双方から合計10万円**を限度として報酬をもらえる。（消費税の話は後述（**5**））。

（2）賃貸借の代理

双方代理は禁止されている。だから、依頼者は、貸主か借主のどちらか１人だ。その１人から、業者は**1カ月分の借賃額**を限度として報酬をもらえる。

相手側からは１円ももらえないのが原則だが、相手側の承諾があれば、相手側からももらえる。

しかし、その場合でも、依頼者と相手側の両者からもらう報酬の**合計額は、借賃１カ月分以内**でなければならない。

（3）権利金の特則

居住用建物**以外**（つまり、非居住用建物または宅地）の賃貸借で、権利金が支払われる場合には、**権利金の額を売買価額**とみなして、売買の計算方法（185頁の１.以下の方法）で計算してもよい。

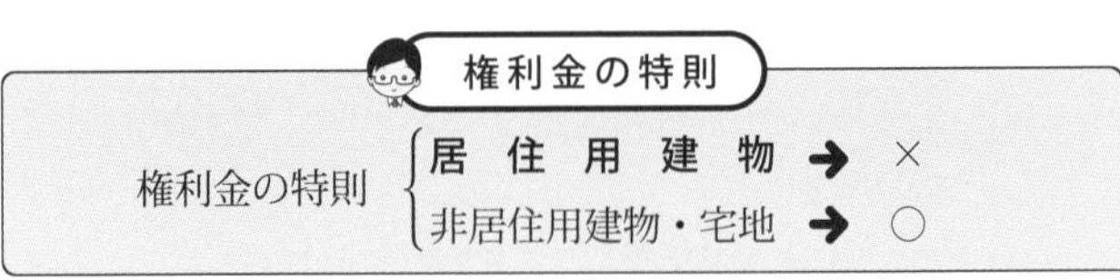

注！　権利金とは、賃借権設定の対価として支払われるお金で、返還されないもののことだ。

例６

業者ＣがＡＢ双方から媒介の依頼を受け、Ａの宅地をＢが権利金 120万円を支払って、借賃月額 10万円で賃借する契約を成立させた場合。

➔ 1 借賃で計算すると、Ｃは、ＡＢ双方から合計 10万円を限度 として報酬をもらえる。

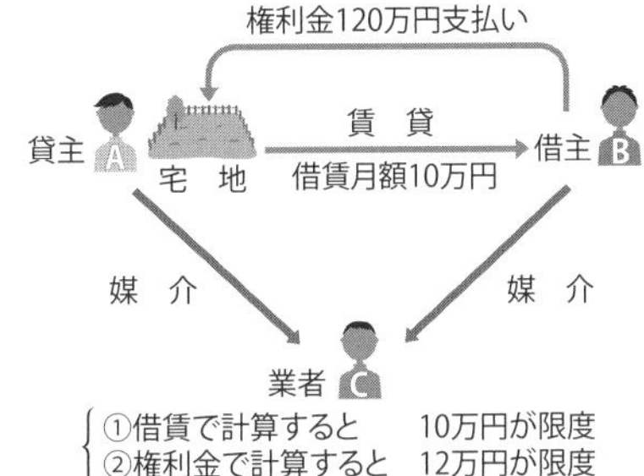

2 権利金で計算すると、120万円を売買価額とみなすから、

120万円×５％＝６万円

が依頼者の一方からもらえる限度額となり、双方から合計12万円もらえる。（消費税の話は後述（**5**））。

（４）使用貸借の場合

タダで貸すのが使用貸借。報酬の限度額は、「**通常の借賃**」を想定し、それを元にして計算する。

（５）消費税について

賃貸借と消費税

消費税は
- ①**居住用建物**と**宅地**の賃貸借には
  ➜ **課税されない。**
- ②非居住用建物の賃貸借には
  ➜ 課税される。

問題文に、「**非**居住用建物の消費税**込み**の１カ月分の借賃11万円」とあったら、消費税**抜き**の10万円に直す。

この10万円を業者が依頼者から報酬として受け取る場合、

[1] 業者が**課**税業者であれば、消費税分**10％**を上乗せした11万円が受け取れる限度額となり、

[2] 業者が**免**税業者であれば、消費税分**4％**を上乗せした10万4,000円が受け取れる限度額となる。

盲点をまとめておく

ここは 卒 再	消費税		権利金の特則（➡192頁）
	売買・交換（➡188頁）	賃貸借（今やったばかり）	
[1] 居住用建物	○	×	×
[2] 非居住用建物	○	○	○
[3] 宅地	×	×	○

（６）複数の業者が関与する場合

複数の業者全員がもらえる報酬の**合計の限度額**は、１人の業者だけが関与する場合と同じ。

8．その他の注意

（1）広告費は？

広告費等の必要経費は、報酬と別に請求できないのが原則だ。ただ、1依頼者から**頼まれて**やった広告の料金や2依頼者から特別に**頼まれて**やった支出を要する特別の費用で、事前に依頼者の承諾があるもの（例現地調査等の費用）については、その実費を報酬とは別に請求できる。

（2）業務停止処分

限度額を超えた報酬を**受け取ると**、業者は、業務停止処分を受ける。だから、請求しただけなら、原則として処分は受けない。しかし、「**不当に高額**」な報酬を請求すると、受け取らなくとも、請求しただけで業務停止処分を受ける。

（3）業者間にも

報酬額の制限は、業者間の取引の場合にも**適用**される。

第6章　「自ら売主」の「8つの制限」

イントロ

宅建業というものは、媒介や代理の報酬はタカが知れていて、「自ら売主」となる場合が一番もうかる。

しかし、人間、うんともうかるとなると、何をしでかすか分からない。そこで、業者が「自ら売主」となる場合には、買主を保護するために、8つの制限を設けることにしたのだ。

もっとも、業者同士（プロ同士）の取引なら、蛇（じゃ）の道はへびだから、8つの制限が適用されるのは、

> 1　業者が「**自ら売主**」で、かつ
> 2　**買主がシロート**の場合に限られる（**業者間**の取引には適用なし）。

第1節　クーリング・オフ（8つの制限その1.）

クーリング・オフとは、キャンセル（撤回・解除）のこと。本試験では、「宅地建物取引業法第37条の2に規定する事務所等以外の場所においてした買受けの申込みの撤回等」と表現されることもある。

1．場所について

お客さんが、「冷静に判断できない場所」で意思表示をした場合、その意思表示をキャンセルできる。逆に言えば、「冷静に判断できる場所」で意思表示した場合には、クーリング・オフはできない。

クーリング・オフできなくなる場所

1　事　務　所

2　事務所以外の場所で、継続的に業務を行うことができる施設があり、専任の宅地建物取引士の設置義務がある場所

注！　買主が意思表示をした時に、たまたま宅地建物取引士が**不在**だったとしても、クーリング・オフはできない。

3　一団（いちだん）（10 以上）の宅地建物の分譲を行う**土地に定着**する案内所で、専任の宅地建物取引士の設置義務がある場所（➡ 154 頁復習）

注！　**テント張り**の案内所……土地に定着していないからクーリング・オフできる。

モデルルーム……土地に定着しているからクーリング・オフできない。

154 頁の 3 の「届出」を欠く案内所……たとえ**「届出」を欠いても**、土地に定着していればクーリング・オフできない。

4　業者Ａが自ら売主となり、他の業者Ｂに売買の媒介・代理を依頼した場合の、Ｂの 1 ～ 3 の場所

5　買主が**自ら申し出た**場合の**自宅**・勤務先

注！　買主が自ら申し出た場合の買主の行きつけの喫茶店……クーリング・オフできる。

2.「申込み」と「契約」

契約は、申込みの意思表示（買主側）と、承諾の意思表示（売主側）の２つの意思表示が合致して成立する（➡ 47 頁復習）。

クーリング・オフが許されるかどうかは、買主側の意思表示（**申込み**）が、事務所等の冷静に判断できる場所で行われたかどうかで決まる。

申込みの場所と契約の場所（承諾の場所のことを本試験では「契約の場所」と表現する）の組合せを整理しておく。

「申込み」の場所	「契約」の場所（承諾の場所のこと）	クーリング・オフはできるか？
1 事務所	事務所	×
2 事務所	喫茶店	×
3 **喫茶店**	**事務所**	**○**
4 喫茶店	喫茶店	○

3．クーリング・オフはいつまでできるのか？

> クーリング・オフができることを、業者から「**書面**」で告げられた日から「**８日間**」経過すると ➔ クーリング・オフができなくなる。

業者には、クーリング・オフができることを書面で告げるのは**義務ではない**。しかし、書面で告げないと、いつまでもクーリング・オフができることになるから、業者は皆、自主的に告げているのが実情だ。

また、「書面で告げられてから８日間経過した場合」でなくても、

買主が	① 宅地建物の**引渡し**を受け、かつ、 ② 代金**全額**を支払うと	➔ クーリング・オフができなくなる。

引渡しと支払いの**両方とも完了**した場合に限る。

４．クーリング・オフの方法

クーリング・オフは、口頭ではできず、**書面**でやる。

クーリング・オフの効力は	➔	買主が書面を「**発した時**」に生ずる（発信主義）。

買主が書面を発した時とは、手紙をポストに入れた時という意味だ。

５．後　始　末

クーリング・オフの結果、契約はなかったことになるのだから、業者は、手付金等の金銭を**すみやかに返還**しなければならない。

また、クーリング・オフの結果、業者が損害を受けたとしても、業者は、**損害賠償**や**違約金**の支払いを請求できない。

注！　クーリング・オフの規定に反する特約で買主に不利なものは、無効となる。

第2節　自己の所有に属さない物件の売買の制限（8つの制限その2.）

1．他人の物件の売買

Ｃの宅地を、Ａが売主となってＢに売ることは可能だ（➡49頁復習）。

Ａが宅地を取得できなければ、Ｂは結局宅地を手に入れることができない。Ａが業者でＢがシロートの場合、これは困る。そこで

原　則　業者は、自ら売主となって、**他人の物件**をシロートの買主に売ってはならない（1**契約**はもちろん、2**予約**も、3**条件付契約**もダメ）。

例　外　業者が、その他人の物件を**確実**に取得できる場合には、買主が期待を裏切られる心配はないから、売ってもよい。

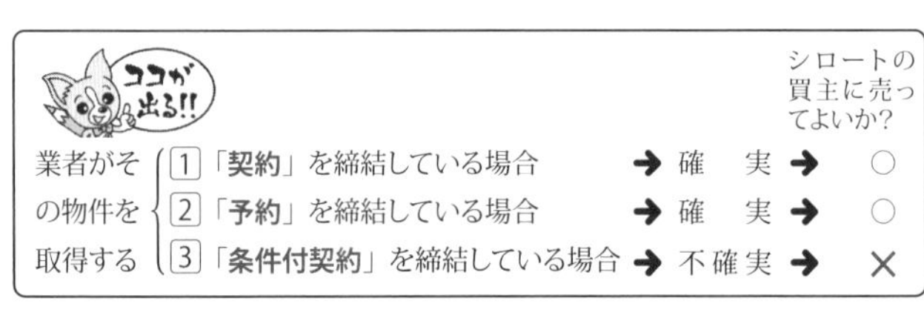

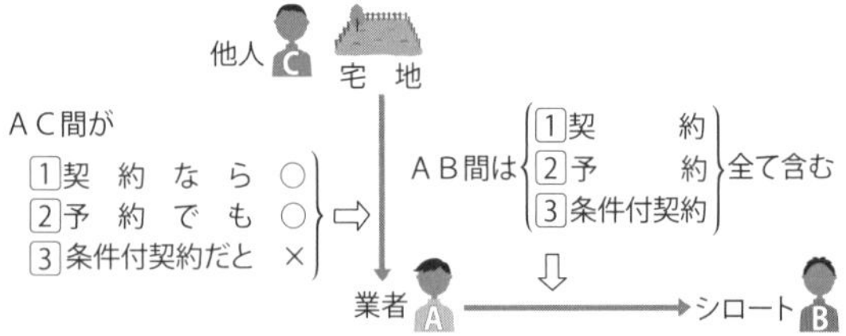

注１　1のＡＣ間の契約は、Ｃからいきなり Ｂに所有権を移転する契約でもOK。

注２　３の条件のことを、本試験では「停止条件」と表現する。

２．未完成物件の売買

未完成物件の売買は制限されるが（➡ 180 頁復習）、建築確認・開発許可等の後なら全く問題ないだろうか？

業者Ａが分譲マンションの建築確認を得た後、まだできていない 301 号室を、手付金を取ってＢに売ったが、資金繰りがつかなくなって、結局マンションが建たずじまいになった。この場合Ｂは売買契約を解除し、手付金の返還を請求できる（➡ 97 頁⑶復習）。

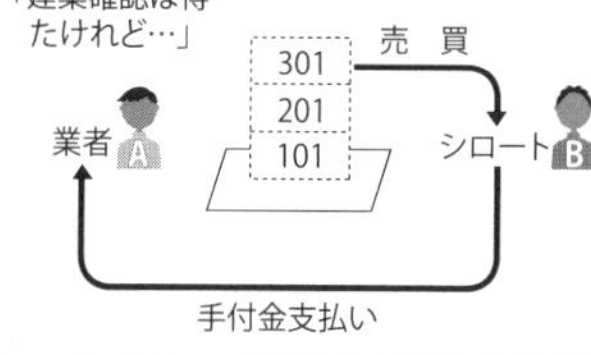

しかし、資金繰りがつかなくなったＡに、手付金が返せるはずはない。これは困る。そこで、

> **原　則**　業者は、自ら売主となって、**未完成物件**をシロートの買主に売ってはならない。
>
> **例　外**　「**手付金等保全措置**」をとれば、売ってよい。

３．ま　と　め

１.の他人の物件と、２.の未完成物件は、どちらも売主にとって、「自己の所有に属さない物件」といえる。そこで、１．と２.をまとめると、

原　則　業者は、**自ら売主**となって、自己の所有に属さない物件を、**シロートの買主**に売ってはならない。

例　外
１　取得**確実**な物件（他人の物件の場合）
２　**手付金等保全措置**をとった場合（未完成物件の場合）
} は売ってよい。

よく出るポイント２つ

売主の所有に属さない物件の売買を、業者が代理・媒介することはできる。ダメなのは、「自ら売主」となることだけだ。**代理・媒介はOK**。

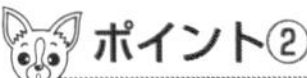

業者は、自ら売主となって、自己の所有に属さない物件を他の業者に売ることはできる。ダメなのは、「買主がシロート」の場合だけだ。**業者間の取引は自由だ。**

第3節　手付金等保全措置(てつけきんとうほぜんそち)(8つの制限その3.)

1．イントロ

（1）未完成物件の困った事例

201頁でやったのと同じ。

Aはマンションを完成させられなかった。Bは、売買契約を解除して手付金を取り返したいが、ままならない。これでは困る！

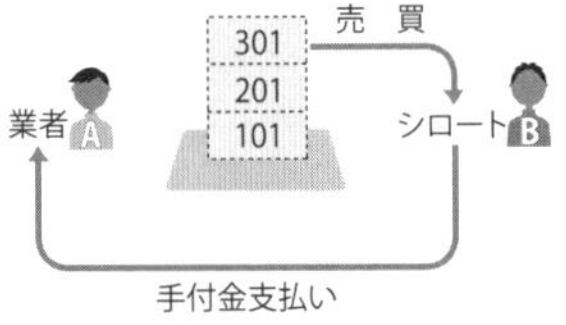

（2）完成物件の困った事例

業者Aは、完成している建物を、自ら売主となって、シロートBに手付金を取って売った。が、Aは、建物をCにも売り、Cに登記を移転してしまった。建物はCのもの

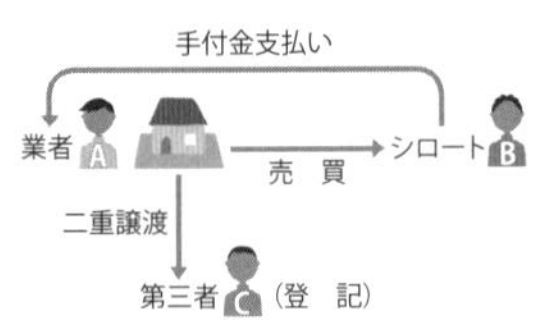

（➡ 50頁復習）だ。BはAとの売買契約を解除して手付金を取り返したいが、Aが夜逃げした。これでは困る！

解　決 ➔ **手付金等保全措置**

2．手付金等保全措置の方法

（1）手付金は誰が返してくれるのか？

手付金等保全措置とは、業者が手付金を返せない場合に、「別の人」が代わりに手付金を買主に返す制度だ。

では、その別の人とは誰か？　それは、

1. **銀行**等の金融機関
2. **保険事業者**（保険会社のこと）
3. **指定保管機関**（していほかんきかん）

業者は、買主から手付金を受領する前に、この三者のどれかと手付金等保全契約をしなければ手付金を受領できない。（1の場合は保証委託契約、2の場合は保証保険契約、3の場合は手付金等寄託契約）。

（2）指定保管機関だけは別扱い

未完成物件の売買の場合には、トラブルになりやすいので、指定保管機関には手付金等保全措置を依頼できない。

	完成物件	未完成物件
1 銀行等	○	○
2 保険事業者	○	○
3 **指定保管機関**	○	✕

○ ➔ 面倒を見てくれる
× ➔ 面倒を見てくれない

指定保管機関の例としては、保証協会がある（➡ 175頁(2)2復習）。

（3）受領前に

手付金等保全措置は、手付金を**受領する前**に講ずる（何日前というような制限はない）。買主は、業者が手付金等保全措置をとるまで、手付金を支払わなくていい（支払わなくても、債務不履行にならない）。

3．手付金等保全措置をとらなくてもよい場合が２つある

（1）買主が「登記」を得た場合

買主が**登記**さえ得れば、売主が二重譲渡しても、安泰だ。だから、買主が登記を得れば、完成物件でも未完成物件でも、手付金等保全措置は不要。

（2）金額が小さい場合

買主保護も結構だが、手付金の額が余り小さい場合まで、いちいち保全措置をとらなければならないとするのは現実的でない。そこで、手付金の額が、

1. **未完成物件** ➔ 代金の**５％**以下、かつ、**1,000 万円**以下
2. **完成物件** ➔ 代金の**10％**以下、かつ、**1,000 万円**以下

の場合には、業者は手付金等保全措置をとらずに手付金を受け取ることができる。

注！　未完成物件なのか完成物件なのかは、売買契約時の状態で判断する。

よく出るポイント①＝金額の計算

１億 2,000 万円の｛未完成物件なら➔　600万円／完成物件なら➔1,000万円｝を超える場合は保全措置必要

よく出るポイント②＝全額に講じる

手付金等保全措置は、上の限度額を超える部分だけに講じるのではなく、**全額**に講じる。

例　１億 2,000万円の完成物件について、1,500万円の手付金を受け取る場合、
➔ 手付金等保全措置は、**1,500 万円全額**について講じる。500万円だけに講じてもダメ。

よく出るポイント③＝「等」とは？

手付金等保全措置の「等」とは「契約の締結の日以後、物件の引渡し前に支払われ、**代金に充当される**お金」であれば、全て含む、という意味（**中間金**）だ。それらが、トータルで、上の限度額を超える場合に、手付金等保全措置をとる。

例　１億 2,000万円の完成物件の売買で、手付金800万円、**中間金** 1,200万円、残代金１億円とし、引渡しを残代金の支払いと同時にするとした場合には、
➔ **2,000 万円**について手付金等保全措置をとる。

注！　契約締結前に支払われる**申込証拠金**も、代金に充当される場合は、手付金等に含まれる。

４．その他の注意事項（念のため）

（１）「媒介」にまどわされるな！

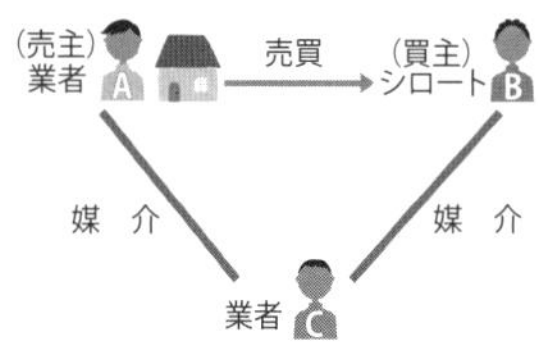

売主が業者Ａ、買主がシロートＢの売買契約を、業者Ｃが媒介した場合、手付金等保全措置は必要か？　答えは、当然必要だ。**業者Ａが自ら売主**となっているからだ。

では、上の例で、Ａがシロートだとしたらどうか？　この場合には、手付金等保全措置は不要だ。なぜなら、**業者Ｃは媒介**をしているだけであり、「業者が自ら売主」となっていないからだ。

（２）営業保証金と区別しろ！

手付金の額が、**営業保証金**（➡ 164 頁）の額の範囲内でも、手付金等保全措置は必要。

（３）手付解除はＯＫ！

「手付金等保全措置がとられると、**手付放棄による解除**はできなくなる」などというヒッカケが出るが、当然×だ。解除できる。

第４節　手付の制限（8つの制限その4.）

ココが出る!!

業者が自ら売主となり、シロートの買主から手付を受け取る場合には、

➜ その手付は**解約手付**（かいやくてつけ）とみなされ、買主に不利な特約は**無効**となる。

解約手付とは、➡ 96 頁のこと。

手付には、もう１つ証約手付というのがある。これは、契約が成立した証拠として払う手付で、放棄・倍返しによる解除はできない。

しかし、業者対シロートの場合には、たとえ当事者間で、証約手付とすると決めても、解約手付となる。

> 業者がシロートの買主から受け取れる手付の額は、
> ➔ 代金の 20%が限度。

なお、手付に関する特約で買主に不利なものは、無効となる。

第5節　損害賠償額の予定等の制限（８つの制限その５.）

ココが出る!!

> 業者が自ら売主となり、シロートの買主との間で、債務不履行による契約解除について、
>
> 1 損害賠償額の予定（➡ 92 頁復習）
> 2 違約金の約定
>
> をする場合、1 2の合計額は、
> ➔ 代金の 20%が限度。

業者がシロートに 1,000万円で建物を売る場合、損害賠償の予定額を 300万円としても、**20%を超える部分**について**無効**となり、予定額は、自動的に 200万円となる。

これに対して、損害賠償予定額を定めなかった場合に債務不履行があると、**実害額全額**の損害賠償請求ができ、代金の 20%に制限されない。

第6節　契約不適合担保責任の特約の制限（８つの制限その６.）

１．民法の特則

業者が自ら売主となって、シロートの買主と契約する場合には、

原　則　種類・品質に関しての契約不適合担保責任について、民法の規定より不利な特約をしても無効だ。

例　外　ただし、契約不適合担保責任の通知期間を「**引渡しの日から２年以上**の期間内」とする特約は、民法の規定より買主に不利だが、有効だ。

ちなみに、民法の規定より買主に不利な特約が無効となった場合にはどうなるのか？　その場合には、契約不適合担保責任の特約のない契約となる。つまり、**民法の規定通り**になる。

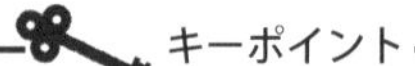

キーポイント

買主に不利な特約は ➔ 無効 ➔ 民法の規定通りになる。

第7節　割賦販売契約の解除の制限（８つの制限その７.）

買主（シロート）のローンの返済が遅れたら、業者は、

> [1] **30日**以上の相当の期間を定めて、
> [2] **書面**で催告し、

それでも支払いがない場合に限って、契約の解除や残金の一括返済請求ができる。

第8節　所有権留保の制限（８つの制限その８.）

> 業者が自ら売主となって、シロートに割賦販売を行う場合には、
> ➜ 受け取る金額が代金の**30**％以下なら所有権を留保（➡詳しくは「らくらく宅建塾」371頁参照）してもよいが、その後はダメだ。

注！　ただし、業者が代金の30％を超える支払いを受けても、買主が残代金を担保するための抵当権・先取特権の登記を申請する見込み、または、保証人を立てる見込みがないときは、業者は、所有権を留保してもよい。

第9節　念のためのまとめ

盲点1　売主がシロートで、**買主が業者**の場合、買主はクーリング・オフができない（➡できるのは「売主業者・買主非業者」だけ）。

盲点2　**業者間**の取引の場合、未完成物件について、手付金等保全措置をとらずに、代金の５％を超える手付金を受領できる（➡業者間には適用なし）。

盲点3　売主業者、買主シロートの場合、売主は手付金等保全措置をとっても、代金の **20%を超える**手付を受け取ることはできない（➡あくまで 20% が限度）。

盲点4　**売主シロート**、買主シロートの売買契約を、業者が媒介する場合、損害賠償予定額は、代金の 20% に制限されない（➡シロート同士には適用なし）。

盲点5　**業者間**の取引では、契約不適合の場合の担保責任の通知期間を、特約で**物件の引渡しの日から１年**とすることもできる。（➡業者間には適用なし）。

盲点6　業者間の取引でも、**建築確認**や**開発許可**等を得ていない未完成物件の売買はできない（➡業者間に適用されないのは「８つの制限」だけ）。

第7章 重要事項説明書と37条書面

第1節　重要事項説明書

1．どう説明するのか（方法）

（1）宅地建物取引士が説明する

重要事項の説明は、**宅地建物取引士**でなければできない。たとえ社長が説明をしても、その社長が宅地建物取引士でないなら、改めて宅地建物取引士から説明する必要がある。

しかし、**宅地建物取引士**でありさえすれば、パートでも、アルバイトでも、重要事項の説明はできる。専任の宅建士の必要はない。

（2）書面を交付して説明する

業者は、宅地建物取引士をして、**重要事項説明書**という書面を交付して説明させなければならない。

注！　業者は、書面の交付に代えて、相手方の**承諾**を得て、宅地建物取引士に、書面に記載すべき事項を電磁的方法（電子メール等）であって宅地建物取引士の記名に代わる措置を講じたものにより提供させることができる。

（3）記名が必要

重要事項説明書には、宅地建物取引士が記名する。パートでもアルバイトでも、**宅地建物取引士**であれば記名できる。

（4）宅地建物取引士証の提示が必要

宅地建物取引士は、重要事項の説明の際は、宅地建物取引士証を提示しなければダメ。相手方からの請求がなくても、**自主的**に提示（➡ 162 頁復習）。違反すると、**過料**だ。

宅地建物取引士証を紛失したら、**再交付**を受けるまで、重要事項の説明ができない。

注！　重要事項の説明は、テレビ会議等のＩＴを利用して説明してもOK。ちなみに、ＩＴを利用して説明する場合は、重要事項説明書を相手方にあらかじめ送付していることが必要。なお、この場合も、**宅建士証**の提示は必要（宅建士がカメラに宅建士証をかざして、相手方は画面上で確認する）。

（5）契約前に説明する

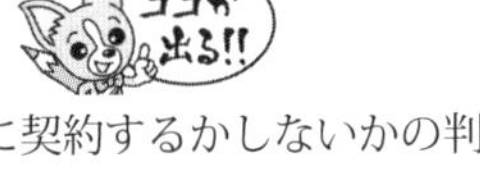

重要事項の説明は、相手方に契約するかしないかの判断材料を提供するためのものだ。だから、**契約成立前**に説明しなければダメ。

（6）説明は宅地建物取引士ではなく、業者の義務

分かりにくいかもしれないが、重要事項は、業者が宅地建物取引士を用いて説明させなければならない、とされている。つまり、説明義務を負っているのは、宅地建物取引士ではなくて、業者なのだ。

だから、重要事項の説明を省略して契約してしまった場合、業者は**業務停止処分**を受けることがあるが、宅地建物取引士にはおとがめなしだ（上の（**4**）と混同しないように注意）。

(7) 重要事項は買主等に対して説明する

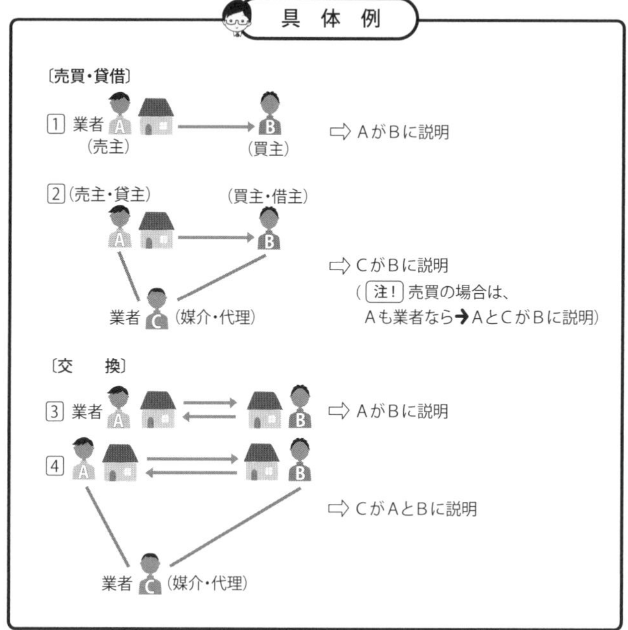

(8) 買主等が業者の場合には重要事項の説明は不要

買主等が業者の場合、重要事項説明書の交付だけでいいということ。

(9) 相手方の承諾があっても、重要事項の説明は省略できない

(10) 信託受益権の販売の場合も重要事項の説明は必要

業者が信託受益権を販売する場合は、買主が業者であっても、重要事項の説明が必要だ（重要事項の説明と重要事項説明書の交付が必要）。

2．重要事項説明書の記載事項

（1）記載事項は丸暗記！

[1]　工事完了時の形状・構造（未完成物件の場合）

[2]　解除に関する事項……定めがなければ、「なし」と記載。

[3]　登記された権利の種類・内容……登記は登記でも、「移転登記の申請時期」は、重要事項説明の段階では未定だから記載しない。ヒッカケに注意！

[4]　法令上の制限

例1　造成宅地防災区域内にあるときは、その旨（➡298頁3.）

例2　土砂災害警戒区域内にあるときは、その旨

例3　津波災害警戒区域内にあるときは、その旨

例4　水害ハザードマップに宅地建物の位置が表示されているときは、水害ハザードマップにおける宅地建物の所在地

例5　建蔽率・容積率の制限、斜線制限、用途規制、防火地域・準防火地域の制限（➡260頁、264頁、266頁、269頁、278頁）

注！　**例5**は、建物の貸借の場合だけは記載不要。

[5]　私道の負担の有無……負担がなければ「なし」と記載。

注！　私道の負担の有無は、建物の貸借の場合だけは記載不要。

[6]　上下水道、電気、ガスの整備状況……なお、未整備の場合は、整備の見通しと整備についての特別の負担を記載する。

[7]　住宅性能評価を受けた新築住宅ならその旨……住宅品質確保促進法のお墨付を受けた新築住宅に限っての話だ。それ以外なら[2]と違って「評価を受けてません」とは書かなくてよい）。

注！　①建物の売買・交換に限る ➔ 貸借なら記載不要。
②新築住宅に限る ➔ 中古なら記載不要。

8　手付金等保全措置の概要（自ら売主の場合に限る➡202頁復習）

注！　貸借なら記載不要。

9　預り金・支払金保全措置の概要（50万円以上の場合だけ記載する）

10　「代金、交換差金、借賃」以外に授受される金銭の額・授受の目的……これは、**手付金**、**権利金**等のこと（代金等は記載しないから念のため）。

11　代金、交換差金の金銭貸借（きんせんたいしゃく）のあっせん内容と、貸借不成立の場合の措置……銀行ローン等を、業者がお客さんにあっせんする場合の話。

注！　貸借なら記載不要。

12　区分所有建物（くぶんしょゆうたてもの）特有の9つの事項（後述（**2**））

13　契約不適合担保責任の履行措置の概要……契約不適合担保責任が履行できない事態に備えて保証保険契約等の手を打つのが、この措置だ。①この措置を講ずるかどうかと②講ずる場合は、措置の概要を記載する。

注1　講じない場合は、「講じない」と記載する。

注2　貸借なら記載不要。

14　建物特有の3つの事項……①**石綿**（アスベスト）使用の有無の調査結果が記録されているならその内容。

②**耐震診断**を受けているならその内容（ただし、昭和56年6月1日以降に新築工事に着手したものを除く）。

③中古の建物の場合は、a）**建物状況調査**（調査実施後1年を経過していないものに限る）をⓐ実施しているかどうかとⓑ実施している場合は、結果の概要、b）建物の建築・維持保全の状況に関する書類の保存の状況

注1　b）は貸借なら記載不要。

注2　ちなみに、業者は**石綿**使用の有無の調査や耐震診断や

第2編　宅建業法

第七章　重要事項説明書と37条書面

建物状況調査を実施する義務はない。

15　**貸**借特有の6つの事項（後述（**3**））

16　**損**害賠償額の予定、違約金……定めがなければ「**なし**」と**記載**。

17　割賦販売（**ロー**ン）の場合の現金販売価格、割賦販売価格その他…… 11 と異なり、売主自身が割賦販売を行う場合には、現金販売価格（即金ならいくらか）、割賦販売価格（ローンの合計額はいくらか）、その他（毎月何万円、何年払い等）を記載する。

注！　貸借なら記載不要。

よく出るヒッカケは、㋐**物件の引渡し時期**、㋑**移転登記の申請時期**、㋒**危険負担**（きけんふたん）の3つだ。この3つは、いずれも重要事項説明書の記載事項ではない。すべて、後で勉強する37条書面の記載事項だから混同しないように！

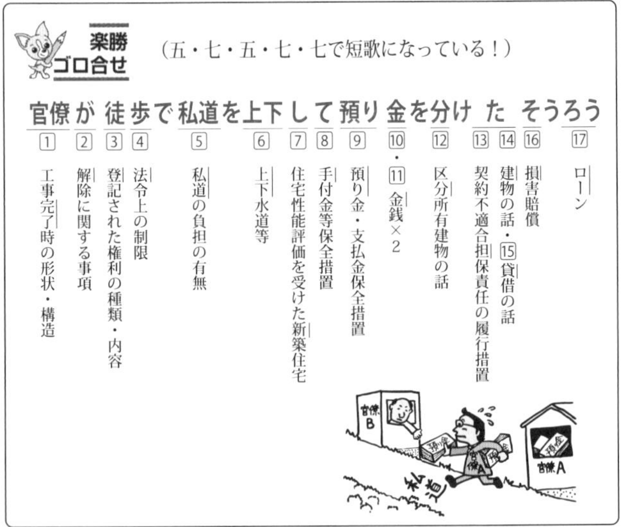

（２）区分所有建物特有の９つの事項

1 **専**用規約（建物または敷地の一部を特定の者だけに使用させる規約のこと。例１階の前庭等）……案しかない場合はその**案**を記載する

2 **専**有部分の利用制限規約（事業用の利用不可、ペット不可というような、専有部分の利用を制限する規約のこと）……これも案しかない場合はその**案**を記載する。

3 **共**用規約（集会室や管理人室のような、規約共用部分について定めている規約のこと）……これも案しかない場合はその**案**を記載する。

4 **減**免規約（管理費用や積立金を特定の者だけに減額・免除する規約のこと）……これも案しかない場合はその**案**を記載する。

> **注！** 1～4（○○規約）は**すべて**まだ案だけしかない段階でもその**案**を記載。知らずに契約すると悲劇だからだ。

5 **敷**地利用権

6 **修繕**記録……中古マンションで建物の維持修繕の実施状況記録がある場合の話。

7 **管理**費用の額（例月額１万円等と記載する）・滞納の額

8 **管理**人の住所氏名（会社（法人）の場合は、主たる事務所の所在地と名称・商号）

9 **積立金**……建物の維持修繕のための積立金だ。積立金についての規約（案しかない場合は**案**）内容と、すでに積み立てられている額・滞納の額

「売買・交換」と「貸借」で記載事項が違う！

売買・交換なら ➔ 上の1～9**全部**の記載が必要
貸　　　借なら ➔ 2 8（専・管）だけでOK

楽勝ゴロ合せ　（♪でんでんむしむしかたつむりの替歌だ！）

専々、共減、敷修繕、ダブル管理に積立金、貸借専管だけでいい

- 専 1 専用規約
- 々 2 専有部分の利用制限規約
- 共 3 共用規約
- 減 4 減免規約
- 敷 5 敷地利用権
- 修繕 6 修繕記録
- ダブル管理 7 管理費用の額　8 管理人の住所氏名
- 積立金 9 そのまんま
- 貸借専（ニッ）2 専有部分の利用制限規約
- 管（パチ）8 管理人の住所氏名

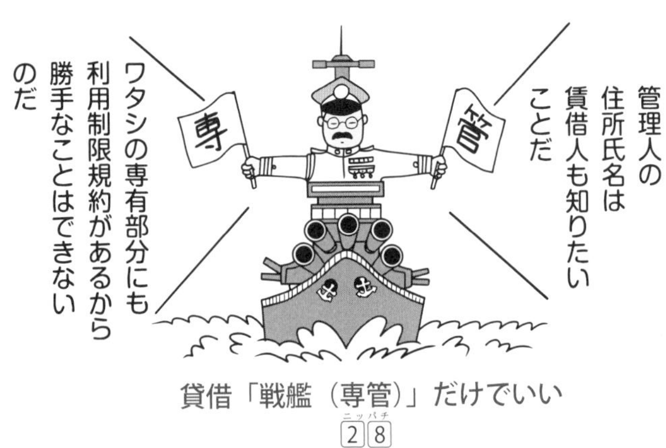

貸借「戦艦（専管）」だけでいい
2 8（ニッパチ）

（3）貸借特有の6つの事項

（1）・（2）で勉強した事項とは別に、貸借特有の事項（貸借の場合だけ重要事項説明書に記載しなければならない事項）というのがある。

しかも、Ⓐ宅地の貸借とⒷ建物の貸借で記載しなければならない事項（表で○になっているもの）に違いがある。

	Ⓐ宅地の貸借	Ⓑ建物の貸借
1 建物の**設**（セ）備（台所、浴室、便所等）	×	○
2 契約**期**（キ）間と更新（定**期**（キ）借地借家契約ならその旨も） 3 **利**（リ）用制限事項（㊖事業用の利用不可、ペット不可） 4 契約終了時の**金**（キン）銭の清算方法（㊖敷金は延滞賃料と相殺） 5 **管**（カ）理人の住所氏名（会社（法人）の場合は、主たる事務所の所在地と名称・商号）	○	○
6 契約終了時の宅地上建物の取**壊**（コ）しに関する事項（= 更地にして返すのか）	○	×

注！　ちなみに、建物の貸借で、高齢者を対象とした終身建物賃貸借（借りた人が生きている限り存続する賃貸借のこと。つまり、追い出される心配がない）の場合は、その旨を記載する必要がある。

1 設備（セ）
2 期間（定期）（キ）
3 利用（リ）
4 金銭（キン）
5 管理人（カ）
6 壊し（コ）

第2節　供託所（きょうたくじょ）等の説明

業者は、取引の相手方（業者を除く）に、契約が成立する前に、

1 どこの供託所に営業保証金を供託しているか等を、（注！）
2 保証協会に加入しているならどの保証協会に加入しているか等を、説明するようにしなければならないことになっている。

この 1 と 2 は、重要事項説明書の記載事項ではない。

注！　供託している営業保証金の額を説明する必要はない。

よく出るポイント2つ

1 宅地建物**取引士でなくても**説明できる（重要事項の説明との違いその①）
2 書面を用いずに**口頭**で説明できる（重要事項の説明との違いその②）

第3節　37条書面

1．重要事項説明書と37条書面

契約を締結したら、業者は、37条書面（宅建業法37条で規定しているからこう呼ばれる）という書面を交付しなければならない。この書面は、契約内容をめぐるトラブル（言った言わないの水かけ論）を防止するためのものだ。

ポイントは、次の通り。

1 業者は、契約成立後遅滞なく、
2 契約の両当事者に、
3 宅地建物取引士が記名した

37条書面を交付しなければならない（交付するのは宅地建物取引士**以外**の者からでもOK。また、内容を説明する必要はない）。なお、書面の交付に代えて、相手方の**承諾**を得て、電磁的方法（電子メール等）であって宅地建物取引士の記名に代わる措置を講じたものにより提供することもできる。

重要事項説明書と37条書面の比較

ここは 卒 再

	重要事項説明書	37条書面
1 いつ交付するのか？	契約成立前	契約**成立後遅滞なく**
2 誰に交付するのか？	物件を入手する当事者だけに	**両**当事者に（売主や貸主にも）
3 宅地建物取引士の記名は必要か？	必　要	**必　要**

注1　当事者が業者の場合も重要事項説明書と37条書面の交付は必要。

注2　重要事項説明書も37条書面も、どこで交付してもOKだ（ちなみに、重要事項の説明もどこで行ってもOKだ）。

2. 37条書面の記載事項

1. 当事者の住所氏名
2. 物件の表示（所在地等）
3. 代金、交換差金、借賃の額・支払の時期・支払の方法
4. **物件の引渡時期**
5. **移転登記の申請時期**
6. 建物の構造耐力上主要な部分等の状況について当事者の双方が確認した事項（中古の建物の場合）

（1〜6）必ず記載しなければならない

7. 解除に関する事項
8. 「代金、交換差金、借賃」以外に授受される金銭の「額・授受の時期※・授受の目的」
9. 代金、交換差金の金銭貸借のあっせんを定めた場合には、貸借不成立のときの措置
10. 損害賠償額の予定、違約金
11. 契約不適合担保責任**履行措置** ㊟ 保証保険契約

（7〜11）重要事項説明書の記載事項と共通

12. 契約不適合担保責任**の内容** ㊟ 引渡しから2年（➡208頁）
13. **危険負担**
14. 税金の負担

（7〜14）定めがある場合は記載しなければならない

※ただし、授受の時期は、重要事項説明書の記載事項ではない。

「売買・交換」と「貸借」で記載事項が違う！

- 売買・交換なら ➔ 上の1〜14全部の記載が必要（ただし、7〜14は、特に定めがある場合だけ）
- 貸借なら ➔ 5 6 9 11 12 14 の記載は不要

第8章　監督処分と罰則

1．監督処分

宅建業者や宅地建物取引士に、違法・不正があった場合には、色々な監督処分がなされる。では、誰が処分を行うのか？

それは、次のとおりだ。

			免許権者 登録権者	現地の 知事
監督処分	**業者**に対する監督処分	1 **指示処分**	○	○
		2 **業務停止**処分（1年以内）	○	○
		3 **免許取消**処分	○	×
	宅建士に対する監督処分	1 **指示処分**	○	○
		2 **事務禁止**処分（1年以内）	○	○
		3 **登録消除**処分	○	×

監督処分をするには、事前に公開の場で**聴聞**（言い分を聴いてやる手続き）をしなければならない。もっとも、処分を受ける者が**正当な理由**もないのに聴聞期日に出頭せず、出頭の代わりになる陳述書等の提出もしない場合には、聴聞を終結できる。

2．業者に対する監督処分

（1）指示処分は次の場合にできる

（他にもあるが、よく出るのは次のとおり）

1 **宅建業法**違反
2 業務に関し宅建業法以外の法令に違反し、業者として不適当な場合
3 宅地建物取引士が監督処分を受けたが、その原因が業者にある場合
4 業務に関し取引の関係者に損害を与えた場合、または与えるおそれが大である場合

（2）業務停止処分（１年以内）は次の場合にできる

（他にもあるが、よく出るのは次のとおり）

1 （1）の 2・3 の場合（この場合には、指示処分をしてもよいし、業務停止処分をしてもよい）
2 指示処分に違反した場合（指示処分に従わないこと）
3 **専任の宅地建物取引士**の設置義務違反（➡ 152 頁）
4 守秘義務違反（➡ 176 頁）
5 断定的判断の提供・威迫等をした➡ 176 頁）
6 **誇大広告**をした（➡ 178 頁）
7 取引態様明示義務違反（➡ 179 頁）
8 媒介契約書の不交付（➡ 182 頁）
9 報酬額の制限違反（➡ 195 頁）
10 **重要事項の説明**義務違反・**重要事項の説明書**の不交付（➡ 212 頁）
11 37 条書面の不交付（➡ 221 頁）
12 従業者に、従業者証明書を携帯させなかった（➡ 163 頁）

注！ 業者が、指示処分・業務停止処分を受けたときは、業者名簿に、その**年月日**と**内容**が記載される。

（３）免許取消処分は次の1～6の場合には必ずしなければならず、7・8の場合だけはすることができる

（他にもあるが、よく出るのは次のとおり）

1　不正手段で免許を取得した場合

2　**業務停止処分**に違反した場合

3　**業務停止処分**事由に当たり情状（じょうじょう）が特に重い場合

4　免許の欠格事由が生じた場合（147 頁の1以下に当たることになった場合）

5　免許を受けてから**１年**以内に事業を開始しない場合・引き続き１年以上事業を休止した場合（どちらも、たとえ**正当な理由があるとしても**、免許権者は必ず免許取消処分をしなければならない）

6　免許換えを怠った場合

7　免許の**条件**に違反した場合（➡ 143 頁（**4**））

8　業者が行方不明の場合（免許権者が、業者の所在・事務所の所在地を確知できないので、公告をしたが、公告の日から**30 日**経過しても業者から申出がない場合）注！ 8については聴聞不要。

注！　7と8の場合は、1～6と違って、免許を取り消すかどうかは免許権者の**任意**。

指導など　国土交通大臣は**すべて**の業者に対して、知事はその都道府県の区域内で宅建業を営む業者に対して、指導・助言・勧告ができる。

３．宅建士に対する監督処分

（１）指示処分・事務禁止処分（１年以内）は次の場合にできる

名義貸し等の不正行為等

注１　こういう場合、指示処分をしてもいいし、**いきなり**事務禁止処分をしてもいい。また当初は指示処分をしたが宅建士がそ

れに従わない場合に、**改めて**事務禁止処分をしてもいい。

注２　事務禁止処分を受けた宅建士は、すみやかに宅建士証をその交付を受けた知事に「**提出**」しなければならない。

（２）登録消除処分は次の場合には必ずしなければならない

1　**不正手段**で宅建士登録または宅建士証の交付を受けた場合

2　事務禁止処分に違反した場合

3　指示処分事由・事務禁止処分事由に当たり情状が特に重い場合

4　登録の欠格事由が生じた場合（157 頁の1以下に当たることになった場合）等

注！　登録消除処分を受けた宅建士は、すみやかに宅建士証をその交付を受けた知事に「**返納**」しなければならない。

４．罰　　　則

罰則は山ほどあって、とても覚え切れない。そこで、特によく出るポイントだけピック・アップしてみた。

1　不正手段で免許を取得すると

➔ 懲役（ちょうえき）もしくは罰金または両者の併科（へいか）（両方科されること）となる。また、両罰規定もある（意味は➡注２）。

注１　これは、**業者**の話。これに対して、不正手段で**宅建士**登録または宅建士証の交付を受けても罰則なし（登録消除処分は受けるが、これは罰則ではない）。

注２　「両罰規定」とは ➔ Ⓐ実際に違法行為を行った個人（法人の代表者や従業員）が処罰されるだけでなく、Ⓑその法人も一緒に処罰（ただし**罰金**だけ）される規定のこと。両罰規定がある罰則と、ない罰則がある。

2　**誇大広告**をすると ➔ 懲役もしくは罰金または両者の併科（両罰規定あり）

3　帳簿・従業者名簿を事務所ごとに備え付けておかないと

➔ 罰金（両罰規定あり）

4　守秘義務に違反すると ➔ 罰金（両罰規定**なし**）

5　重要事項の説明の際、宅建士証を提示しないと
　➔ **過料**（両罰規定なし）

1～5以外にも、次のような罰則がある。

6　名義貸しをして他人に営業させると
　➔ 懲役もしくは罰金または両者の併科（両罰規定あり）

7　重要な事項について、故意に事実を告げなかったり、不実のことを告げたら
　➔ 懲役もしくは罰金または両者の併科（両罰規定あり）

8　不当に高額な報酬を請求すると
　➔ 懲役もしくは罰金または両者の併科（両罰規定あり）

9　事務所等に専任の宅地建物取引士を設置しなかったら
　➔ 罰金（両罰規定あり）

10　標識・報酬額を掲示しなかったら ➔ 罰金（両罰規定あり）

11　限度額を超えた報酬を受け取ると ➔ 罰金（両罰規定あり）

12　37条書面を交付しなかったら ➔ 罰金（両罰規定あり）

13　宅建士証の返納義務・**提出**義務に違反すると
　➔ 過料（両罰規定なし）

ちなみに、1 6 7の場合、法人は、両罰規定として、１億円以下の罰金刑に処せられる。

5．監督処分の公告

（1）公　告

国土交通大臣や知事が業者に対して、**業務停止処分**や**免許取消処分**をしたときは、そのことを公告（大臣は**官報**で、知事は**公報**または**ウェブサイト**への掲載その他の適切な方法で公告）しなければならない。

（2）報告・通知

知事が、**指示処分**や**業務停止処分**をした場合は、遅滞なく、そのことを、処分を受けた業者が国土交通大臣免許を受けているときは、大臣に**報告**し、他の都道府県の知事の免許を受けているときは、その知事に**通知**しなければならない。

6．内閣総理大臣との協議

（1）協　議

国土交通大臣が業者に対して、監督処分をしようとするときに、あらかじめ、内閣総理大臣と**協議**しなければならない場合がある。どういう場合かというと、一般消費者の利益の保護に関する義務違反（例、誇大広告の禁止、取引態様明示義務、媒介契約、重要事項の説明、37条書面の交付）の場合だ。

（2）意　見

ところで、（1）のケースで、内閣総理大臣は、事業を営む場合ではない個人の買主・借主の利益の保護という目的に限って、国土交通大臣の監督処分に関して**意見**を述べることができることになっている。

第9章 住宅瑕疵担保履行法

イントロ

たとえば、Aが業者Bから新築住宅を買ったのに、雨漏りがする欠陥住宅だったらひどすぎる。そこで、**新築住宅**(中古は×)の主要部分の瑕疵（欠陥）については、引渡しの時から10年間AはB対して責任追及できることになっている（Bは引渡しの時から10年間瑕疵担保責任を負う）。しかし、Bが倒産したらアウトだ。

そこで、業者が破産しようが夜逃げしようが、瑕疵担保責任が履行されてお客さんが泣き寝入りしなくて済むようにするために作られたのが、住宅瑕疵担保履行法（正式名称は、特定住宅瑕疵担保責任の履行の確保等に関する法律）だ。

（1）システム

業者が自ら売主となり、シロートの買主に新築住宅を売って**引き渡し**たら、保証金（住宅販売瑕疵担保保証金）を供託しなければならず、買主が瑕疵担保責任を追及するときは、その保証金から還付を受けることができる。これで、業者が夜逃げしても、買主は安泰だ。

営業保証金（➡164頁～）と非常によく似ているから、面倒でも今この場で営業保証金を復習して、一緒に頭に入れてしまうのが結局は近道だ。

（2）住宅瑕疵担保履行法が適用される条件

1 売主業者・買主シロートに限る（①業者間には適用なし。②「自ら売主」ではない**媒介**業者や代理業者にも適用なし）。

2 **新築住宅**の**主要部分**等の瑕疵に限る。

注！ 主要部分等とは①**構造耐力上**主要な部分または②**雨水の侵入**を防止する部分のこと。

（3）保証金（住宅販売瑕疵担保保証金）の供託

1 保証金の額は、買主に**引き渡し**た新築住宅の戸数で決まる。1戸目は2,000万円、その上は覚えられない複雑な算式で少しずつ増える。なお、住宅の床面積が**55㎡**以下の場合は、2戸をもって1戸と数えることになる。

注！ 業者は、基準日（毎年3月31日）から3週間を経過する日までの間に、基準日前**10**年間に引き渡した新築住宅の分の保証金を供託していなければならない。

2 基準日（毎年3月31日）ごとに、基準日から**3**週間以内に免許権者に供託状況を届け出なければならない。

3 1 2に違反すると（1金額不足でも2届出なしでも）、基準日の翌日から**50**日経過すると、自ら売主となる新築住宅の売買契約は締結禁止。

注！ 保証金を供託するのではなく、業者が**保険**をかけるという方法もある。この保険をかけておけば、業者は、新築住宅に瑕疵がある場合に担保責任の履行によって生じた損害について保険金を請求できる（つまり、住宅の補修等を行った業者に保険金が支払われるシステム）。ちなみに、業者が**相当の期間**を経過してもなお責任を履行しないとき（住宅の補修等を行わないとき）は、買主が保険金を請求できる。なお、保険期間は**10**年以上であることが必要だ。

（4）営業保証金と一緒に覚える

1 有価証券でもOKなのは、営業保証金と同じ（金銭だけでなく**国債**証券等でも供託OKだし、**100・90・80**％の計算も同じ。➡165頁）。

2 供託場所も、営業保証金と同じ（**主たる事務所の最寄りの供託所**に、全額をまとめて供託する。➡166頁）。

3 保管替え等も、営業保証金と同じ（主たる事務所を移転したため最寄りの供託所が変わったら、①**金銭だけ**で供託していたなら**保管替え**を請求し、②それ以外なら**新たに供託**し直す。➡167頁）。

4 追加供託も、営業保証金と同じ（還付で保証金に不足を生じたら、**2**週間以内に追加供託。追加供託した日から2週間以内に届出。➡168頁）。

5 供託所の説明には、営業保証金と同じ点と違う点がある（①**契約成立前**に説明する点は同じ。しかし、②住宅販売瑕疵担保保証金では口頭の説明だけではダメで**書面**を交付しなければならない。②が営業保証金との違い。➡220頁）。

注！ 業者は、買主の承諾を得れば、書面の交付に代えて電磁的方法で提供することができる。

（5）その他のポイント

1 基準日において、保証金の額が基準額を超えることとなったときは、超過額を取り戻すことができる（免許権者の**承認**が必要）。

2 保険契約は、変更・解除することができる（国土交通大臣の**承認**が必要）。

3 保険契約を締結した場合、トラブルがあったときは、**指定住宅紛争処理機関**は、紛争の当事者（売主の業者・買主のシロート）の双方または一方からの申請により、紛争の**あっせん**・調停・仲裁の業務を行うことができる。

3

第３編
法令上の制限

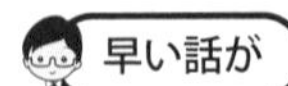

キーポイント

法令上の制限とは、

➔「いけませんシリーズ」だ。

狭い日本では、自分の土地だからと言って、何もかも自由にやらせるわけにはいかない。そこで、「○○してはいけません」という具合に、**自由を「制限」する法令**が山のように用意されている。

土地を買って、ホテルを建てたい！

土地の面積が一定以上なら、売買契約の後で、知事に「**届出**」をしなさい！　➔ **国土利用計画法**（第３章）

この土地が農地なら、契約の締結前に、原則として、知事等の「**許可**」を受けなさい！　➔ **農地法**（第５章）

この土地が、宅地造成等工事規制区域内なら、一定の工事には、知事の「**許可**」が必要！　➔ **盛土規制法**（第４章）

知事の「**開発許可**」が必要なケースも！　➔ **都市計画法**（第１章）

この土地が第一種低層住居専用地域内の土地なら、原則として、ホテルは建てられない。　➔ **建築基準法**（第２章）

第1章　都市計画法

第1節　日本は５つに分けられる

1．都市計画区域

都市計画とは、住みよい街づくりのための計画だ。都市計画を実施する場所が都市計画区域。

都市計画区域の指定は、

- **原　則**　都道府県が行う（１つの都道府県内に指定する場合）。
- **例　外**　国土交通大臣が行う（２つ以上の都府県にまたがって指定する場合）。

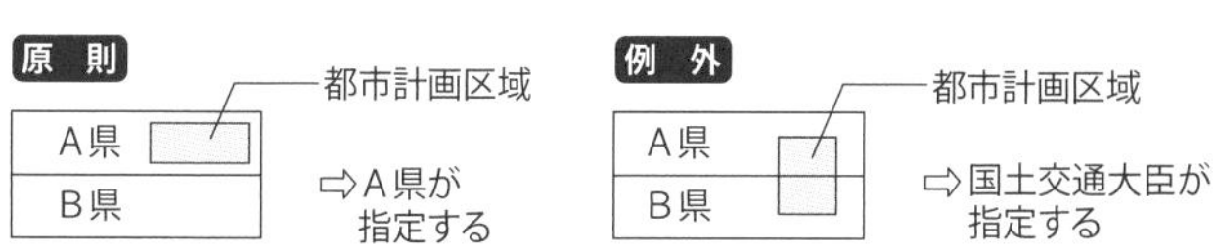

注！　都市計画区域は行政区画とは無関係に指定される。

2．準都市計画区域

これは、都市計画区域ほど法令でガチガチにしばらないが全くの野放しでもない場所だ。

準都市計画区域はここが出る！

1. どこに指定されるのか？ ➔ 都市計画区域**外**だ。
2. 誰が指定するのか？ ➔ **都道府県**だ。
3. 手続きは？ ➔ 関係市町村と都道府県都市計画審議会の**意見**を聴かなければならない。

つまり日本は、都市計画区域と準都市計画区域とそのどちらでもない場所（両区域外＝無人島や山奥）の３つに分けられることになる。

日本の国土
- **都**市計画区域 ➔ 237 頁でもう少し詳しく分ける
- **準**都市計画区域
- 両区域**外**

3．市街化区域と市街化調整区域

ガチガチにしばる都市計画区域が指定されたら、次はそれを「市街化区域」と「市街化調整区域」に分ける。この作業を**線引き**（区域区分）という。

市街化区域とは ➔	Ⓐすでに市街地を形成している区域、および、Ⓑおおむね**10年**以内に優先的かつ計画的に市街化を図るべき区域（しっかり市街化する場所）
市街化調整区域とは ➔	市街化を**抑制**すべき区域（市街化をおさえる場所）

都市計画区域に指定されたのに線引きされていない区域のことを**非線引区域**（ひせんびきくいき）という（正式名称は「**区域区分**が定められていない**都市計画区域**」）。線引きするかしないかは、その都市計画区域を指定した**都道府県**または**大臣**が都市計画区域マスタープラン（➡238頁の表の1）で決める。

結局、日本は5つに分けられる。

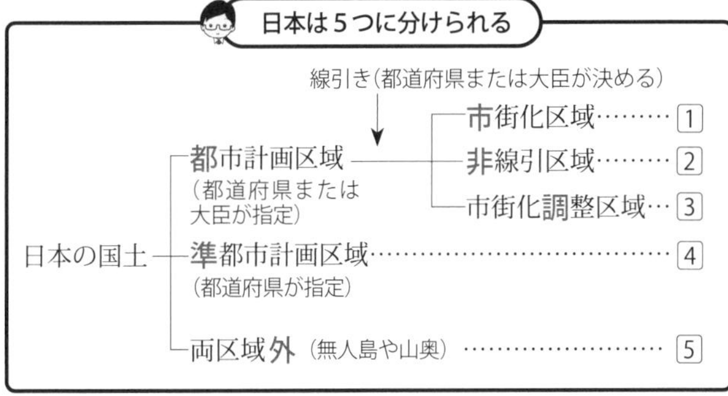

第２節　都市計画の決定

1．都市計画の種類と決定権者

<table>
<tr><td colspan="4" rowspan="2"></td><td colspan="2">決定権者</td></tr>
<tr><td>**原則**
1つの都道府県内の都市計画区域の場合</td><td>**例外**
2つ以上の都府県にまたがる都市計画区域の場</td></tr>
<tr><td rowspan="8">都市計画の種類</td><td colspan="3">1 都市計画区域の整備・開発・保全の方針（都市計画区域マスタープランのこと）</td><td>都道府県</td><td>大臣</td></tr>
<tr><td colspan="3">2 区域区分（市街化区域と市街化調整区域の線引きのこと）</td><td>都道府県</td><td>大臣</td></tr>
<tr><td rowspan="3">3 地域地区</td><td colspan="2">用途地域</td><td>市町村</td><td>市町村</td></tr>
<tr><td rowspan="2">補助的地域地区</td><td>風致地区</td><td>都道府県または市町村</td><td>大臣または市町村</td></tr>
<tr><td>風致地区以外</td><td>市町村</td><td>市町村</td></tr>
<tr><td colspan="3">4 都市施設</td><td>都道府県または市町村</td><td>大臣または市町村</td></tr>
<tr><td colspan="3">5 地区計画</td><td>市町村</td><td>市町村</td></tr>
<tr><td colspan="3">6 市街地開発事業</td><td>都道府県または市町村</td><td>大臣または市町村</td></tr>
</table>

注1　大臣とは国土交通大臣だ。原則欄の都道府県が例外欄ではすべて大臣になる。しかし、市町村は、原則欄・例外欄で変化なし。

注2　6 の市街地開発事業とは、市街地を一体的に開発・整備する都市計画のこと。これは準都市計画区域と市街化調整区域では**できない**。市街化を促進するのはマズイからだ。

2．都市計画の決定手続き

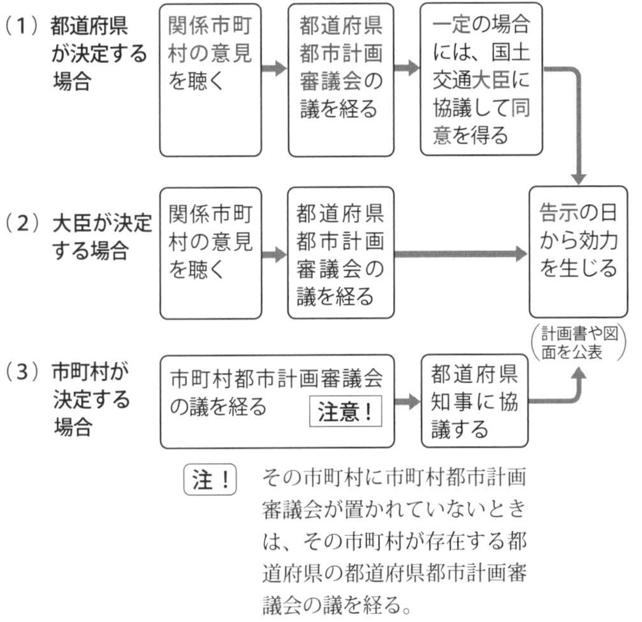

なお、市町村が決定した都市計画が、都道府県または大臣が決定した都市計画と矛盾する場合には、都道府県や大臣が定めた都市計画が**例外なく優先**する。

3．マスタープラン

（1）都市計画区域マスタープラン

都市計画区域で都市計画を決定するときに守らなければならない方針のこと。正式名称は「都市計画区域の整備・開発及び保全の方針」（238頁の表の1）。たとえば、**線引き**（238頁の表の2）をやるかやらないかもまず都市計画区域マスタープランで決め、やると決めたら次に区域区分という都市計画で具体的な線を引く。都市計画区域マスタープランは全ての都市計画区域に定められるから**非**線引区域にも当然定められる。

（２）市町村マスタープラン

正式名称は「市町村の都市計画に関する基本方針」。こっちは住民の意見を反映させるために市町村が自分のイニシアチブ（主導権）で決定する。

	ここが違う！
都市計画区域マスタープラン ➔普通の都市計画の決定手続き	239頁の(1)または(2)の手続きそのまま
市町村マスタープラン ➔独自の決定手続き	239頁の(3)ではなく、勝手に決めて知事に**通知**するだけ(知事との協議は不要)

４．　そ　の　他

土地の所有者、借地権者、特定非営利活動法人（ＮＰＯ法人のこと）などは、都市計画の決定や変更を**提案**することができる。

第3節　地域地区

1．用途地域

（1）用途地域の種類と目的

		用途地域の種類	その目的は
住居系	1	1—1 **第一種低層**住居専用地域	**低層**住宅の良好な環境保護
		1—2 **第二種低層**住居専用地域	**主として、低層**住宅の良好な環境保護
		1—3 **田園住居**地域	**農業**の利便と調和した低層住宅の良好な環境保護
	2	2—1 **第一種中高層**住居専用地域	**中高層**住宅の良好な環境保護
		2—2 **第二種中高層**住居専用地域	**主として、中高層**住宅の良好な環境保護
	3	3—1 **第一種住居**地域	住居の環境保護
		3—2 **第二種住居**地域	**主として**、住居の環境保護
		3—3 **準住居**地域	**道路沿い**の業務の利便と住居の環境保護
商業系	4	**近隣商業**地域	**近隣**住民への日用品供給等の商業の利便
	5	**商業**地域	主として、商業の利便
工業系	6	**準工業**地域	主として、**環境を悪化しない**工業の利便
	7	**工業**地域	**主として**、工業の利便
	8	**工業専用**地域	工業の利便

用途地域とは、「この地域はこういう用途（目的）のための地域にします」と定める都市計画のこと。

受験テクニック

第一種、第二種と分かれている用途地域では、**第二種**の方に「**主として**」がつく（1－2、2－2、3－2）。

（２）用途地域はどこに定めるのか？

用途地域を……

- 日本の国土
  - 都市計画区域
    - 市街化区域……… **必ず**定める
    - **非**線引区域……… 定めることが**できる**
    - 市街化調整区域… **原則として**定めない
  - **準**都市計画区域………………………… 定めることが**できる**
  - 両区域**外**………………………………… 定めることは**できない**

２．補助的地域地区

特別用途地区	特別の目的を実現するために定める地区。その種類は市町村が**都市計画**で定める。 ➔たとえば、商業専用地区とか文教地区等、好きなオリジナルプランを定める。
特定用途**制限**地域	建築物等の**特定の用途**を制限する地域。 ➔たとえば、畑の中にラブホテルができると環境が悪くなるから許しません、ということを**条例**で定める。 どこでも OK じゃないよ！パート１ 1 **用**途地域内には定められない。だって、用途規制（➡260 頁の表）だけで十分だから。 2 市街化**調**整区域内にも定められない。だって、もともと建物を建てられないから（➡257頁の表D）。 楽勝ゴロ合せ **制限**（特定用途**制限**地域） **は** **予**（**用**途地域） **知**（市街化**調**整区域） **できない**（定められない）
特定街区	超高層ビル街（例、東京の西新宿）等を建設するための地区。 ➔そのために、日影規制や斜線制限等は一切排除され、独自の高さ制限等を定める。

高度利用地区	土地を高度に利用するための地区。 ➔そのために、建蔽率（最高限）、容積率（最高限・最低限）、建築面積（最低限）、壁面の位置の制限を定める。
高度地区	建物の高さ（最高限・最低限）を定める地区。 注！同じ「高度」という語が、高度地区（「高さ」の意味）と高度利用地区（「高度に」の意味）で全く別の意味。ヒッカケが出る！
景観地区	市街地の景観（人工美）を維持する地区。
風致地区	都市の風致（自然美）を維持する地区。 ➔そのために、地方公共団体の**条例**で建築物の建築や木竹の伐採等を規制することができる。
高層住居誘導地区	高層住宅（マンション）の建設を誘導するための地区。①第一種住居地域②第二種住居地域③準住居地域④近隣商業地域⑤準工業地域に定めることができる。 注！第一種・第二種中高層住居専用地域には定められない。

用途地域だけでは、都市計画のきめ細かさが足りないから、用途地域を補うために（＝もっと別のアミをかぶせるために）用意されのが、補助的地域地区だ。

どこでもOKじゃないよ！　パート2

1　用途地域外では
➔特別用途地区・高度利用地区・高度地区は定められない。この３つは用途地域をもっとガチガチにしばるためのものだからだ。それがわかる貴方は特別利口だ。

注！　ちなみに、高層住居誘導地区も用途地域外では、定められない。

第３編　法令上の制限　第一章　都市計画法

2　準都市計画区域では
➔特定街区・高度利用地区は定められない。高度地区は定められるが　建物の高さの最高限だけしか定められない。準都市計画区域は都市計画区域ほどガンガン都市化する場所じゃないということだ。ちがいがわかる貴方は利口だ。

楽勝ゴロ合せ　ち　がい　は　利　口
（特定街区×）（高度利用地区×）（最高限だけ○）

注1　ちなみに、高層住居誘導地区も準都市計画区域では、定められない。

注2　補助的地域地区としては、他に特例容積率適用地区（➡273頁）や居住環境向上用途誘導地区がある（医療施設や店舗といった日常生活に必要な施設を誘導する地区で、工業専用地域には定められない）。

第4節　都市施設

1．都市施設とは？

都市施設とは、道路等の人が生活するために必要な都市の施設のこと。

都市施設
- Ⓐ　道路・公園・下水道
- Ⓑ　義務教育施設
- Ⓒ　その他（社会福祉施設等）

1　市街化区域と非線引区域には ➔ Ⓐ（道路・公園・下水道）を必ず定めなければならない。

2　住居系用途地域（241頁の1—1～3—3）には➔Ⓑ（義務教育施設）を必ず定めなければならない（子供がいっぱいいるから）。

3　都市計画区域外（準都市計画区域と両区域外）にも➔都市施設（Ⓐ～Ⓒ）は定めることができる（山奥や無人島にも道路等が必要なことはあるから）。

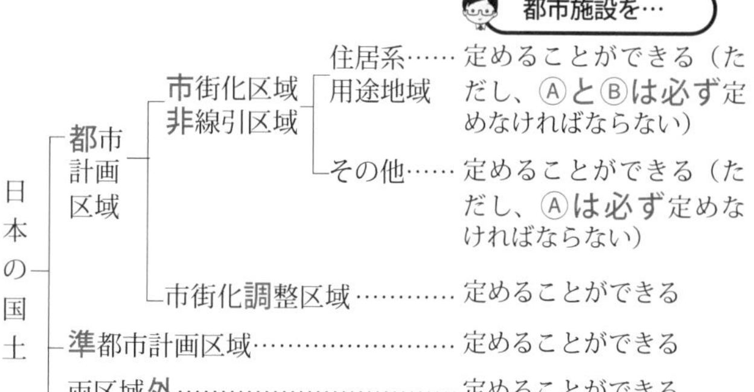

2．じゃまになる建築の制限

第１段階

まず都市施設についての都市計画が決定され、告示される

土地利用の制限はゆるい

原　則　「都市計画施設」（都市計画で建設が決定された都市施設）の区域内では、建築物の建築に**知事等**（市の区域内では市長）**の許可が必要**。

注！ ちなみに、市街地開発事業の施行区域内においても、都市計画施設の区域内と同じ制限を受けることになる（つまり、市街地開発事業の施行区域内においても第１段階の制限を受けるということ）。

例外①　**非常災害**の応急措置として行う建築は許可不要。

例外②　**都市計画事業**の施行として行う建築は許可不要。

注！ 知事等は、木造２階建て以下等の一定の建築は許可しなければならない（それでも許可必要だ。許可不要と出たら×）。

第２段階

次に、都市計画事業の認可・承認の告示がなされる

土地利用の制限はきびしい

都市計画事業とは、都市計画施設を実際に建設することだ。いきなり着工するのではなく、都市計画事業の認可・承認の告示がなされてから着工する。この告示があるといよいよ工事が目前だ。だから、規制が厳しくなり、事業の障害になる1建築物の建築、2工作物の建設、3土地の形質の変更、4重量５トン超の物件の設置・堆積をしようとするときは、**知事等の許可**が必要。

注１　第１段階と違って、許可不要となる例外はない。だから、非常災害の応急措置**でも**知事等の許可が**必要**。

注２　都市計画事業については、都市計画事業の認可・承認の告示があれば、土地収用法の事業認定の告示とみなされる。

深入りするな！

都市計画事業完了

田園住居地域内における建築等の規制

原　則　「田園住居地域内の農地」の区域内では、1建築物の建築、2工作物の建設、3土地の形質の変更、4土石等の物件の堆積をしようとするときは、**市町村長の許可**が必要。

例外①　通常の**管理**行為、**軽易**な行為の場合は許可**不**要。

例外②　**非常災害**の応急措置として行う場合は許可**不**要。

例外③　**都市計画事業**の施行として行う場合は許可**不**要。

注１　市町村長は、300㎡未満の一定の土地の形質の変更等は許可**しなければならない**（それでも許可必要だ。許可不要と出たら×）。

注２　国や地方公共団体が行う場合は許可不要だが、あらかじめ、市町村長との協議が必要。

第5節　地区計画（ちくけいかく）

1．地区計画とは何か？

一言で言えば、「小さな街づくり計画」だ。比較的小規模の地区で、道路や公園等を整備したり、ミニ開発による環境悪化を防止したりするために実施するのが地区計画だ。

2．地区計画はここが出る！

1 地区計画では、何を定めるのか？

（1）何を定めるのか？

まず、1地区計画の種類・名称・位置・区域、2地区施設（道路・公園・防災上の避難施設等のこと）、3**地区整備計画**を定める。また、目標や方針や面積を定めるよう努める。

（2）地区整備計画

（1）の 3地区整備計画とは地区計画の具体的な中身を定めたものだ。次のことを定めることができる。

1　道路・公園等の整備

2　建蔽率（けんぺいりつ）（最高限）、容積率（最高限・①最低限）、建築物の高さ（最高限・②最低限）、建築面積（③最低限）、壁面の位置の制限等。ただし、市街化調整区域では、最低限（下線①～③）は定められない。そんなことを定めたら、市街化を促進してしまうからだ。

2 地区計画は、どこに定めることができるのか？

- 都市計画区域 ➔ 用途地域が定められているなら○
  用途地域が定められていないなら△ ＜注！
- 準都市計画区域 ➔ ×
- 両区域外 ➔ ×

注！　一定の場合だけ、定めることができる。

第3編　法令上の制限

第一章　都市計画法

3 届　　出

勝手な建物を建てたり土地を造成したりする輩(やから)がいたのでは、小さな街づくり計画が台無しだ。そこで、

1 地区整備計画が定められている地区計画区域内で建物を建てたり土地を造成したりする場合、
2 着手の「**30日前**」までに（前日まではX、着手後30日以内もX）、
3 「**市町村長**」に（知事はX。小さな街づくりだから市町村長だ）、
4 「**届け出**」なければならない（許可じゃない。ヒッカケ注意！）。
5 届出を受けた市町村長は、不適当な建物の建築や土地の造成なら、やめろと「**勧告**」できる（命令はできない。ここも穴）。
6 なお、一定の場合（軽易な建築や、都市計画事業の施行として行われる建築等の場合）には、届け出ずに建築していい。

4 開発整備促進区

①第二種住居地域②準住居地域③工業地域④用途地域が定められていない土地（市街化調整区域を除く）における地区計画については、一定の条件に該当する場合、**開発整備促進区**を都市計画に定めることができる。ちなみに、開発整備促進区には、特定大規模建築物（ショッピングモール等のこと）を建てることができる。つまり、地区計画で、特定大規模建築物を建てることができる地域（開発整備促進区）を定めてOKということ。

第6節　開発許可

1．開発行為と開発許可

建物を建てるための土地の造成工事（これが**開発行為**）には、原則として知事の許可（これが**開発許可**）が必要。

用語の意味

開発行為とは ➔ ［1］建築物の建築または／［2］特定工作物※の建設 のために行う土地の造成等のこと。

※特定工作物 ➔
- 第一種特定工作物……コンクリートプラント等の環境悪化をもたらすおそれのある工作物（規模不問）
- 第二種特定工作物
  - Ⓐゴルフコース（規模不問）
  - Ⓑ１ヘクタール（10,000㎡）以上の野球場、庭球場（テニスコート）、遊園地等のスポーツ・レジャー施設、墓園

注！　青空駐車場は ➔ 特定工作物ではないから、１ヘクタール以上でも開発許可を受けずに造成していい。

2．開発許可が必要な場合と不要な場合

絶対暗記!	ミニ開発	農林漁業用建築物（サイロ、温室等の他、農林漁業者の住宅を含む）を建てるための開発行為	（世の中のためグループ） 1 図書館、公民館、鉄道施設、変電所等を建てるための開発行為 2 非常災害の応急措置、都市計画事業、土地区画整理事業等のための開発行為
市街化区域	1,000㎡未満	許可不要	許
非線引区域 準都市計画区域	3,000㎡未満 許可不要		可
市街化調整区域	いくら小さくても 許可必要	不	
両区域外	1ヘクタール未満 許可不要	要	

注１　お上（国、都道府県等）が開発行為を行う場合には、お上と知事の協議が成立すれば開発許可があったものとみなされる。

注２　都道府県等は、条例で、上の表の1,000㎡と3,000㎡をどちらも300㎡まで引き下げることができる。また、整備法に規定する既成市街地では500㎡以上であれば許可必要となる。

注３　通常の管理行為や軽易な行為（例 仮設建築物や車庫・物置を建てるための開発行為等）も開発許可が不要だ。

セミの耳は意味ない
（セ＝1,000㎡　ミ＝未満　耳＝3,000㎡未満　意＝1ヘクタール　味＝未満　ない＝許可不要）

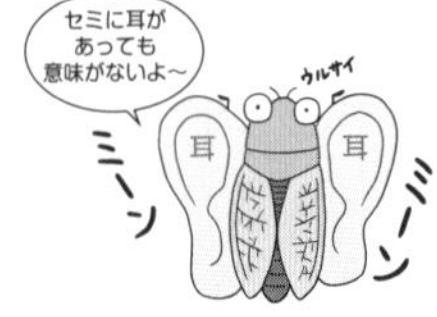

もうひと押し！

表の中の２つ以上の区域にまたがって開発行為を行う場合はどうなるか？答えは、それぞれの区域の部分だけ見ると許可不要の面積であっても、開発行為を行う全体の**合計**面積が許可必要の面積（**3,000㎡**または**１**ヘクタール）に達すると許可**必**要となる。

例1

市街化区域	900㎡
非線引区域	2,000㎡

合計面積 2,900㎡ ➔ 許可不要

市街化区域	900㎡
非線引区域	2,100㎡

合計面積 **3,000**㎡ ➔ 許可**必**要

なぜか？

もし3,000㎡全部が非線引区域内にあったなら開発許可が必要なのに、一部分（900㎡）がもっと規制のきびしい市街化区域にはみ出したために許可不要となってはおかしい。だから、900㎡と2,100㎡を個別に見れば許可不要の面積でも、**合計**面積が **3,000**㎡なら許可**必**要となる、というワケ。

例2

市街化区域	900㎡
両区域外	9,000㎡

合計面積 9,900㎡ ➔ 許可不要

市街化区域	900㎡
両区域**外**	9,100㎡

合計面積**１**ヘクタール ➔ 許可**必**要

なぜか？

例1 と同じリクツだ（わかりますよネ。他にもいろんな組合せがあるから考えてみて下さい）。

3. 開発許可の手続き

知事に開発許可の申請書を出す

（相当数の同意）……申請は、地権者の**相当数の同意**があればできる。
（全員の同意は不要！）

ポイント2

（書面）……申請は、**必ず書面**で行う。
（口頭は、絶対ダメ！）

ポイント3

（用途）……申請書には、予定建築物の**用途**を書く（高さ・構造・設備・建築価額までは記載不要）。

知事は遅滞なく許可・不許可を決める

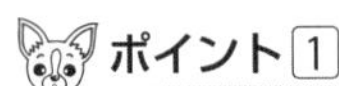

（開発審査会の議）……知事は、市街化調整区域での開発行為を許可する場合には、**開発審査会の議**を経なければならない場合がある（常に議を経るわけではない）。

ポイント2

（建築制限）……知事は、**用途地域外**での開発行為を許可する場合には、**建蔽率**、建築物の**高さ・敷地・構造・設備・壁面の位置**を制限できる。この制限に反する建築は知事の許可がないとダメ。

ポイント3

（道路整備と資金力）……知事は業者に**道路整備**を義務づけることができ、**資金力**と信用のある業者にだけ開発許可を与える。

ポイント4

（文書で通知）……知事は申請者に、許可か不許可かを**必ず文書**で通知する。

許可の場合

知事は、一定事項を開発登録簿に登録する。

開発登録簿は誰でも見られるし、コピーももらえる。

開発行為（造成工事）をやる。

不許可の場合

不服なら、**開発審査会**に審査請求ができる。

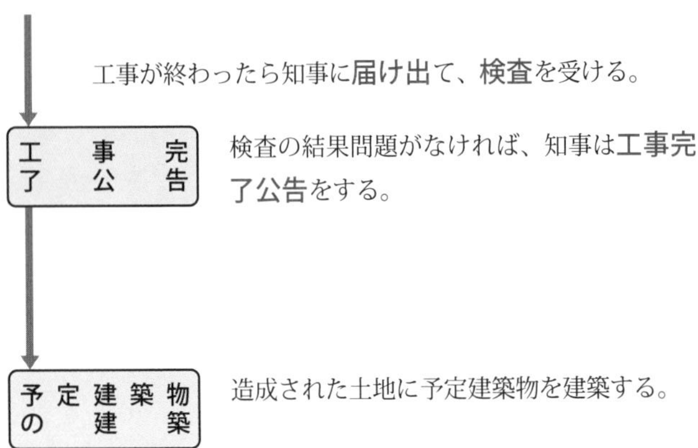

注1　開発行為の許可または不許可（➡253頁 不許可の場合 で勉強済）の処分もしくは不作為（処分がなされないこと）に不服がある場合は、開発審査会に審査請求できる。不作為についての審査請求は、開発審査会に代えて、知事にも審査請求できる。

注2　開発許可処分の取消しの訴えは、審査請求を経ずに提起できる。

4．計画変更等の手続き

こういう場合には		こうする
1 計画を変更するには	**通常**の変更なら	知事の「**許可**」が必要
	軽微な変更なら	遅滞なく知事に「**届け出**」ればOK
2 開発行為を**廃止**したら（やめたら）		遅滞なく知事に「**届け出**」ればOK
3 開発許可を受けた立場を**譲渡**するには（開発許可を受けたAが、その土地をBに売ると、）		知事の「**承認**」が必要 注！（Bは、知事の承認を受ければ開発行為をやってよい。）
4 一般承継（**相続**・合併）なら、（開発許可を受けたAが死亡し、子Bがその土地を相続すると、）		一切手続き**不要**（Bは、当然にAの地位を引き継ぐから、何の手続きもせずに、開発行為をやってよい。）

注！　ＡがＢに土地を売ること自体は、勝手にできる。知事の承認が必要なのは「開発許可を受けた立場」（開発行為ができるという地位）の譲渡だ。

5．公共施設について

開発行為前は？

開発許可を申請する者は、事前に

1　開発行為に関係のある、今ある公共施設の管理者（市町村等）と「**協議**」して「**同意**」を得、かつ、

2　開発行為によって、これから設置する予定の公共施設の管理者（原則として市町村）と「**協議**」しなければならない。

開発行為後は？

工事完了公告の翌日から、

1 開発行為によって設置された公共施設は原則として市町村が「**管理**」し、

2 開発行為によって設置された公共施設の敷地の所有権は、原則として市町村に「**帰属**」する。

（つまり、開発行為を行った者は、自分の土地に作った道路の用地を市町村に取り上げられるわけだ。もちろん、補償金はもらえる。）

6．建築の制限

開発許可は乱開発を防ぐ制度。そこで、開発区域（開発許可を得て開発行為を行う場所）内には原則として勝手に建物を建てられない。さらに、開発区域外の土地にも、建築の制限がある。それをまとめたのが、右の表だ。この表は死ぬほど難解で誰もが苦しむ。しかしよく出る（特にD欄）。なんとしても丸暗記して頂きたい。ガンバレ！

絶対暗記!

<table>
<tr><th colspan="2"></th><th>市街化調整区域以外</th><th>市街化調整区域</th></tr>
<tr><td rowspan="2">開発区域内</td><td>工事完了公告前
（造成工事中）</td><td colspan="2">A
原則として×
（例外として○なのは、
1 知事が支障がないと認めた場合
2 工事用仮設建築物
3 開発行為に同意していない土地所有者等が建築する場合）</td></tr>
<tr><td>工事完了公告後</td><td colspan="2">B
原則として予定築物以外は×
（例外として○なのは、
1 知事の許可がある場合
2 用途地域が定められている場合は、用途規制に反しない限り、予定建築物以外も○）</td></tr>
<tr><td colspan="2">開発区域外</td><td>C
用途地域が定められている場合は、用途規制に反しない限り
○</td><td>D（タダの市街化調整区域の話）
原則として　×
（例外として○なのは、
1 知事の許可がある場合　注!
2 農林漁業用建築物
（サイロ、温室等の他、農林漁業者の住宅も含む）
3 世の中のためグループ
㋐図書館、公民館、仮設建築物、鉄道施設、変電所等
㋑非常災害の応急措置、都市計画事業等として行う場合）
注! お上（国、都道府県等）が行う場合は、お上と知事の協議が成立すれば知事の許可があったものとみなされる。</td></tr>
</table>

○：建築物の建築・改築・用途変更、特定工作物の建設を、やってよい。
×：建築物の建築・改築・用途変更、特定工作物の建設を、やってはいけない。

第2章 建築基準法

1 集団規定と単体規定

1 集団規定 ➔ 両区域内（都市計画区域内と準都市計画区域内）だけに適用される。
例 用途規制など
2 単体規定 ➔ 全国に適用される。

注！ 建築した当時は建築基準法の規定に適合していたが、その後、法改正があり、改正後の法の規定には適合していない建築物のことを既存不適格建築物という。既存不適格建築物には建築基準法は適用されない（つまり、違反建築物にならない）。

2 建築主事と特定行政庁

（1）建築主事

建築確認を行うエリート地方公務員。

（2）特定行政庁

市町村長または都道府県知事のことだ。どう区別するかというと、

建築主事を置いている市町村では
➔ 市町村長が特定行政庁
建築主事を置いていない市町村では
➔ 都道府県知事が特定行政庁

第1節　用途規制（ようときせい）

用途規制とは、どの用途地域には、どんな建物を建ててよいかという規制だ。ここはもう一切理屈抜き。次の表を丸暗記した方の勝ちなのだ。それで、１点取れる！

表の見方にはコツがある。

コツ1　×は必ず、端（1か8）から来る。×を○がはさむことは絶対にない。だから、２段目の「図書館等は８時に閉まる」のゴロ合せに、「７時かも知れないし、６時かも知れないじゃないか。ゴロ合せになってないぞ。」と文句を言ってはダメ。なぜなら、7だけ×とか、6だけ×ということは、あり得ないからだ。

コツ2　病院と診療所はどう違うのか、というような具体的な内容にこだわるべからず（得点に無関係）！　ひたすら丸暗記につとめるべし。

注！　建物の敷地が２つの用途地域にまたがっている場合、過**半を占める**地域の規制が敷地全体に適用される。

<table>
<tr><td rowspan="3">絶対暗記!
建物の種類
○ ➔ 自由に建ててよい。
× ➔ 特定行政庁の許可がない限り、建てられない。</td><td colspan="3">1 注2</td><td colspan="2">2</td><td colspan="3">3</td></tr>
<tr><td>1-1</td><td>1-2</td><td>1-3</td><td>2-1</td><td>2-2</td><td>3-1</td><td>3-2</td><td>3-3</td></tr>
<tr><td>第一種低層住居専用地域</td><td>第二種低層住居専用地域</td><td>田園住居地域</td><td>第一種中高層住居専用地域</td><td>第二種中高層住居専用地域</td><td>第一種住居地域</td><td>第二種住居地域</td><td>準住居地域</td></tr>
<tr><td>宗教関係(神社・寺院・教会)、公衆浴場、診療所、交番、保育所、幼保連携型認定こども園</td><td colspan="3">○</td><td colspan="2">○</td><td colspan="3">○</td></tr>
<tr><td>住宅(共同住宅、下宿、老人ホーム、店舗付住宅、事務所付住宅を含む)
図　書　館</td><td colspan="3">○</td><td colspan="2">○</td><td colspan="3">○</td></tr>
<tr><td>幼稚園、小学校、中学校、高校</td><td colspan="3">○</td><td colspan="2">○</td><td colspan="3">○</td></tr>
<tr><td>大学、高等専門学校等、病院</td><td colspan="3">×</td><td colspan="2">○</td><td colspan="3">○</td></tr>
<tr><td>小規模(150㎡以下)の飲食店・店舗</td><td>×</td><td>○</td><td>○</td><td>○</td><td>○</td><td colspan="3" rowspan="3">○</td></tr>
<tr><td>中規模(500㎡以下)の飲食店・店舗</td><td>×</td><td>×</td><td>×</td><td>○</td><td>○</td></tr>
<tr><td>大規模(500㎡超)の飲食店・店舗 注1</td><td>×</td><td>×</td><td>×</td><td>×</td><td>○</td></tr>
<tr><td>小規模車庫(２階以下かつ 300㎡以下)</td><td colspan="3">×</td><td colspan="2">○</td><td colspan="3">○</td></tr>
<tr><td>大規模車庫(３階以上または 300㎡超)、営業用倉庫</td><td colspan="3">×</td><td colspan="2">×</td><td colspan="2">×</td><td>○</td></tr>
<tr><td>自動車教習所</td><td colspan="3">×</td><td colspan="2">×</td><td colspan="3">○</td></tr>
<tr><td>ホテル、旅館</td><td colspan="3">×</td><td colspan="2">×</td><td colspan="3">○</td></tr>
<tr><td>ボーリング場、スケート場、プール</td><td colspan="3">×</td><td colspan="2">×</td><td colspan="3">○</td></tr>
<tr><td>カラオケボックス、ダンスホール</td><td colspan="3">×</td><td colspan="2">×</td><td>×</td><td>○</td><td>○</td></tr>
<tr><td>マージャン屋、パチンコ屋、勝馬投票券発売所、射的場</td><td colspan="3">×</td><td colspan="2">×</td><td>×</td><td>○</td><td>○</td></tr>
<tr><td>小規模(200㎡未満)の劇場・映画館、ナイトクラブ</td><td colspan="3">×</td><td colspan="2">×</td><td colspan="2">×</td><td>○</td></tr>
<tr><td>大規模(200㎡以上)の劇場・映画館、ナイトクラブ</td><td colspan="3">×</td><td colspan="2">×</td><td colspan="3">×</td></tr>
<tr><td>キャバレー、料理店</td><td colspan="3">×</td><td colspan="2">×</td><td colspan="3">×</td></tr>
<tr><td>個室付浴場</td><td colspan="3">×</td><td colspan="2">×</td><td colspan="3">×</td></tr>
<tr><td>小規模(150㎡以下)の自動車修理工場、倉庫業倉庫</td><td colspan="3">×</td><td colspan="2">×</td><td colspan="2">×</td><td>○</td></tr>
<tr><td>中規模(300㎡以下)の自動車修理工場、新聞印刷所</td><td colspan="3">×</td><td colspan="2">×</td><td colspan="3">×</td></tr>
<tr><td>大規模(300㎡超)の自動車修理工場、150㎡超の工場</td><td colspan="3">×</td><td colspan="2">×</td><td colspan="3">×</td></tr>
<tr><td>危険性が大きいか、著しく環境を悪化させるおそれがある工場</td><td colspan="3">×</td><td colspan="2">×</td><td colspan="3">×</td></tr>
</table>

注！ 特定大規模建築物(10,000㎡超)の飲食店・店舗は、4 5 6だけ○。
(楽勝ゴロ合せ　特定のヨ(4)ゴ(5)れはムシ(6))

4 近隣商業地域	5 商業地域	6 準工業地域	7 工業地域	8 工業専用地域	楽勝ゴロ合せ
○	○	○	○	○	（人がいる限り必要な建物はどこでもOK）
○	○	○	○	×	**週8日働かないと家は買えない** **図書館は8時に閉まる**（[8]だけ×）
○	○	○	×	×	**ハ[8]ナ[7]子は小学生**（[7][8]だけ×）
○	○	○	×	×	**イ[1]ヤ[8]ナ[7]大学病院**（[1][7][8]だけ×）
○	○	○	○	×	**飲食店では、まず「ビ――ル」**（頭と尻が×） **小・中・大で、い[1]ってみ[3]よ[4]う**（小規模は頭の1つが×、中規模は頭の3つが×、大規模は頭の4つが×）
○	○	○	○	○	**小さな車庫でも1人前**（[1]だけ×）
○	○	○	○	○	**大きな車庫を見[3−2]においで**（[3]－2までが×）
○	○	○	○	○	**2人で通った教習所**（[1][2]だけ×）
○	○	○	×	×	**ホテルでダブルデート**（両端が2つずつ×）
○	○	○	○	×	**ボーリングもスケートも、もうイ[1]ヤ[8]ニ[2]なった**（[1][2][8]だけが×）
○	○	○	○	○	**ミー[3−1]は、カラオケ好きザンス**（[3]－1までが×）
○	○	○	○	×	**ヤ[8]ミイチ[3−1]で賭け事**（[3]－1までと[8]が×）
○	○	○	×	×	**ミニ[3−2]シアターがナ[7]ヤ[8]みのタネ**（[3]－2までと[7][8]が×）
○	○	○	×	×	**大きなシアターは無[6]事[4]故[5]で営業**（[4][5][6]だけ○）
×	○	○	×	×	**こういう場所は、ゴ[5]ロ[6]ツキの巣**（[5][6]だけ○）
×	○	×	×	×	**ソープはゴ[5]メン**（[5]だけ○）
○	○	○	○	○	**小規模工場ミニ[3−2]工場**（[3]－2までが×）
○	○	○	○	○	**中規模工場ミミ[3−3]ッちい**（[3]－3までが×）
×	×	○	○	○	**ム[6]ヤ[8]みに建てるな大工場**（[6]~[8]だけ○）
×	×	×	○	○	**危険が大きいヤ[8]ナ[7]工場**（[7][8]だけ○）

注2　田園住居地域では、農業系の建物（①農産物の生産・集荷・処理・貯蔵のための建物、②農業の生産資材の貯蔵のための建物、③2階以下かつ500㎡以下の農産物の販売店舗等）を自由に建ててよい。

第2節　道路規制

1．道路とは何か？

（1）幅４m以上（特定行政庁が指定する区域では６m以上）の道（地下道は除く）のうち、

[1] 都市計画法や道路法等による道路（計画中のものも、特定行政庁の指定を受ければ道路とみなされる）。

[2] 私道で、特定行政庁の位置指定を受けたもの。

[3] 両区域（都市計画区域と準都市計画区域）の指定の際に、両区域内に現存する道。

（2）幅４m未満の道のうち、

両区域指定の際に、すでに建物が建ち並んでいて、かつ、特定行政庁から指定を受けたもの（なお、特定行政庁が幅員１．８m未満の道を指定する場合は、建築審査会の同意が必要）。

注！ ただし、この場合には、道路の中心線から両側に２m後退した線（道路の片側に川や崖があれば反対側に４m後退した線）を道路の境界とみなし、その内側には建物は建てられない。将来の拡幅に備えるためだ。

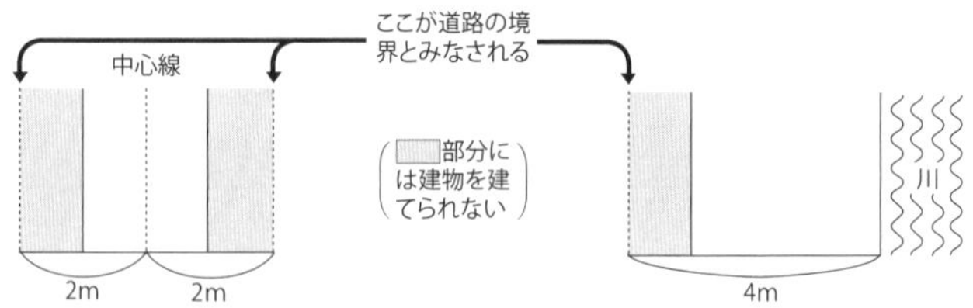

2. 接道義務

（1）原　　則

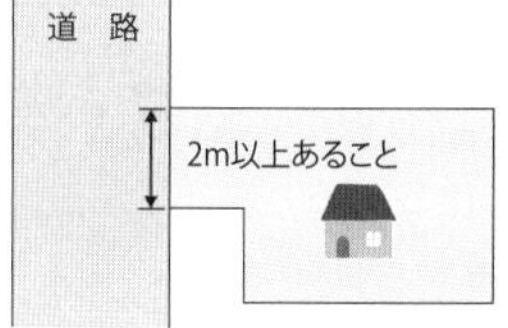

建物を建てるには、敷地が道路（自動車専用道路は除く）に、**２m**以上接していなければダメ。

（2）例　　外

ただし、1 ４m以上の道（※道路ではない）に２m以上接する建物で、利用者が少数であるとして、**特定行政庁**が交通上、安全上、防火上及び衛生上支障がないと**認める**もの、2 敷地の周囲に広い空地を有する建物で、**特定行政庁**が交通上、安全上、防火上及び衛生上支障がないと認めて**建築審査会の同意**を得て**許可**したものについては、道路に２m以上接していなくてもよい。

注！　1の方は建築審査会の同意は不要。

（3）条例で何ができるか？

地方公共団体は、一定の建築物（特殊建築物や延べ面積が 1,000㎡超の建築物等）について、条例で、接道義務を「付加（ふか）」（２mより厳しくすること）できる。しかし、「緩和（かんわ）」（２mより甘くすること）はできない。

㊑条例で接道義務を
- ３m以上とすること（**付加**）➔ **OK**
- １m以上とすること（**緩和**）➔ **ダメ**

3. そ　の　他

1　特定行政庁は、私道の変更・廃止を禁止・制限できる。

2　道路（自動車専用道路も含む）内には、**原則**として、建物を建ててはならない（**例外** 地盤面下に設ける建築物や**特定行政庁**が建築審査会の同意を得て**許可**した交番等は別）。

第3編　法令上の制限　第二章　建築基準法

第3節　防火地域・準防火地域

1．防火地域・準防火地域とは？

どちらも都市計画区域内に指定される（準都市計画区域内には指定できない）。

防火地域では

延面積／階数（地階含む）	100㎡以下	100㎡超
3階以上	①	
2階以下	①か②	

①→耐火建築物等、②→準耐火建築物等

表の見方

①➔①耐火建築物等にしなければならない。

①か②➔①耐火建築物等か②準耐火建築物等にしなければならない。

①か②か③➔①耐火建築物等か②準耐火建築物等か③一定の技術的基準に適合する建築物にしなければならない。

準防火地域では

延面積／階数（地階除く）	500㎡以下	500㎡超〜1,500㎡以下	1,500㎡超
4階以上	①		
3階	①か②		
2階以下	①か②か③		

①→耐火建築物等、②→準耐火建築物等、③→一定の技術的基準に適合する建築物

キーワード

耐火建築物等………耐火建築物または耐火建築物と同等以上の延焼防止性能を有する建築物のこと（燃えにくい建物）。

準耐火建築物等……準耐火建築物または準耐火建築物と同等以上の延焼防止性能を有する建築物のこと（そこそこ燃えにくい建物）。

2.　２つの地域にまたがる建物の扱いは？

建物が、下の図のように２つの地域にまたがって建っている場合、どういう扱いを受けるのか？　答えは、原則として、２つのうちの「**厳しい方**」の規制が建物全体に適用される。

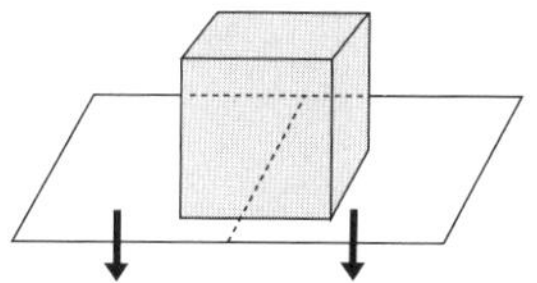

- パターン1：防火地域 対 準防火地域 なら⇨防火地域の規制を適用
- パターン2：防火地域 対 無指定地域 なら⇨防火地域の規制を適用
- パターン3：準防火地域 対 無指定地域 なら⇨準防火地域の規制を適用

3．そ　の　他

4つの規制と適用地域

	防火地域	準防火地域
1 屋上にある看板・広告塔等や高さ３ｍを超える看板・広告塔等には、不燃材料を用いなければならない。	○	×
2 建築物に附属する高さ２ｍを超える門や塀は延焼防止上支障のない構造にしなければならない。	○	△（注！）
3 建物の屋根は、火の粉による火災を防止するため、一定の技術的基準に適合するものにしなければならない。	○	
4 外壁が耐火構造の建物は、外壁を隣地境界線に接して建ててよい。	○	

○➔適用あり
△➔一部適用あり
×➔適用なし

注！　準防火地域では、木造建築物等に附属する高さ２ｍを超える門や塀について、適用がある（延焼防止上支障のない構造にしなければならない）。

第4節　建蔽率

1．建蔽率とは？

建蔽率$\frac{4}{10}$というのは、100㎡の敷地に、建て坪が最高で40㎡の建物まで建てられるという意味だ。

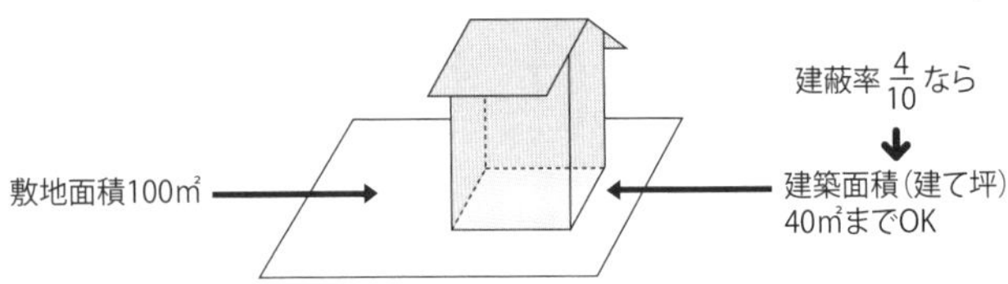

2．暗記数値

建蔽率は、用途地域によって異なる。それをまとめたのが、次の表だ。

豆知識 右の表が原則だが、壁面線の指定や**壁面の位置の制限**（➡ 247頁②）がある場合には、それだけで十分だから、**特定行政庁の許可**を得て右の表の建蔽率を緩和してもらう（もっと大きな数値にしてもらう）ことができる。

<table>
<tr><th></th><th></th><th>原　則</th><th>例外①</th><th colspan="2">例外②</th><th>例外①
例外②</th></tr>
<tr><td></td><td></td><td>下の範囲の中から都市計画で具体的な数値を指定する（指定建蔽率）</td><td>その土地が、特定行政庁の指定する角地の場合</td><td>その土地が、防火地域内にあり、耐火建築物等を建てる場合</td><td>その土地が、準防火地域内にあり、耐火建築物等・準耐火建築物等を建てる場合</td><td>例外①と例外②の両方の要件を満たす場合</td></tr>
<tr><td>1</td><td>第一種低層住居専用地域
第二種低層住居専用地域
田園住居地域</td><td rowspan="3">$\frac{3\cdot4\cdot5\cdot6}{10}$
「イヤニ
1 8 2
なった三郎」
3〜6</td><td rowspan="9">$+\frac{1}{10}$</td><td rowspan="4"></td><td rowspan="9">$+\frac{1}{10}$</td><td rowspan="9">$+\frac{2}{10}$</td></tr>
<tr><td>2</td><td>第一種中高層住居専用地域
第二種中高層住居専用地域</td></tr>
<tr><td>8</td><td>工業専用地域</td></tr>
<tr><td>7</td><td>工業地域</td><td>$\frac{5\cdot6}{10}$
「泣く子も黙る
7
ゴロツキ」
5・6</td></tr>
<tr><td>3</td><td>第一種住居地域
第二種住居地域
準住居地域</td><td rowspan="2">$\frac{5\cdot6\cdot8}{10}$</td><td rowspan="4">$+\frac{1}{10}$
ただし、$\frac{8}{10}$は$\frac{10}{10}$（無制限）になる
「やっぱり
$\frac{8}{10}$
耐火は
耐火建築物等
無制限」
$\frac{10}{10}$</td></tr>
<tr><td>6</td><td>準工業地域</td></tr>
<tr><td>4</td><td>近隣商業地域</td><td>$\frac{6\cdot8}{10}$</td></tr>
<tr><td>5</td><td>商業地域</td><td>$\frac{8}{10}$</td></tr>
<tr><td colspan="2">用途地域外
（ただし、両区域内）</td><td>$\frac{3\cdot4\cdot5\cdot6\cdot7}{10}$
の中から特定行政庁が決める
「よそでみんなが
用外　3〜7
泣いている」</td><td></td></tr>
<tr><td colspan="2">両区域外</td><td colspan="5">原　則　無制限$\left(\frac{10}{10}\right)$
例　外　条例で制限できる場合がある</td></tr>
</table>

3.　２つの用途地域にまたがっている土地の場合

200㎡

近隣商業地域	準住居地域
建蔽率 $\frac{8}{10}$	建蔽率 $\frac{6}{10}$
120㎡	80㎡

計算１　この土地には、建て坪何㎡の建物まで建てられるか？

$$(120㎡ \times \frac{8}{10}) + (80㎡ \times \frac{6}{10}) = \boxed{144㎡}$$

計算２　この土地の建蔽率は？

$$\frac{\boxed{144}\text{（計算１の結果）}}{120+80} = \frac{144}{200} = \boxed{\frac{72}{100}}$$

4．建蔽率が適用されない建物

次の建物には、建蔽率の適用がない（無制限に建てられる）。

1. 公衆便所、交番、公共用歩廊（アーケードのこと）等
2. 公園内等の建物で安全等に問題がないとして**特定行政庁が許可**した場合
3. 特定行政庁から建築許可を受けた仮設建築物

第５節　容　積　率

1．容積率とは？

容積率とは、「建築物の延べ床面積（各階の床面積の合計）の敷地面積に対する割合」のことだ。定義はムリに覚えなくていいから、意味を理解すること。

たとえば、容積率$\frac{20}{10}$というのは、100㎡の敷地に、延べ床面積が最高で200㎡の建物まで建てられるという意味だ。

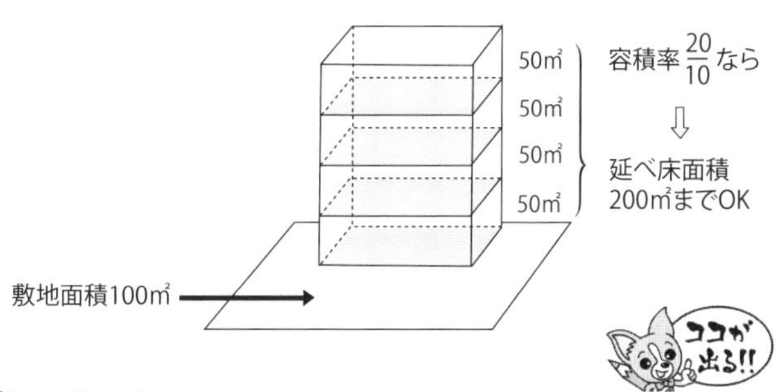

ノーカウント　[1]エレベーターの昇降路（シャフト）の部分と、[2]共同住宅や老人ホーム等の共用の廊下・階段等の部分と、[3]住宅や老人ホーム等の機械室その他これに類する建築物（一定の給湯設備）の部分で特定行政庁が認めるものについてはノーカウントだ。つまり、容積率の計算には算入しないということ。[4]住宅用の地下室は住宅用の地上部分との合計面積の$\frac{1}{3}$までは、ノーカウント。また、老人ホーム等の地下室も老人ホーム等の地上部分との合計面積の$\frac{1}{3}$まではノーカウントだ。

2．暗記数値

容積率も、用途地域によって異なる。それをまとめたのが次の表だ。

<table>
<tr><td colspan="3" rowspan="3"></td><td colspan="2">ⒶとⒷの小さい方がその土地の容積率</td></tr>
<tr><td>Ⓐ</td><td>Ⓑ</td></tr>
<tr><td>下の範囲の中から都市計画で具体的な数値を指定する（指定容積率）。</td><td>前面道路（角地なら広い方の道）の幅が 12m 未満の場合、道幅のメートル数に下の数値を掛けて容積率を算出する。</td></tr>
<tr><td rowspan="3">住居系用途地域（す）</td><td>1</td><td>第一種低層住居専用地域
第二種低層住居専用地域
田園住居地域</td><td>$\frac{5\sim20}{10}$</td><td rowspan="3">道幅(m)× 0.4（し）</td></tr>
<tr><td>2</td><td>第一種中高層住居専用地域
第二種中高層住居専用地域</td><td>$\frac{10\sim50}{10}$</td></tr>
<tr><td>3</td><td>第一種住居地域
第二種住居地域
準住居地域</td><td>〃</td></tr>
<tr><td rowspan="6">その他（た）</td><td>4</td><td>近隣商業地域</td><td>〃</td><td rowspan="6">道幅(m)× 0.6（ろう）</td></tr>
<tr><td>6</td><td>準工業地域</td><td>〃</td></tr>
<tr><td>7</td><td>工業地域</td><td>$\frac{10\sim40}{10}$</td></tr>
<tr><td>8</td><td>工業専用地域</td><td>〃</td></tr>
<tr><td>5</td><td>商業地域</td><td>$\frac{20\sim130}{10}$</td></tr>
<tr><td colspan="2">用（よ）途地域外（そ）
（ただし、両区域内）</td><td>$\frac{5\sim40}{10}$ の中から特定行政庁が決める</td></tr>
<tr><td colspan="3">両区域外</td><td colspan="2">原則　無制限
例外　条例で制限できる場合がある。</td></tr>
</table>

受験テクニック2 ➔ Ⓐの数値はそこそこに

建蔽率と違って、Ⓐの指定容積率は、原則として問題文中に示されることになっているから、ムリに全部覚える必要はない。

ただ、上限の数値だけは、出題される可能性がないこともないので、なるべく覚えてほしい。

前面道路の幅が８ｍで、Ⓐの指定容積率が$\frac{40}{10}$の土地がある。

この土地が、**（１）準住居地域内の場合**と、**（２）近隣商業地域内の場合**の、容積率を求めてみよう。

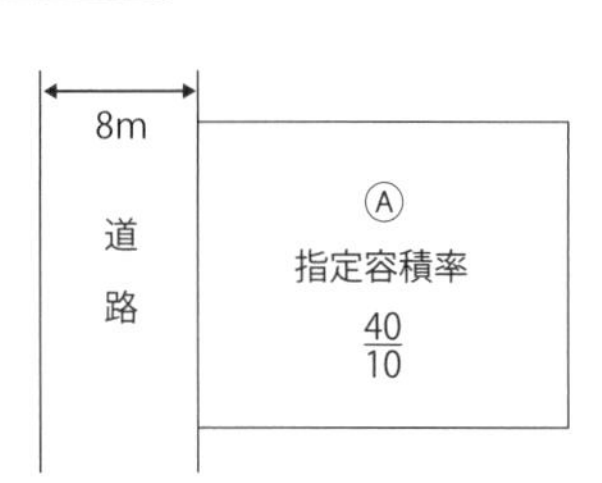

（１）この土地が準住居地域内の土地の場合

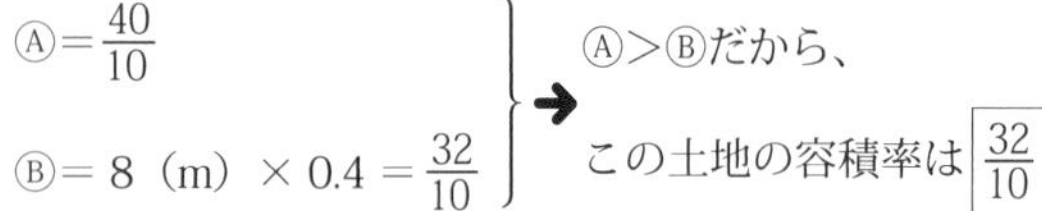

Ⓐ＝$\frac{40}{10}$

Ⓑ＝８（m）×0.4＝$\frac{32}{10}$

→ Ⓐ＞Ⓑだから、この土地の容積率は$\frac{32}{10}$

（２）この土地が近隣商業地域内の土地の場合

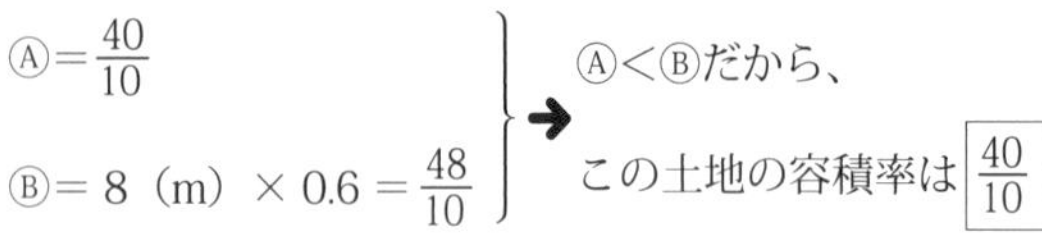

Ⓐ＝$\frac{40}{10}$

Ⓑ＝８（m）×0.6＝$\frac{48}{10}$

→ Ⓐ＜Ⓑだから、この土地の容積率は$\frac{40}{10}$

３．２つの用途地域にまたがっている土地の場合

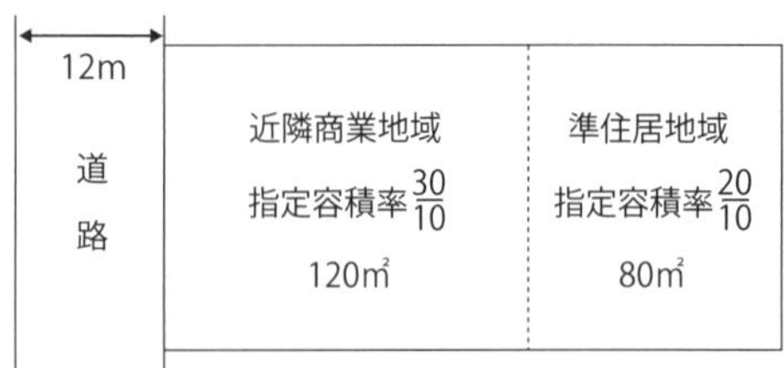

計　算　1　この土地には、延べ床面積何㎡の建物まで建てられるか？
前面道路の幅が 12m 未満ではないから、Ⓑは考えなくていい。Ⓐの指定容積率で計算する。

$$\left(120\text{m}^2 \times \frac{30}{10}\right) + \left(80\text{m}^2 \times \frac{20}{10}\right) = \boxed{520\text{m}^2}$$

計　算　2　この土地の容積率は？
容積率は、建築物の「延べ床面積／敷地面積」（➡ 269 頁）なのだから、

$$\frac{\boxed{520}\ (\text{計算1の結果})}{120+80} = \frac{520}{200} = \boxed{\frac{26}{10}}$$

4．容積率の緩和

敷地内か敷地の周囲に**空地**がある場合には、**特定行政庁の許可**を得て容積率を緩和してもらう（もっと大きな数値にしてもらう）ことができる。

注！　特定行政庁は、建築審査会の同意を得て許可をする。

5．特例容積率適用地区

容積率に未利用の（遊んでる）部分があるともったいない。そこで容積率のトレード（やり取り）を認めちゃおう、という制度がこれ。たとえば容積率 $\frac{50}{10}$ の場所で、Aの 100㎡の土地が $\frac{30}{10}$ しか容積率を使ってない（延べ床面積 300㎡の建物しか建ってない）なら、使ってない $\frac{20}{10}$ を別のBの 100㎡の土地に譲渡してBの土地の容積率を $\frac{70}{10}$ にする（700㎡まで OK にする）ことができる。こうやって新しく作られた容積率を「特例容積率」という。ただし勝手にはできない。やっかいな条件あり。

1　これをやるための特例容積率適用地区を定めることができるのは、「第一種・第二種**低層住**居**専**用地域と**田園住居**地域と**工業専用**地域」**以外の**用途地域内だけ。

2　特例容積率（上の$\frac{30}{10}$と$\frac{70}{10}$）は地権者（ＡとＢ）の申請によって**特定行政庁**が指定する（公告によって効力を生ずる）。

3　利害関係者（Ａの土地の抵当権者Ｃのような地価が下がると損する人）の事前**同意**が必要。

4　容積率をダウンする土地（Ａの土地）の容積率は、現在**建っているか建築中**の建物の容積率（上の例なら$\frac{30}{10}$）より下げられない。

5　容積率をアップする土地（Ｂの土地）については、アップしても**交**通・**安**全・**防**火・**衛**生上の支障がないことが必要であり、建物の高さの最**高**限度を定めることもできる。

6．受験生の盲点

	建蔽率	容積率
1 **壁面の位置の制限**等がある場合の緩和	○	×
2 **角地**の場合の緩和（＋$\frac{1}{10}$）	○	×
3 **防火**地域内の**耐火**建築物等、**準防火**地域内の**耐火**建築物等・**準耐火**建築物等の場合の緩和（＋$\frac{1}{10}$）	○	×
4 前面**道路の幅**による制限（×0.4と×0.6）	×	○
5 敷地内か敷地の周囲に**空地**がある場合の緩和	×	○
6 **未利用**部分のトレード	×	○

第6節　高さ制限

1．第一種・第二種低層住居専用地域、田園住居地域

原　則　第一種・第二種低層住居専用地域、田園住居地域内では、建物の高さは、10 mまたは 12m（どちらにするかは都市計画で定める）を超えてはダメ。

例　外　特定行政庁が建築審査会の同意を得て許可した場合等は別。

注！　ちなみに、第一種・第二種低層住居専用地域、田園住居地域内では、都市計画において外壁の後退距離を 1.5m または 1 m と定めることができる。

2．日影規制

（１）どこにある、どんな規模の建物が日影規制の対象になるのか？

〈場　　所〉	〈規　　模〉
この５つの用途地域の中に、地方公共団体が「条例」で対象区域を指定する	これより小さな建物は対象外
[1] 第一種低層住居専用地域 第二種低層住居専用地域 田園住居地域	①軒の高さが **7m** を超えるか、 または、 ②地階を除いて **3 階** 以上の建物
[2] 第一種中高層住居専用地域 第二種中高層住居専用地域	高さが **10m**を超える建物
[3] 第一種住居地域 第二種住居地域 準住居地域	
[4] 近隣商業地域	
[6] 準工業地域	
用途地域外（ただし、両区域内）	上のどっちの建物（「7m・3階」か「10m」か）を対象とするかを、地方公共団体が「条例」で指定する

名 → 7 工業地域
古 → 5 商業地域
屋 → 8 工業専用地域
日影でかまわない → 日影規制なし
（7 5 8 以外が対象になると覚える）

名古屋の皆さま誠に申し訳ございません

7	+	3	=	10
軒高 7m 超		3 階以上		10m 超

このような場所にある、このような規模の建物が、日影規制の対象となる。それ以外の建物は、原則として、日影規制の対象とならない。しかし、**例　外**が２つある。それは、

（2）　例外①

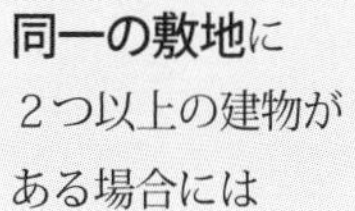

それらを１つの建物とみなして日影規制が適用される。

具　体　例

準住居地域内の９ｍの建物には、本来なら日影規制は適用されない。しかし、同一敷地内に10m を超える建物がある場合には、両方合わせて１つの建物とみなされ、９ｍの建物の方も、日影規制の適用を受けることになる。

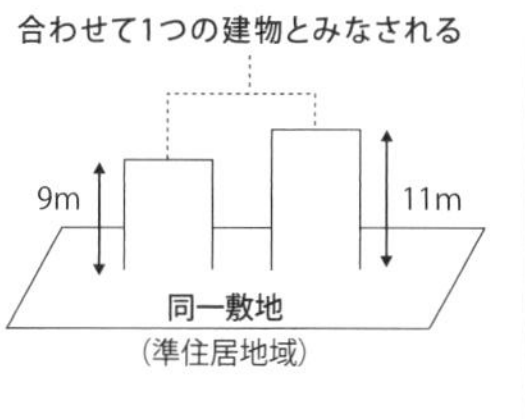

(3)　例外②

対象区域外の建物でも、
1 高さが **10m** を超えていて、
2 冬至の日に対象区域内に日影を生じさせる建物は、

対象区域内の建物とみなして日影規制が適用される。

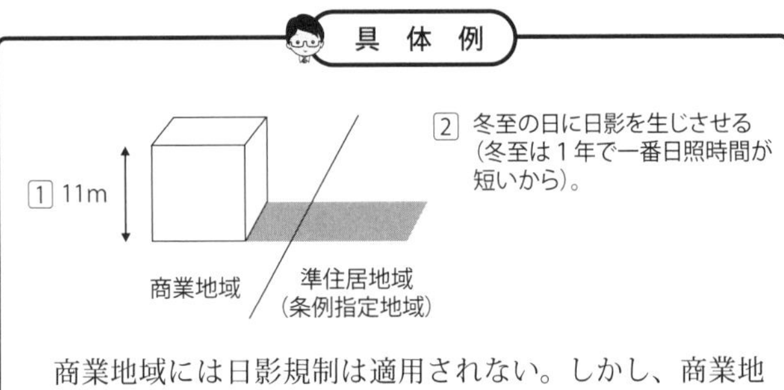

商業地域には日影規制は適用されない。しかし、商業地域の建物でも、上図のような場合には、準住居地域にある建物とみなされ、日影規制が適用される。

3．斜線制限

地面から一定の基準で斜線を引き、建物は、その斜線の中におさまるように建てなければならないという制限だ。

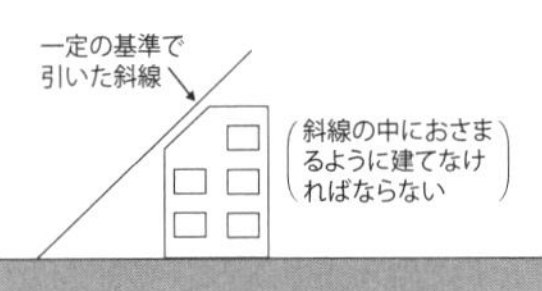

日照や通風等を確保するための制限だ。３種類がある。

1 **北側**斜線制限（北側の土地の日照・通風を確保するための制限）
2 **隣地**斜線制限（隣の土地の日照・通風を確保するための制限）
3 **道路**斜線制限（道路の日照・通風を確保するための制限）

3つの斜線制限は、どこに適用されるか？

北海道ではなく北隣道(ほくりんどう)と、まず頭文字を覚えるのがコツ ↓	1 第一種低層住居専用地域 第二種低層住居専用地域 田園住居地域	2 第一種中高層住居専用地域 第二種中高層住居専用地域	その他（3～8）の用途地域および用途地域の指定のない両区域
北側斜線制限	○	○（日影規制の対象区域には適用なし）	×
隣地斜線制限	×	○	○
道路斜線制限	○	○	○

受験テクニック

北側斜線制限が適用さ**れる**のは 1（低層住専・田園住居）と 2（中高層住専）の 2つだけ
隣地斜線制限が適用さ**れない**のは 1（低層住専・田園住居）の 1つだけ
道路斜線制限が適用さ**れない**のはゼロ
と覚える。

北(ほく)・隣(りん)・道(どう)は、2(に)・1(いち)・0(ゼロ)

注！　日本語として意味をなさないから、本来はゴロ合せと呼べない。しかし、これさえ覚えれば、上の表を頭の中に再現できるのだ。

第7節　単体規定

（1）高さ20m超えたら避雷設備

高さが20mを超える建物には、原則として、避雷設備（避雷針）をつけなければならない。

（2）木造等で3,000㎡を超えると……

延べ床面積が3,000㎡を超える建物の一定の主要構造部に木材やプラスチック等を用いる場合、一定の基準に適合するものとしなければならない。

（3）高さ31m超えたらエレベーター

高さが31mを超える建物には、原則として、非常用のエレベーター（試験では「非常用昇降機」と表現される）をつけなければならない。

以上3つの

ニ ヒ ル なキ ミ とミーは
（ニ ヒ：20m　避雷設備／キ：木造　ミ：3,000㎡／ミー：31m）

エレベーターに乗りたいザンス
（エレベーター：そのまんま）

（4）居室の天井の高さ

居室の天井の高さは、2.1m以上でなければならない。なお、一室で天井の高さの異なる部分がある場合は、その平均の高さが2.1m以上であればよい。

（5）衛生注意

建築物は、石綿（アスベスト）等の建築材料からの飛散または発散による衛生上の支障がないよう、次の基準を守る必要がある。

1　建築材料に石綿等を添加してはダメ。

2　石綿等をあらかじめ添加した建築材料を使用してはダメ（大臣が定めたもの等を除く）。

注！　居室がある建築物の場合は、1 2のほか、石綿等以外の物質で居室内に衛生上の支障を生ずるおそれがあるものとして政令で定める物質（クロルピリホスとホルムアルデヒドのこと）の区分に応じ、建築材料と換気設備について一定の基準に適合しなければダメ。

また、住居の居室・学校の教室・病院の病室等を地階に設ける場合には、壁や床の防湿等について衛生上一定の基準に適合しなければダメ。

（6）建物の各スペースは、1,000㎡以下にしなければならない

耐火・準耐火建築物等以外の建物で、延べ床面積が 1,000㎡を超える場合は、原則として、内部を防火壁または防火床で区切り、各スペースを 1,000㎡以下にしなければならない。

（7）採光や換気のために窓等が必要

1　住宅の居室には、原則として、採光のために窓等の開口部を床面積の$\frac{1}{7}$以上設けなければならない。

2　学校の教室、病院の病室等には、原則として、採光のために窓等の開口部を床面積の一定割合（$\frac{1}{5}$～$\frac{1}{10}$）以上設けなければならない。

3　居室には、原則として、換気のために窓等の開口部を床面積の$\frac{1}{20}$以上設けなければならない。

第8節　建築確認

1．建築確認とは？

違法建築にならないように、建築前に、建築主事（または指定(してい)確認検査機関(かくにんけんさきかん)＝建築主事の代わりをする民間機関だ）のチェックを受けることだ。

絶対暗記!

<table>
<tr><th colspan="2">建築確認が必要なケース</th><th colspan="3">こういうことをするには、建築確認が必要</th></tr>
<tr><td rowspan="2">A
全国どこでも
両区域、防火・準防火地域の内外問わず、全国どこにでも適用される。</td><td>㋐200 ㎡を超える特殊建築物
特殊建築物とは、共同住宅、旅館、下宿、寄宿舎、コンビニ、バー、車庫、倉庫、飲食店、映画館、ホテル等。
受験テクニック
「もしそこで火災が起きたら多くの死傷者がでるだろう」と思われる場所は、大体含まれる。</td><td rowspan="2">1 新　築
2 10㎡を超える増改築・移転
3 大規模な修繕・模様替</td><td rowspan="2" colspan="2">4 200㎡を超える用途変更
200㎡を超える部分の用途を変更して特殊建築物にすること(例自宅→共同住宅)。なお、200㎡を超える特殊建築物を別の特殊建築物にする場合も建築確認が必要だ。建物全体の規模は問わない。200㎡を超える用途変更をするなら対象となる。ただし、特殊建築物を別の類似の特殊建築物にする場合(例旅館→ホテル)は建築確認が不要だ。</td></tr>
<tr><td>㋑大規模建築物
(1) 木造で
1 3 階以上(地階を含む)
2 または、500 ㎡超
3 または、高さ 13m 超
4 または、軒高 9m 超
(2) 木造以外で
1 2 階以上(地階を含む)
2 または、200 ㎡超</td></tr>
<tr><td colspan="2">B
両区域(都市計画区域・準都市計画区域)と準景観地区では 注意!</td><td colspan="2">A に加えて、すべての建築物(規模・用途不問)の
1 新　築
2 10㎡を超える増改築・移転
に建築確認が必要</td><td rowspan="2">2 の違いがアナ!</td></tr>
<tr><td colspan="2">C
防火・準防火地域では</td><td colspan="2">A に加えて、すべての建築物(規模・用途不問)の
1 新　築
2 増改築・移転(10 ㎡以下でも)
に建築確認が必要</td></tr>
</table>

注! 両区域については、知事が指定する区域を除く。また、準景観地区については、市町村長が指定する区域を除く。

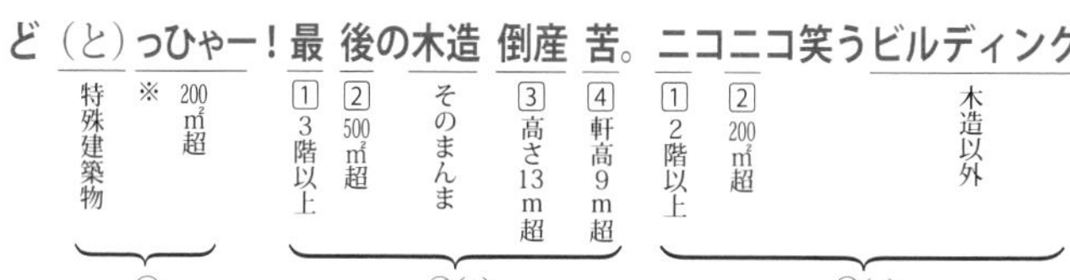

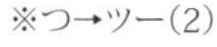

心 臓 移植で死ぬも よう

心	臓	移	植で	死ぬ	も	よう
新築	増改築	移転		修繕	模様替	用途変更
	（10㎡超）			（大規模な）		
1	2			3		4

3．そ の 他

（1）構造計算

282 頁の表の㋑の建物については、構造計算が必要。

（2）工事完了検査

建築確認を得て行った工事（㋐㋑に限らず 282 頁の表の**すべて**）が完了したら、建築主は、工事完了日から**４日**以内に届くように、建築主事に**工事完了検査**を申請しなければならない。

（3）検査済証

工事完了検査の申請を受理した建築主事は、完成した建物が適法なものかどうか検査し、検査済証を交付する。この検査済証にどんな威力があるかというと、

- 表の㋐と㋑の建物
  - **原　則**　検査済証の交付を受けなければ使用できない。
  - **例　外**
    1. **特定行政庁**が安全上等支障がないと認めた場合、または
    2. 建築主事・指定確認検査機関が安全上等支障がないものとして国土交通大臣が定める基準に適合していることを認めた場合、または
    3. 工事完了検査の申請が受理された日から**７日**を経過した場合は使用 OK
- それ以外の建物………………検査済証の交付前でも使用 OK

（4）中間検査

３階以上の共同住宅の場合は、特定の工事（床・はりに鉄筋を配置する工事）が終わったら、**中間検査**を受けなければならない。

注！　建築確認の申請書を受理した建築主事は、受理した日から、原則として、表の㋐と㋑の建物については 35 日以内に、それ以外の建物については７日以内に、確認済証を交付しなければならない。なお、建築主事は、合理的な理由があるときは、35 日の範囲内で期間を延長できる。

第9節　建築協定

住民が一致団結して「自分たちの街には、パチンコ屋を建ててはならない」というように、建物の用途等のルールを作れる。それが建築協定。

1．特定行政庁の「認可」が必要

勝手に作れない。「認可」が必要。いったん建築協定ができると、その後に、(正確には認可公告日以後に)、①土地所有権、②借地権、③建物賃借権を取得した者にも、建築協定の効力が及ぶ。

2．「条例」指定区域に限る

市町村が、「条例」で、「ここには建築協定を作ることができますよ」と指定した区域に限って、作れる。

3．「全員」の合意が必要

建築協定を締結するには、1 土地所有者と、2 借地権者の全員の合意が必要だ。ただし、借地権が設定されている土地については、**借地権者の合意だけ**あればよく、土地所有者（地主）の合意は必要ない。

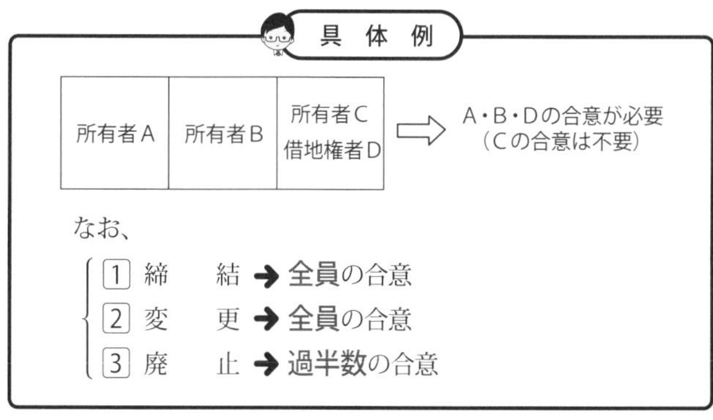

4．「一人協定」もＯＫ

所有者が一人しかいない土地にも、建築協定を作れる。それが「一人協定」。ニュータウン開発の際、分譲前（つまり全区画を不動産会社が一人で所有してる）に、パチンコ屋禁止などのルールを作っておき、環境悪化を事前に防止する場合などだ。

5．受験テクニック

「認可」「条例」「全員」「一人協定」がスラスラ出てくれば、建築協定は卒業だ。そこで、建築協定を生かすも殺すも住民の人情が決め手だ、とこじつけてゴロ合せ。

国土利用計画法

1．土地の利用目的をチェック

どうやってチェックするシステムかというと、届出制だ。

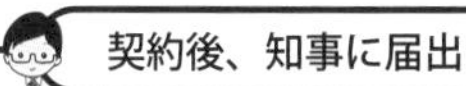

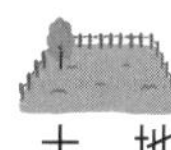

土　地

売買契約

買主

BがAから土地を買ったら、Bは２週間以内に知事に届け出なければならない。

ポイント1　Bが届け出る

➔ 届出義務があるのは、**権利取得者だけ**だ。「AB両当事者に届出義務がある」と出たら×！

ポイント2　契約後**２**週間以内に

➔ 契約前２週間以内には×だし、契約後遅滞なくも×。

ポイント3　**市町村長経由**で

➔ Bは、この土地が存在する場所の市町村長を経由して知事に届け出る。

ポイント4　誰が、いくらで、何のために

➔ Bが知事に届け出るのは、①誰が（契約の**両**当事者、つまりAとB）、②いくらで（**対価**の額）、③何のために（土地の**利用目的**）だ。

ポイント５　罰則あり

➔ 契約後２週間以内に届け出ないと、懲役または罰金だ。ただし、それでも契約は**有効**。

問題があれば勧告

知事は、問題があれば**利用目的の変更**を勧告できる。

ポイント１　契約の取消しは勧告できない

➔ 知事が勧告できるのは、利用目的の変更**だけ**。契約の取消しや対価の減額等は勧告できない。

ポイント２　勧告期限は、原則**３**週間

➔ 知事が勧告できるのは、Ｂの届出後３週間以内。ただし、この期間はもう３週間までなら**延長**できる（計６週間まで）。

ポイント３　罰則はないが制裁を加えることができる

➔ 勧告をムシしても契約は**有効**だし罰則（懲役や罰金）もないが制裁としてその旨と勧告内容を公表できる。

注！　知事は、利用目的について必要な助言ができる。この助言をムシしても契約は有効だし罰則もない。そして、その旨と助言内容が公表されることもない（勧告と違う）。

２．届出が必要なのは

日本の国土
- 都市計画区域
  - 市街化区域……………………２,000㎡以上
  - それ以外（市街化調整区域と非線引区域）……５,000㎡以上
- それ以外（都市計画区域外）…………10,000㎡以上

市街化区域　**に**　**住みたいな。**
そのまんま　2,000 ㎡

それ以外は　**ご**　**めんだよ。**
そのまんま　5,000 ㎡

もっと外なら　**と**　**んでもない。**
都市計画区域外　10 → ⑩,000 ㎡

盲点１　一団の土地（ひとまとまりの土地）を、２つに分筆して別々の人に分譲した場合には、上に示した面積以上の部分を取得した人**だけ**に届出義務がある。

盲点２　逆に、隣接する２つの土地を別々の所有者から買い取った場合には、**合計面積**が上に示した面積以上なら、両方の契約に届出が必要。

盲点３　土地の共有者の１人から、共有持分を譲り受けた場合には、**持分**の面積が上に示した面積以上の場合だけ届出が必要。

３.届出が必要な「取引」とは

届出対象面積以上の土地取引であっても、すべての種類の取引に届出が必要なわけではない。土地の利用目的をチェックする必要がある取引だけが届出対象だ。それは、

所有権・地上権・賃借権を、**対価**を得て、設定・移転する**合意**

だ。これに当たるかどうかの判断は非常に難しい。

次の例を覚えること。

よく出る例　○は届出必要、×は届出不要

1 **「売　　買」○**
説明不要。

2 **「交　　換」○**
届出対象面積以上の方の土地を取得した人**だけ**が届け出る。

3 **「代物弁済(だいぶつべんさい)」○**
債務の弁済で、お金を支払う代わりに、土地を差し出すのが代物弁済だ。土地所有権を、対価を得て（債務が消えることが対価）移転する合意だから届出必要。

4 **「予約」○、「予約完結権行使」×**
予約は売主と買主の**合意**だから、届出必要。予約完結権の行使は、買主Bが**一方的**にやることであり、合意ではないから届出不要。3との組み合わせで、「代物弁済の予約」というのがあるが、当然届出必要。

5 **「条件付売買」○、「条件の成就(じょうじゅ)」×**
宅建士試験合格を条件として土地を売買したら、届出必要。その後合格すると（条件の成就）、自動的に（**合意なし**に）、土地所有権が移転するから、条件成就時には届出不要。

6 **「借金を第三者に肩替わりしてもらう代わりに、その第三者にお礼として土地所有権を移転した場合」○**
借金を免れることが**対価**となるから届出必要。

7 **「抵当権の設定」×**
土地に抵当権を設定しても、それだけでは所有権は**移転**しないから届出不要。

8 「贈　　　与」×

タダで土地をあげるのが贈与。対価がないから届出不要。

9 「相続」×、「時効」×

対価も合意もないから届出不要。

4．国がからめば届出不要

土地の利用目的をチェックする必要がない場合には、届出は不要。それは次の場合だ。

1 「契約当事者の一方または双方が国または地方公共団体の場合」×

たとえば、国有地払い下げ等だ。国や地方公共団体がからんでいるのだから、わざわざ知事がチェックする必要はない。だから、届出不要だ。

2 「裁判所の調停の場合」×

裁判所が当事者の間に入る場合だ。天下の裁判所がからんでいるのだからチェック不要、だから、届出不要。

注！　農地法３条の許可（➡ 299 頁）を受けた場合も、土地の利用目的をチェックする必要がない。だから、届出不要。なお、農地法５条の許可を受けた場合は、届出が必要だから注意。

5．注視区域・監視区域・規制区域

（1）注視区域とは？

地価高騰防止のための制度だ。まず、知事が地価高騰のおそれのある場所を注視区域に指定する。そうすると、区域内で土地取引をするには、契約の両当事者から事前に知事に届出をすることが必要になる。無届けで契約すると懲役または罰金だ。

届出を受けた知事は、利用目的の変更だけでなく、契約の**中止**や対価の**減額**等も勧告できる。この勧告をムシして契約しても、契約は**有効**だし罰則（懲役または罰金）もないが、制裁としてその旨と勧告内容を公表できる。知事の勧告は届出後**6**週間以内にやらなければならないことになっているから、６週間たっても勧告がなければ、そのまま契約OKだ。

なお、あまり小さな土地取引なら地価高騰を招かないから、注視区域内でも届出が必要な取引は288頁の面積（2,000㎡、5,000㎡、10,000㎡）以上のものに限られている。

（２）監視区域とは？

注視区域内でも、2,000㎡、5,000㎡、10,000㎡、という届出対象面積未満の土地取引は、無届けでできる。しかし、場所によっては、上の届出対象面積未満の取引でも、地価高騰をもたらす場合がある。そこで、そういう場所を**知事**が監視区域に指定し、届出対象面積を、上記の面積より小さくすることができることにした。

（３）規制区域とは？

注視・監視区域を指定したぐらいでは、とても地価高騰を防げないような場合に、最後の手段として指定されるのが、規制区域だ。規制区域が指定されると、区域内での土地取引は、**知事の許可**がなければできなくなる。

これは、地主にとって致命的な制度だから、いまだかつて、一度も規制区域が指定されたことはない（抜かずの宝刀）。

（4）違いは？

	注視区域 監視区域	規制区域
1 届出か許可か	**届　出**	許　可
2 無届け・無許可でやった契約の効力は?	有　効	**無　効**
3 誰が注視・監視・規制区域を指定するのか?	知　事	原則 ➔ 知事 例外 ➔ 国土交通大臣
4 都市計画区域外にも注視・監視・規制区域を指定できるか?	O　K	O　K
5 **買取請求制度**	**な　し**	あ　り （知事に契約の許可を求めたが、不許可の場合、代わりにその土地を知事に買い取ってもらうことができる。これが買取請求制度。）

第4章 盛土規制法

1．盛土規制法とは？

システム……**市街地**や集落、その周辺等、盛土等が行われれば人家等に危害を及ぼしうるエリアが**宅地造成等工事規制区域**に指定される。宅地造成等工事規制区域内で、**盛土**や切土、**土石の堆積**に関する工事を行う場合は、知事の許可が必要になる。もちろん、キケンな盛土や切土、土石の堆積なら許可が出ない。

ポイント1

宅地造成等工事規制区域の指定権者は**知事**だ。国土交通大臣ではない。

ポイント2

知事は、宅地造成等工事規制区域を指定しようとするときは、関係**市町村長**の意見を聴かなければならない。

ここで、一つ用語を覚えてしまおう。

宅地 ➜ 盛土規制法の宅地とは「①**農地**等（農地・採草放牧地・森林）、②**公共施設用地**（道路・公園・河川等の公共用施設に供されている土地）」**以外**の土地のことだ。宅建業法の宅地（272頁）とは別物だ。建物の敷地かどうか、用途地域内の土地かどうかは全く無関係だ。

2．許可申請から工事完了まで

（1）許可を受けるのは誰か？

許可を受けるのは、**工事主**だ。

キーワード

工　事　主……工事の請負契約の注文者
工事施行者（こうじしこうしゃ(こうじせこうしゃ)）……工事の請負契約の請負人

ちなみに、請負工事によらないで、自ら工事をする場合は、工事主＝工事施行者となる。

許可をするのは	➔	知事
許可を受けるのは	➔	工事主

２つの取消し ➔ 知事は、偽りその他**不正な手段**により許可を受けた者に対して、その許可を取り消すことができる。また、知事は災害防止のために必要な**条件**（㊟雨の日は工事するな）を付けて許可することができる。そして、知事は付けた**条件に違反**した者に対して、許可を取り消すことができる。

なお、[1] 高さが **5 m**を超える擁壁の設置をするとき、[2]盛土・切土をする土地の面積が **1,500㎡**を超える土地で排水施設の設置をするときは有資格者（建築学科卒で実務経験が２年以上の者等）が設計しなければならない。

（2）許可を申請する前にやること

工事主は、許可の申請をするときは、**あらかじめ**、周辺地域の住民に対し、説明会の開催等工事の内容を**周知**させるため必要な措置を講じなければならない。

（3）許可基準

許可の基準が４つある。許可を受けるためには、この４つの基準をクリアすることが必要だ。

[1]　**災害**防止のための安全基準に適合すること

[2]　工事主に必要な資力・信用があること

3　工事施行者に工事を完成するために必要な能力があること

4　土地の所有者等**全員**の同意を得ていること

注！　**全員**の同意を得ていることが必要だ。相当数の同意ではダメ。

（4）許可の申請

一定規模以上の盛土・切土、土石の堆積には許可が必要だ。一定の規模とは次の 1 ①～ 2 ②だ。

1　許可が必要になる盛土・切土

① 盛土（もりど）で高さが１ｍを超えるがけを生じるもの

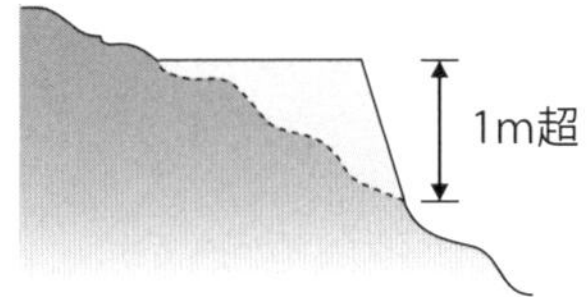

② 切土（きりど）で高さが２ｍを超えるがけを生じるもの

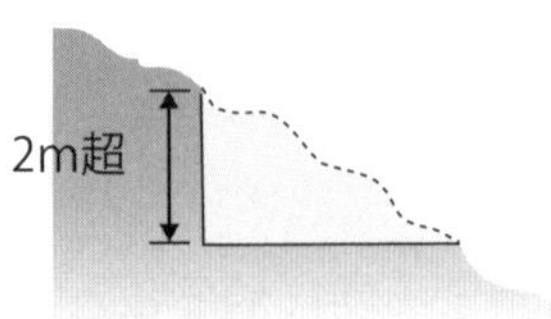

③ 盛土と切土を同時に行い、高さが２ｍを超えるがけを生じるもの

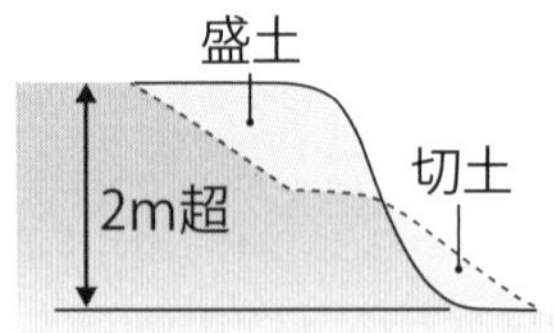

④　盛土で高さが **2 m**を超えるもの（がけを生じない場合だ）

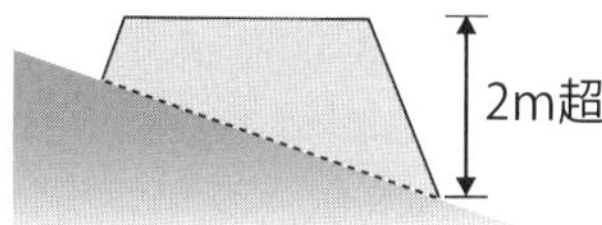

⑤　①から④以外で盛土または切土をする面積が **500㎡**を超えるもの

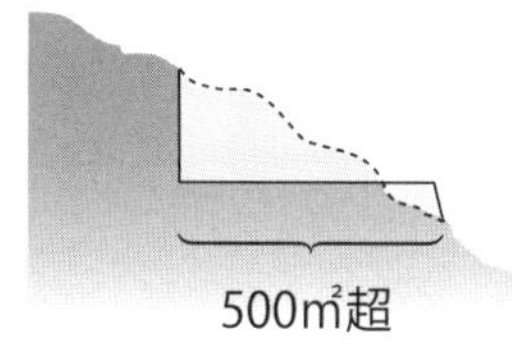

2　許可が必要になる土石の堆積

①　堆積の高さが **2 m**を超え、かつ面積が 300㎡を超えるもの

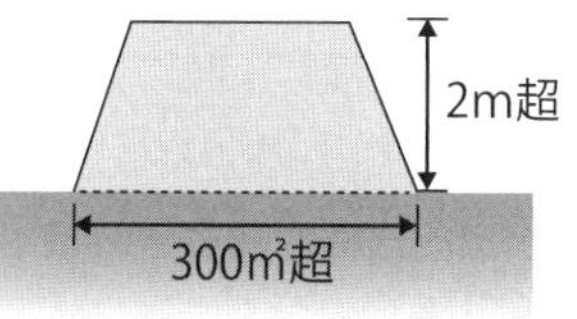

②　堆積の面積が **500㎡**を超えるもの

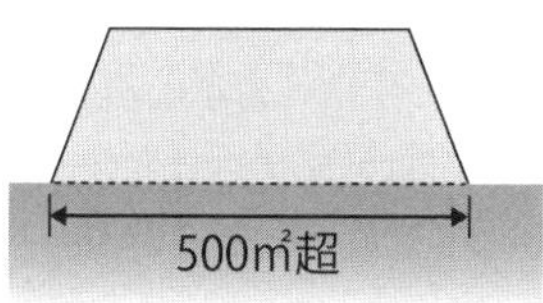

注！　なお、都市計画法の開発許可を受けたときは、盛土規制法の許可を受けたものとみなされる。

ポイント１

知事は、申請者に、許可の処分をしたときは**許可証**を交付し、不許可の処分をしたときは**文書**でその旨を**通知**しなければならない。

ポイント２

知事は、許可をしたときは、速やかに、工事主の氏名または名称、宅地造成等に関する工事が施行される土地の所在地を**公表**するとともに、関係市町村長に**通知**しなければならない。

（５）工事に着手

許可を受けたら、いよいよ工事に着手だ。「標識」「中間検査」「定期報告」の３つが大事だ。

１　**標　　識**……工事主は、見やすい場所に氏名または名称等を記載した**標識**を掲げなければならない。

２　**中間検査**……工事主は、**特定工程**に係る工事（㊞排水施設を設置する工事）を終えたときは、工事を終えた日から**４日**以内に知事の検査を申請しなければならない。知事は、検査の結果、技術的基準に適合していると認めた場合は、**中間検査合格証**を交付しなければならない。中間検査が必要なのは、一定規模以上の盛土・切土だ。中間検査が必要な規模は304頁Ⓑだ。

３　**定期報告**……工事主は、**３カ月**ごとに、許可に係る宅地造成等に関する工事の実施の状況等を知事に**報告**しなければならない。報告が必要なのは、一定規模以上の盛土・切土、土石の堆積だ。定期報告が必要な規模は304頁ⒷとⒹだ。

（６）工事の完了

工事が完了したら、工事主は、工事が完了した日から**４日以内**

に、知事の検査を**申請**しなければならない。知事は、検査の結果、技術的基準に適合していると認めた場合は、**検査済証**を交付しなければならない。

3．ルールに違反した場合（監督処分）とは？

ルールに違反したら、知事から監督処分を受ける。監督処分をまとめたのが、次の表だ。

	処分を受ける人	どんな違反をしたのか？	知事が命じる内容
1	工事主・工事請負人・現場管理者	無許可で工事・許可の条件に違反・許可の基準に不適合・中間検査を申請しない	工事の施行の停止・災害防止措置
2	所有者・管理者・占有者・工事主	無許可で工事・中間検査、完了検査を申請しない・完了検査の結果が技術的基準に不適合	土地の使用の禁止または制限・災害防止措置

注！　1は工事中の話であり、2は工事が終わった後の話だ。だから、1の方には工事の施行の停止（工事をやめろ！）があり、2の方には土地の使用の禁止または制限がある（キケンな土地だから使うな！）がある。

4．届出が必要な場合

1　工事の許可を受けた者が、工事の計画に**軽微**な変更（工事主・設計者・**工事施行者**の変更、工事の着手予定年月日・工事の完了予定年月日の変更）をした場合

➔　遅滞なく、その旨を知事に**届け出**なければならない（軽微でない変更をする場合は、事前に知事の**許可**を受けなければならない。別の工事を始めるのに近いからだ）。

2　宅地造成等工事規制区域の指定の時に、すでに工事を行っている場合

➔　指定があった日から**21日以内**に、知事に**届け出**なけれ

ばならない（許可は不要、届出でよい）。

3　宅地造成等工事規制区域内で公共施設用地を宅地または農地等に転用した場合

➔　転用した日から**14日以内**に、知事に**届け出**なければならない（許可は不要、届出でよい）。

4　宅地造成等工事規制区域内で、高さが**2m**を超える擁壁・崖面崩壊防止施設や排水施設の除却工事等を行う場合

➔　工事に着手する日の**14日前**までに、知事に**届け出**なければならない（許可は不要、届出でよい）。

5．土地の保全・勧告・改善命令

1　土地の保全　➔　土地の**所有者**・管理者・占有者は、災害が生じないよう、土地を常時安全な状態に維持するように努めなければならない。

注！　土地が譲渡等された場合、その時点での土地所有者等に責務が発生する。だから、新所有者は土地を常時安全な状態に維持するように努めなければならない。

2　勧　　告　➔　知事は、災害の防止のため必要があると認める場合は、土地の所有者・管理者・占有者・工事主・工事施行者に対し、擁壁等の設置または改造等にともなう災害の防止のため必要な措置をとることを**勧告**することができる。

3　改善命令　➔　知事は、災害の防止のため必要な擁壁等が設置されておらず、若しくは極めて不完全であり、または土石の堆積に伴う災害の防止のため必要な措置がとられておらず、若しくは極めて不十分であるために、これを放置するときは、災害の発生のおそれが大きいと認められるものがある場合は、災害の防止のため必要であり、かつ、土地の利用状況等からみて相当であると認められる限度において、土地・擁壁等の所有者・管理者・占有者に対して、相当の猶予期限を付けて、擁壁等の設置・改造、地形・盛土の改良・土石の

除却のための工事を行うことを**命ずる**ことができる。

勧告と改善命令

	勧告・命令の相手方	要　　件	勧告・命令の内容
勧　　告	所有者・管理者・占有者・工事主・工事施行者	災害防止のため必要	災害防止のため必要な措置の勧告（擁壁等の設置や改造等）
改善命令	所有者・管理者・占有者・**原因行為者**	災害防止措置が未了か極めて不十分で災害発生のおそれが大	災害防止工事命令（擁壁等の設置や改造・地形や盛土改良・土石除却）

改善命令（○○しろ！）は強制力がある。だから、改善命令の方が要件が厳しい。また、改善命令は、**原因行為者**（過去の土地所有者等）に対してもできるという点がポイントだ。

６．特定盛土等規制区域

市街地や集落、その周辺等、盛土等が行われれば人家に危害を及ぼしうるエリアが宅地造成等工事規制区域に指定される。これに対し、市街地や集落等からは離れている（だから、宅地造成等工事規制区域に指定されない）けれども、地形等の条件から、盛土等が行われれば人家等に危害を及ぼしうるエリアは、**特定盛土等規制区域**に指定される（指定権者は**知事**）。

宅地造成等工事規制区域……**市街地や集落**、その周辺等、人家等が存在するエリア

特定盛土等規制区域……市街地や集落からは**離れている**が、地形等の条件から人家等に危害を及ぼしうるエリア

（1）届出が必要な場合

特定盛土等規制区域内で、一定規模以上の盛土や切土、土石の堆積に関する工事をするには、工事に着手する日の 30 日前までに、工事の計画を知事に**届け出**なければならない。届出が必要な規模は 304 頁Ⓐとⓒだ。

注！　宅地造成等工事規制区域で許可が必要となる規模と同じだ。

（2）許可が必要な場合

特定盛土等規制区域内で、一定規模以上の盛土や切土、土石の堆積（大規模な崖崩れ・土砂の流出を生じさせるおそれが大きいものに限る）に関する工事をするには、知事の**許可**が必要だ。許可が必要な規模は 304 頁Ⓑとⓓだ。

注！　宅地造成等工事規制区域で許可が必要となる規模との違いに注意（数字が違う）。

特定盛土等規制区域のルール（規制）と宅地造成等工事規制区域のルール（規制）は次の表のとおり、ほぼ同じだ。だから、上で勉強した宅地造成等工事規制区域のルールである１．～５．を当てはめてくれれば OK だ（ただし、規模の数字が違う）。

	宅地造成等工事規制区域	特定盛土等規制区域
指定する場所	市街地や集落、その周辺	市街地や集落からは離れている
指定権者	知事（関係市町村長の意見を聴く）	知事（関係市町村長の意見を聴く）
住民への周知（説明会等）	必要	必要
工事に必要な同意	全員の同意	全員の同意
標識・中間検査・３カ月ごとの定期報告	必要	必要
土地の保全（土地を安全な状態に維持する努力義務）	あり	あり
知事からの勧告・改善命令	あり	あり

7. 造成宅地防災区域

知事は、基本方針に基づき、かつ、基礎調査の結果を踏まえ、必要があると認めるときは、宅地造成又は特定盛土等（**宅地**において行うものに限る）にともなう災害で相当数の居住者等に危害を生ずるものの発生のおそれが大きい一団の造成宅地（これに附帯する道路等の土地を含み、宅地造成等工事規制区域内の土地を除く）を**造成宅地防災区域**として指定することができる。

造成宅地防災区域では、

1. 知事は、所有者等に災害防止措置を勧告・命令でき、
2. 造成宅地の所有者等は、災害防止に努めなければならない。

8. 届出・許可・中間検査・定期報告が必要となる規模のまとめ

届出・許可・中間検査・定期報告が必要となる規模の違いをまとめたのが次の表だ。具体的な規模は 304 頁のⒶ～Ⓓを見てほしい。

		必要となる規模			
	注！	届　出	許　可	中間検査	定期報告
宅地造成等工事規制区域	盛土・切土	＼	Ⓐ、Ⓑ	Ⓑ	Ⓑ
	土石の堆積	＼	Ⓒ、Ⓓ	＼	Ⓓ
特定盛土等規制区域	盛土・切土	Ⓐ	Ⓑ	Ⓑ	Ⓑ
	土石の堆積	Ⓒ	Ⓓ	＼	Ⓓ

「宅地造成等工事規制区域」で「盛土・切土」はⒶの規模なら「許可」が必要だ（これは 296 頁1で学習済み）。また、Ⓐ＜Ⓑ（Ⓑの方が規模が大きい）なので、Ⓑの規模でも当然「許可」が必要で、それに加えて「中間検査」と「定期報告」も必要となる。
「特定盛土等規制区域」で「盛土・切土」はⒶの規模なら「届出」、Ⓑの規模なら「許可」に加え、「中間検査」、「定期報告」も必要だ。

注！ 盛土・切土、土石の堆積以外にも、一定の行為には届出が必要だ（➡ 302 頁 4.）

Ⓐ（**盛土・切土**）296頁の1

①盛土で高さが１mを超えるがけを生じるもの
②切土で高さが２mを超えるがけを生じるもの
③盛土と切土を同時に行い、高さが２mを超えるがけを生じるもの
④盛土で高さが２mを超えるもの（がけを生じない場合だ）
⑤①から④以外で盛土または切土をする面積が500㎡を超えるもの

Ⓑ（**盛土・切土**）

①盛土で高さが２mを超えるがけを生じるもの
②切土で高さが５mを超えるがけを生じるもの
③盛土と切土を同時に行い、高さが５mを超えるがけを生じるもの
④盛土で高さが５mを超えるもの（がけを生じない場合だ）
⑤①から④以外で盛土または切土をする面積が3,000㎡を超えるもの

Ⓒ（**土石の堆積**）297頁の2

①堆積の高さが２mを超え、かつ面積が300㎡を超えるもの
②堆積の面積が500㎡を超えるもの

Ⓓ（**土石の堆積**）

①堆積の高さが５mを超え、かつ面積が1,500㎡を超えるもの
②堆積の面積が3,000㎡を超えるもの

第5章　農　地　法

農地法は、日本の農業生産力を守るためにある。だから、農地や採草放牧地は、自分の意思で勝手に処分できない。原則として、許可がいる。

キーワード

農地とは、耕作の目的に供される土地のこと。
登記記録の地目は全く無関係。

1. **権利移動**（農地法３条）
   農地を、農地として売ること（買主が農地として使う場合）。所有権の移転に限らず、地上権、永小作権、賃借権、使用借権、質権の設定・移転も含む。しかし、**抵当権は含まない。**
2. **転　　用**（農地法４条）
   自分の農地を、農地以外に用いること。たとえば、農家が畑をつぶして自宅を建てる等。
3. **転用目的権利移動**（農地法５条）
   転用の目的で、農地を売ること（買主が農地として使わない場合）。たとえば、不動産会社がマンションを建てるために農地を買う等。

3．農地法はここが出る！

絶対暗記！

	どういうパターンがあるか (農)農地 (採)採草放牧地 (他)その他の土地	誰の許可が必要か？ （大臣＝農林水産大臣）	無許可でやるとどうなるか？
権利移動 （3条）	(農)→(農) (採)→(農) (採)→(採) (他) (農)を(農)として売る場合と、(採)を(農)または(採)として売る場合だ。	**農業委員会** （(農)・(採)の面積は無関係）	契約は**無効**！
転　用 （4条）	(農)→(採) (農)→(他) 自分の(農)を(採)または(他)にする場合だ。(採)を(他)にする（**例** 牧場をつぶして自宅を建てる）のは含まない（無許可でOK）ことに注意！	**知事等** （大臣が指定する市町村の区域内では、指定市町村長） （(農)・(採)の面積は無関係）	**工事停止**命令 （工事をやめろ！） **原状回復**命令 （もとにもどせ！）
転用目的 権利移動 （5条）	(農)→(採) (農)→(他) (採)→(他) (農)を(採)または(他)にするために売る場合と、(採)を(他)にするために売る場合だ。		契約は**無効**！ その上 **工事停止**命令！ **原状回復**命令！

注！　競売による場合も原則として、許可（耕作目的なら３条の許可、転用目的なら５条の許可）が必要だ。

例外①	例外②	例外③
遺産分割・相続は、許可不要。ただし、**農業委員会**に**届出**が必要 例 農家の父が死亡し、遺産分割の結果、長男が農地、次男が貯金を取得した。この場合、農地の次男の相続分を長男が買ったに等しいが、許可不要。家の中の問題だから、家の中で処理しなさい、ということ。		1 **国・都道府県**が取得する場合と、 2 **土地収用法**により収用される場合は、 ↓ 許可不要
	市街化区域内の農・採なら、**農業委員会に届け出れ**ば許可不要 （市街化区域は、どんどん市街化した方がいいから、手続を簡略化したわけだ。これは4条・5条だけの話。 3条（上のマス目の権利移動）だと、農・採のままで、市街化に役立たないから、この 例外 は認められない。）	1 **国・都道府県等**が道路・農業用用排水施設等のために転用・取得する場合と、 2 **土地収用法**により収用した農地を転用する場合（4条）、**土地収用法**により収用される場合（5条）は、 ↓ 許可不要 注1 農家が2アール未満の農地を農業用施設のために転用する場合は、4条の許可不要。 注2 4条・5条の例外に該当しない場合で、国・都道府県等が転用・転用目的権利移動するとき、国・都道府県等と知事等との協議が成立すれば、4条・5条の許可があったものとみなされる。

注！　農地所有適格法人の要件を満たしていない株式会社は、農地を所有することはできないが、農地を借りることはできる。

4．罰　　則

農地法に違反したら ➔ ３年以下の懲役または300万円以下の罰金。両罰規定あり（意味は 注！ ）。

注！　「両罰規定」とは ➔ ①実際に違法行為を行った個人（法人の代表者等）が処罰されるだけではなく、②その法人も一緒に処罰される（ただし、罰金だけ）。なお、農地法４条・５条に違反した場合、法人は、両罰規定として、１億円以下の罰金に処せられる。

5．農地・採草放牧地の賃貸借

1　存続期間は、➔ 50年が限度だ（民法の規定だ➡ 117頁）。

2　対抗要件は、➔ 引渡しも対抗要件だ。

たとえば、Aの農地をBが賃借していたところ、Aがこの農地をCに譲渡した場合でも、BがAから農地の「引渡し」を受けていれば、登記がなくても、それだけで、賃借権をCに対抗できる。

第6章　土地区画整理法

1．区画整理のやり方

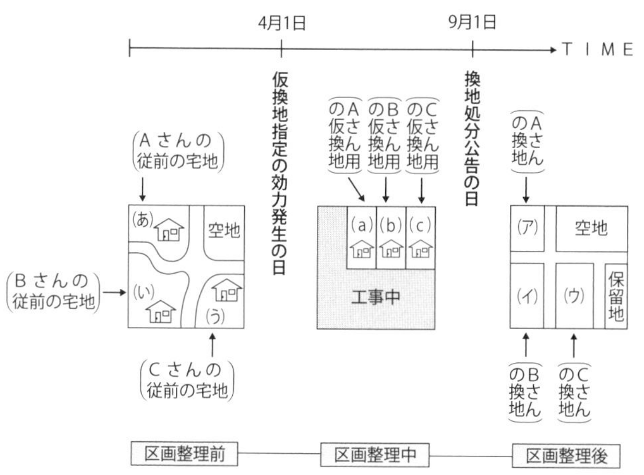

（1）従前の宅地

区画整理前の土地のこと。たとえば、上の図で、Ａさんの従前の宅地は（あ）だ。

（2）換　　地

区画整理の工事が終った後の土地のこと。Ａさんの従前の宅地（あ）は、区画整理の結果、換地（ア）に生まれ変わる。これが「換地処分」。工事が終ると「換地処分公告」がなされ、その公告の翌日から、（ア）を（あ）とみなす。

（3）仮　換　地

住民に、工事のじゃまにならない場所に引越してもらうことができる。この引越先の土地が、仮換地。

Ａさんに仮換地（a）が指定されると、Ａさんは工事中（a）地を使用収益できる。

（4）　施　行　者

区画整理を実施する主体のこと。個人・土地区画整理組合・区画整理会社が施行者になることもあれば（民間施行）、国土交通大臣・都道府県・市町村等が施行者になることもある（公的施行）。

（5）　土地区画整理組合

ポイント①　**７人**以上で共同して、定款と事業計画を定め、組合の設立について**知事**の認可を受けなければならない。

ポイント②　施行地区内の宅地の所有者と借地権者は、**すべて**組合員となる。

（6）　保　留　地

換地せずに取っておく土地のこと。①個人・土地区画整理組合・区画整理会社が施行する場合は、①区画整理の**費用**にあてるため②または、**定款**等で**定める目的**のために保留地を定めることができるが、②国土交通大臣・都道府県・市町村等が施行する場合は、区画整理の**費用**にあてるために限って保留地を定めることができる。

（7）　区画整理の場所

	都市計画に定められた施行区域外でもできるか？	市街化調整区域でもできるか？
個人・土地区画整理組合・区画整理会社が施行	できる	できる
国土交通大臣・都道府県・市町村等が施行	できない	できない

2．所有権と使用収益権が分離する

工事のじゃまにならないように、仮換地が指定されるわけだから、仮換地指定の効力発生の日以後も、従前の宅地をそれまでと同じように使われては困る。

そこで、Ａさんを例にすると、従前の宅地（あ）、仮換地（ａ）、換地（ア）について、所有権と使用収益権は、次のようになる。

	Ａさんに	
	所　有　権	使用収益権
従前の宅地（あ）	あ　り	な　し
仮　換　地（ａ）	な　し	あ　り
換　　地（ア）	あ　り	あ　り

3．従前の宅地（所有権あり、使用収益権なし）

（1）いつからいつまで？

Ａさんが（あ）の土地を、使用収益できなくなるのは、「**仮換地指定の効力発生の日**」から「**換地処分公告の日**」まで。

（2）誰が管理する？

Ａさんが使用収益権を失っている間、（あ）の土地は、「区画整理の施行者」が管理。

（3）処分は自由

工事中も、（あ）の部分はＡさんの所有地だ。だから、Ａさんは従前の宅地（あ）について、

1 売却、2 抵当権設定、3 それらの登記を自由にできる。

4．仮換地（所有権なし、使用収益権あり）

Ａさんは、従前の宅地（あ）の使用収益ができなくなる代わりに、仮換地（ａ）をあてがわれ、工事が終るまで、ここに引越して生活（使用収益）することになる。

（1）　仮換地の指定

施行者が仮換地を指定する場合には、一定の者の同意を得たり、意見を聴いたりすることが必要だ。施行者によって必要な同意（意見）が違うので注意。

施 行 者	必要な同意・意見
個　　人	従前の宅地と仮換地となるべき宅地の所有者等の同意
土地区画整理組合	**総会**等の同意
区画整理会社	所有者と借地権者の各 2/3 以上の同意
国土交通大臣・都道府県・市町村等	土地区画整理審議会の意見を聴く（同意は不要）

（2）いつからいつまで？

Ａさんが、仮換地（ａ）を使用収益できるのは、「仮換地指定の効力発生の日」から「換地処分公告の日」までだ（従前の宅地（あ）の使用収益権を失っているのと同じ期間だ）。

（3）建築・造成等には知事等の許可が必要

Ａさんは、３.（１）の期間、仮換地（ａ）を使用収益することができるが、仮換地（ａ）に建物を**建築**したり、仮換地（ａ）の**造成**をしたりすること等は勝手にはできず、原則として、**知事等の許可**が必要とされる。

注！　これは、仮換地内だけのことではない。区画整理の施行地区内はすべて、建築・造成等に知事等の許可が必要。

５．換地処分

区画整理の工事が、全部の区域について完了すると、区域の全部について、換地処分（従前の宅地（あ）を換地（ア）に変更する処分）がなされる。

換地処分は、Ａさん、Ｂさん、Ｃさんの一人一人に対して、区画整理の施行者から一斉に**通知**をするという方法で行う。その後で、知事が**換地処分公告**を行う。だから、「**換地処分**」と「**換地処分公告**」は別物だ、という点に注意！

注１　規準、規約、定款等に別段の定めがある場合は、工事が完了する前でも換地処分を行うことができる。

注２　大臣施行の場合は、大臣が換地処分公告を行う。

６．換地処分公告

換地処分の後で行われるのが換地処分公告だ。この公告が行われると、次のような効果が生ずる。例として、９月１日に公告があったとする。

（１）換地処分公告の日に生ずる効果（9月1日の24時に生ずる効果）

1　仮換地指定の効力が消滅する。

Ａさんは、仮換地（ａ）を、９月１日の24時まで使用収益できる。

2　必要のなくなった地役権（ちえきけん）が消滅する。

道路に面していない土地のため、隣地に通行地役権を設定していたが、区画整理の結果、道路に面するようになったら、通行地役権は消滅。

（2）換地処分公告の翌日に生ずる効果（9月2日の午前0時に生ずる効果）

1 換地が従前の宅地とみなされる。

9月1日の24時までは、Aさんは、従前の宅地（あ）の所有者だ。そして、9月2日の午前0時（同じ瞬間だ）をもって、換地（ア）を従前の宅地（あ）とみなす（入れ代わると言ってもいいし、変更すると言っても同じこと）。その結果、換地（ア）がAさんの所有地になる。

2 清算金が確定する。

従前の宅地（う）より（い）の方がずっと広いのに、換地（イ）と（ウ）を比べると同じ面積だ。これではBさんが気の毒だ。そこで、不公平をお金で清算するのが清算金だ。施行者が、得をした地主から徴収し、損をした地主に交付する。

3 施行者が保留地を取得する。

保留地とは、換地とせずにとっておく土地だ。売却して区画整理の費用にあてる場合が多い。売却するまでは、**施行者**に帰属する。施行者から保留地を買った者は、自由に建物を建築できる（施行者の承諾を得る等の手続きは不要）。

4 公共施設は市町村が管理する。

公共施設は、原則として、**市町村**が管理することになる。なお、公共施設用地は、原則として、公共施設を管理すべき者に帰属する。

（3）換地処分に伴う登記

1 事業の施行により土地・建物について変動があった場合、施行者は、換地処分の公告後に、遅滞なく、**変動の登記**を申請し、または嘱託しなければならない。

2 換地処分の公告後は、1の変動の登記がされるまでは、原則として、**他の登記はできない**。

第7章　その他の法令

1．コ　　ツ

その他の法令からは、「これこれの場合に誰の許可（届出）が必要か？」という問題が出題される。そして、答えの半分は、「知事等（市の区域内では市長）の許可」なのだ。ということは、知事等の許可以外の場合を重点的に覚えるのがコツだ、ということになる。

2．「知事等の許可」以外の場合（2は別）

		何が必要か？
1 文化財保護法		文化庁**長官**の許可
2 自然公園法	**国立**公園（普通地域以外）	環境**大臣**の許可 注1
	国定公園（普通地域以外）	**知事**の許可 注2
3 集落地域整備法		市町村長への届出
4 生産緑地法		市町村長の許可
5 河川法		河川**管理者**の許可
6 海岸法		海岸**管理者**の許可
7 道路法		道路**管理者**の許可
8 港湾法		港湾**管理者**の許可

注1
国立公園の普通地域においては環境大臣への届出。

注2
国定公園の普通地域においては知事への届出。

受験テクニック

このテの出題が多い。
とにかく、誰の許可（届出）か、丸暗記！

３．「知事等の許可」の場合

	何が必要か?
1 森　林　法	**知事**の許可
2 地すべり等防止法	
3 急傾斜地の崩壊による災害の防止に関する法律	
4 都市緑地法（特別緑地保全地区）※	**知事等**の許可
5 流通業務市街地の整備に関する法律	
6 大都市地域における住宅及び住宅地の供給の促進に関する特別措置法	

※都市緑地法（緑地保全地域）は知事等への届出。

4

第４編
その他の分野

第1章 住宅金融支援機構

1．メイン業務は銀行の支援

（1）支援の仕組

銀行が行う「**住宅**」のための「**金融**」を「**支援**」するための「**機構**」として作られた独立行政法人（お上に近い役割をする公的な法人）が住宅金融支援機構だ。

注！ ちなみに、住宅ローンの金利は、取扱金融機関が独自に決める。

次のようにする。

サラリーマンのＡが、Ｂ銀行から30年ローンで3,000万円を借りて建売住宅を買うことになった。金利は30年間の固定金利で合計900万円、元利合計（元金と利息の合計金額のこと）3,900万円。しかし、Ｂ銀行としてはこんな長期固定金利では商売にならない。そこでＢ銀行は、Ａに3,000万円を貸した（←1）直後に、「Ａから30年かけて3,900万円を弁済してもらえる権利」を、住宅金融支援機構に3,300万円で**買い取ってもらう**（←2）。これでＢ銀行は瞬時に300万円もうかり、ハッピー。次に、住宅金融支援機構は、「30年かけて3,900万円を弁済してもらえる権利」と表示した証券（**資産担保証券**、通称ＭＢＳ）を作り、この証券を債券市場で3,600万円で売り出す（貸付債権の**証券化**）。それを、投資家Ｃが「国債よりいいな」と思って買う（←3）。その結果住宅金融支援機構は300万円もうかってハッピー。Ｃも300万円もうかってハッピー。ＡＢＣみんながハッピーになる、という仕組みだ。

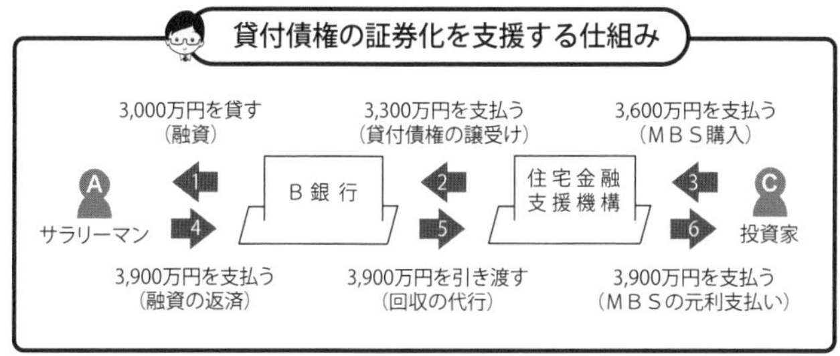

こうして、住宅金融支援機構の支援でA対B銀行という特定の当事者間の貸付債権が証券化されて市場（しじょう）に流通する。この銀行**支援**業務を証券化支援事業（買取型）という。

注！ ①住宅の建設・購入に付随する土地・借地権の取得のための貸付債権も買い取ってもらえる（土地・借地権だけはダメ）。

②**中古**住宅購入のための貸付債権も買い取ってもらえる（新築だけでなく、中古も OK ということ）。

③中古住宅の購入に付随する改良（リフォーム）のための貸付債権も買い取ってもらえる（改良だけはダメ）。

また、住宅金融支援機構は、住宅ローンの利用者がローンを返済できなくなったら肩代わりしてあげる（住宅金融支援機構が銀行に保険金を支払う）という業務も行っている。この業務を証券化支援事業（保証型）という。

（2）資金調達

住宅金融支援機構がB銀行から貸付債権を3,300万円で買い取るための資金調達の方法には、上で説明した①資産担保証券の発行の他、②大手銀行等からの長期借入金という方法もある。①②どちらも主務大臣（**国土交通**大臣と**財務**大臣）の**認可**が必要だ（許可は×）。

政府は、**国会の議決**があれば①②どちらも**保証**することができる。

（3）業務の委託

Aから30年かけて3,900万円を回収する業務は、住宅金融支援機構が自分ではやらずに回収のプロであるB銀行に代行してもらうことができる。つまり、住宅金融支援機構は業務の**一部**（全部は×）を①金融機関や②**地方公共団体**等に委託できる。

2．直接融資も 例 外 的に○

Aは、B銀行ではなく住宅金融支援機構から融資を直接受けられるかというと、原 則として×。住宅金融支援機構のメイン業務は銀行の支援だからだ。ただし、直接融資も次のもの等は 例 外 的に○。

（1）災害がらみ

問題文に「**災害**○○建築物を○○する資金」とあったら
➔ ほとんど○

例　「災害予防代替建築物（さいがいよぼうだいたいけんちくぶつ）を購入する資金の貸付けを行うこと」は○。
意味は、「がけの真下に建っていて、いつがけ崩れの下敷きになってもおかしくない家を撤去し、代わりに安全な場所にマンションを買うための資金の貸付けを行うこと」は○、ということ。他にも似たような「**災害**○○建築物（㊎災害復興建築物）」という難解用語があるが、全く同じ要領（要するに○）で解ける。

（2）マンションの共用部分

マンションの**共用**部分の改良資金 ➔ ○
マンションの**専有**部分の改良資金 ➔ ×

（3）子どもと高齢者

1　子どもや高齢者に適した賃貸住宅の建築・改良資金 ➔ ○

2　高齢者に適した住宅にするための改良資金 ➔ 高齢者が**自ら居住**する場合に限って○

注！「一般の金融機関が融資するのが困難な事例について、住宅金融支援機構は個別に検討して**直接**融資できる」などと出されると、つい○と答えたくなるが、×だ。

（4）その他

1　機構は、高齢者が自ら居住する住宅に対して行う**バリアフリー工事**または**耐震改修工事**に係る貸付けについて、貸付金の償還を高齢者の**死亡時に一括**して行うという制度を設けている（**高齢者向け返済特例制度**）。

2　機構は、貸付けを受けた者が経済事情の著しい変動に伴い、元利金の支払が著しく困難となった場合は、一定の貸付条件の**変更**・元利金の支払方法の**変更**ができる（なお、支払いの**免除**は**できない**。つまり、変更は○だが、免除は×）。

3．情報提供業務もやる

住宅金融支援機構は、金を（**原則**として）貸してくれない代わりに、知恵を貸してくれる。つまり、住宅資金**情報**の提供や**相談**等の援助業務を行う。これは、個人だけでなく**業者**に対してもしてくれる。

➔ この業務は、金融機関や地方公共団体等に委託**できない**。
314頁（3）の（全部は×）というのは、このこと。

4.　２つの保険

住宅金融支援機構は、次の２つの保険もやっている。

1　住宅融資保険

2　**団体信用生命保険**

ちなみに　団体信用生命保険とは、住宅ローンを組んだ人が、ローンの返済中に死亡したり、重度障害になった場合に、生命保険会社が本人の代わりに残ったローンを支払うという保険のことだ。

第2章　公示価格

1．地価公示のプロセス

（1）標準地の選定

①**土地鑑定委員会**が
②**公示区域内**に
} 標準地を選定する。注！

公示区域とは、土地取引が相当程度見込まれる場所のことで、都市計画区域外も含むが、規制区域（➔292頁）は除かれる。なぜなら、規制区域では土地取引に知事の許可がいるため地価は知事が思いのままにコントロールでき、高騰の心配はないからだ。

注！　標準地は、自然的及び社会的条件からみて類似の利用価値を有すると認められる地域において、土地の利用状況、環境等が通常と認められる一団の土地について選定する。

（2）正常価格（公示価格）の決定

基準日（毎年1月1日現在）における、各標準地の1㎡当たりの正常価格（公示価格）を、土地鑑定委員会が決定。

1　**決定手続は？**

土地鑑定委員会は、**2人**以上の**不動産鑑定士**に鑑定評価を依頼する。

依頼を受けた不動産鑑定士は、標準地の鑑定評価を行うにあたっては、

㋐近傍類地の取引価格
㋑近傍類地の地代
㋒同等の効用を有する土地の造成費用

を勘案して鑑定評価を行う。

その鑑定評価を参考にして、土地鑑定委員会が、正常価格を決定する。

2　正常価格とは？

投機目的などのない、自由な取引が行われる場合に通常成立するはずの価格のこと。正常価格は土地に

㋐建　　物
㋑借　地　権

等が存在する場合には、これらが**存在しないものと仮定**して（純然たる更地として）算定する。

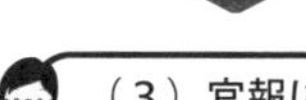

（3）官報に公示

土地鑑定委員会は、毎年１回、官報に正常価格（公示価格）を公示。

公示事項……基準日（１月１日）、標準地の単位面積（１㎡）当たりの価格の他、標準地と周辺の土地の**利用現況**等も公示するが、周辺の土地の**価格**までは公示しない。

（4）関係市町村長に送付

土地鑑定委員会は、公示事項を記載した書面及び図面を関係市町村長に送付し、関係市町村長は、これを一般の閲覧（えつらん）に供する。

注！　上の（1）～（4）の主役はすべて土地鑑定委員会だ。

2．公示価格の効力

（1）一般の土地取引の場合

公示価格を**指標**として取引するよう**努めなければならない**（単なる努力目標で強制力なし）。

（2）公示価格を規準としなければならない（強制力あり）のは

1　不動産鑑定士が公示区域内の土地の正常価格を求める場合
2　土地収用法による**補償金**を算定する場合
3　公共事業の用に供する土地の取得価格を算定する場合

第3章 不動産の鑑定評価の方法

1. 原　価　法

同じような不動産を新たに作るとしたらいくらかかるかを算定し（**再調達原価**）、減価修正（㊞築10年のビルなら10年分安くなってる）をして、現在の価格（積算価格）を求める方法。

対象不動産が土地のみであっても、再調達原価を適切に求めることができるときは、原価法が使える。

2. 取引事例比較法

似たような不動産がいくらで取引されたかを調べ、一定の補正をし、目的の不動産の価格（**比準価格**）を求める方法。

なお、取引事例が特殊な事情（売り急ぎ等）を含み、これが取引価格に影響しているときは、適切に補正しなければならない（事情補正という）。ちなみに、投機的取引事例は用いることはできない。

3. 収益還元法

その不動産を賃貸したら賃料がどの位入るかを算定し、そこから逆算してその不動産の価格（**収益価格**）を求める方法。

なお、収益還元法は、賃貸用不動産または賃貸以外の事業用不動産の価格を求めるときに特に有効であるが、**自用の不動産**（自分の住宅等）であっても、賃料を想定することによって、適用**できる**。

第4章 不当景品類及び不当表示防止法

1．不当景品とは？

要するに、法外な景品のこと。限度は、

1. 取引価額の**10%以下、かつ、100万円以下**の景品（抽選等の場合は取引価額の20倍以下、かつ、10万円以下）
2. **登記費用・保険料**等を業者が負担すること

（1・2）これは許される。

2．不当表示とは？

要するに、一般消費者をまどわせるような広告等のこと（インターネットによるものを含む）。

（1）表示（明示）しないことが不当表示になる場合

1. **高圧線下**の土地の広告では、高圧線下にある旨とそのおおむねの面積を表示しないと不当表示になる。なお、建物の建築が禁止されているときは、併せてその旨を明示しないと不当表示になる。
2. **市街化調整区域内**の土地の広告では、宅地の造成・建物の建築ができない旨を明示しないと不当表示になる。
3. **接道義務**（➡263頁）に違反する土地の広告では、建物を建築（再建築）できない旨を明示しないと不当表示になる。

4　**古家・廃屋**等が建っている土地の広告では、古家・廃屋等がある旨を明示しないと不当表示になる。

5　**傾斜地**をおおむね**30%**以上含む土地（マンション・別荘地等を除く）の広告では、傾斜地を含む旨と傾斜地の割合**または**面積を表示しないと不当表示になる。

6　**私道負担**のある土地の広告では、私道負担部分の**面積**まで明瞭に表示しないと不当表示になる。

7　**道路予定地**については、その旨を表示しないと不当表示になる。

8　**地下鉄**のため土地の地下に地上権が設定されている土地の広告では、その旨を表示しないと不当表示になる。なお、土地の利用に制限が加えられているときは、併せてその旨を明示しないと不当表示となる。

9　**擁壁**（ようへき）**無しのがけ**の上か下にある土地の広告では、その旨を明示しないと不当表示になる。なお、土地に建築（再建築）するにあたり、制限が加えられているときは、その内容を明示しないと不当表示になる。

（２）暗記すべき数値が２つある

1　**80　m**……駅から徒歩何分という表示では、道路距離80mを１分として表示。信号の待ち時間や歩道橋の昇降時間は無視していい。

2　**１　年**……新築と表示できるのは、建築工事完了後１年未満で未使用の建物のみ。

注！　ちなみに、１分未満の端数が生じた場合は、１分として算出する（たとえば、200mの場合は、80mを１分として計算すると２分30秒となるが、３分と表示しなければならない）。

（３）その他の注意

1 売地の近くに**新駅**ができる予定の広告
鉄道会社の公表したものを新設予定時期を明示して表示する場合に限って OK。業者**独自の予測**なら不当表示になる。

2 **多数**の宅地建物の販売広告
最低価格と**最高**価格だけ表示すれば OK。ただし、販売物件数が 10 以上なら、**最多**価格帯とその**数**も表示しないとダメ。注！

注！　管理費・共益費・修繕積立金、賃料については、最低額と最高額だけ表示すれば OK（物件が 10 以上でも、最多価格帯とその数の表示は不要）。

3 業者が広告会社に**広告ビラ**を作らせた場合
その内容が不当表示に当たれば、業者の責任になる。

4 **おとり広告**（売る意思のない物件を広告にのせて客よせをすること）
もちろん不当表示になる。

３．不当景品の提供や不当表示をするとどうなるか?

そういう場合には、違反行為の差止め等の**措置命令**を出せる。措置命令のポイントは、次の３つだ。

1 措置命令は**内閣総理大臣**の権限だが、消費者庁長官に権限を委任（丸投げ）しているから、実際に措置命令を出すのは**消費者庁長官**だ。

2 措置命令を出すには、「**弁明の機会を付与**」（言い分があるなら聞いてやるヨ、という手続）しなければならない。

3 措置命令は、違反行為が**なくなった後**でも出せる。**再発防止**のためだ。

第5章　土地・建物

1．基礎知識

（1）土地について（宅地に向くかどうかがポイント）

1　砂礫質（されきしつ）の土地 ➔ ○

水はけがよく、地すべりもしにくいので、宅地に向く。

2　扇状地（せんじょうち） ➔ ○

谷の出口などに扇状にひろがった微高地のこと。扇状地は、砂礫質で、宅地に向く。ただし、土石流災害に対しては注意が必要だ。

3　自然堤防（しぜんていぼう） ➔ ○

河川の両側に自然にできた微高地のこと。自然堤防は、砂礫質で地震や洪水に強いから、宅地に向く。ただし、自然堤防の**背後の低地**は、地震や洪水に弱いから、宅地に向かない。

4 台地・丘陵地 ➔ 原則○・例外×

地震や洪水に強いから、宅地に向く。ただし、台地・丘陵地の「**縁辺部**」（はじっこの部分）は、くずれやすいから宅地に向かない。

また、台地・丘陵地上の「**広い谷**」の部分も、洪水のおそれがあるから宅地に向かない。

5 干 拓 地 ➔ ×

水面より低いし、地盤も弱いから、地震や洪水に弱く、宅地に向かない。

6 埋 立 地 ➔ △

水面より高いから造成工事がしっかりしていれば、干拓地よりはまし。

（２）建物について（耐震性がポイント）

1 木造建築物

㋐２階建の場合、**１階に広い部屋**を作ると、耐震性が低くなる（１階に広い部屋を作ると、柱や壁が少ないため、２階の重量を支えにくくなるから）。

㋑屋根を**瓦ぶき**などの重い構造にすると、耐震性が低くなる（重心が高くなるから）。

㋒２階建では、**すみ柱**（建物の角の柱）は、原則として、**管柱**（途中で継ぎ足した柱）としてはならず、**通し柱**（１階２階を貫く柱）としなければならない。

例外として、ツーバイフォー工法（厚さ２インチ、幅４インチの角材を組み合わせ、ベニヤ板を加えて先に壁を作り、その壁を組み立てて建物を作る工法）の場合には、１階の箱の上に２階の箱を積み重ねるような構造になるため、十分強度があるから、通し柱にする必要はない。

㋓丸太組構法（まるたくみこうほう）であっても、一定の基準を満たせば、住宅を建築することができる。

2　鉄筋コンクリート造建築物

コンクリートの材料は、酸や塩等を含んではならない（鉄筋をさびさせるから）。

2．ここだけの話

この分野は準備不可能だから ➜ **常識とカンで解くしかない。**

これが、究極の受験テクニックだ。ウソかホントか、例題にチャレンジしてほしい。

例　題　山麓や火山麓の地形の中で、土石流や土砂崩壊による堆積でできた地形は危険性が**低く**、住宅地として**好適**である。（H28-49-3）

解　答　石流・土砂崩壊による堆積でできた地形なのだから、崩壊する可能性があり、危険性は**高い**。だから、住宅地には**適さない**。よって誤り。

注！　これは、本番の正解肢だ。常識で解ける！もっとも常識では対処できない問題が出ることも、もちろんある。しかし、そんな問題は、いくら勉強している人にも決して解けないのだから間違えても差はつかない。

第6章　税　　法

税法は苦手な人が多いであるぞ。いきなり独学で対処するよりも、通信宅建超完璧講座で「税法アレルギー」を取り除いてもらった方がいいであるぞ！

第1節　不動産取得税（都道府県税）

1．税法入門

具体例

Aが、庭付き一戸建て住宅を３億円（住宅１億円、土地２億円）で購入。Aは不動産を取得したのだから、不動産取得税を払わなければならない。

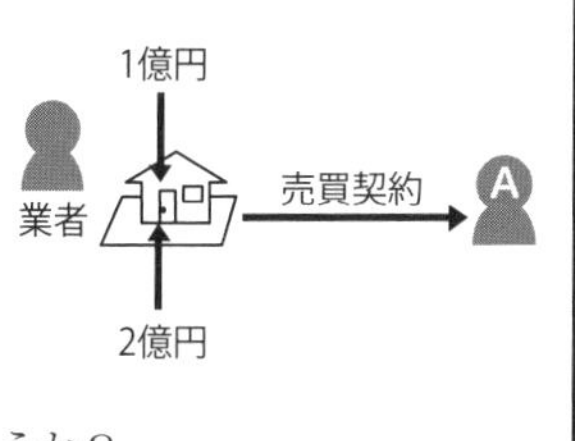

では、一体、いくら払うのだろうか？

❶住宅には、いくら課税されるか？

不動産取得税の額は、Ａが実際に支払った住宅の代金（１億円）ではなく、固定資産課税台帳に登録されている評価額（**登録価格**）を基にして計算する。この税額計算の基になる金額のことを、「**課税標準**」という。

たとえば、Ａが買った住宅の登録価格が3,000万円なら、課税標準は3,000万円だ。この3,000万円に、税率を掛ければ、**納付税額**（払うべき税額のこと）が出てくる。住宅の不動産取得税の**標準税率**（通常の税率のこと）は**３％**だから、（注！）

課税標準（登録価格）　税率　納付税額
3,000 万円×３％＝90 万円　……これが住宅についての税額

❷土地には、いくら課税されるか？

土地についても、住宅同様、登録価格が課税標準となる。土地の不動産取得税の標準税率は**３％**だから、この土地の登録価格が１億円だとすると、

課税標準（登録価格）　税率　納付税額
１億円×３％＝300 万円　……これが土地についての税額

❸Ａの納付税額は？

住宅の分　土地の分
90 万円　＋　300 万円　＝　390 万円

ということになるわけだ。以上が税額計算の基本だ。つまり

課税標準　×　税率　＝　納付税額

この算式が、不動産取得税に限らず、全ての税金の基本だ。

注！　住宅以外の家屋の標準税率は**４％**だ。

2．控(こう)　除(じょ)

控除とは、税金が安くなるありがたい措置のこと。

（1）住宅取得の場合の課税標準の特例

> 床面積が**50㎡以上240㎡以下**の新築住宅を取得した場合は、
> 　➔ **課税標準**が1,200万円引きになる。

たとえば、上の例で、Aが購入した住宅がこの要件を満たすと、❶より税額が安くなる。つまり、

課税標準		定額控除		税率		納付税額
（3,000万円	−	1,200万円）	×	3％	＝	54万円

……これが住宅についての税額

注！ 中古の場合は、耐震基準に適合すること等一定の要件に該当することも必要だ。なお、控除額は最大で1,200万円だ（古いほど、この額が低くなる）。

（2）宅地取得の場合の課税標準の特例

> 宅地（住宅用地）を取得した場合には、
> 　➔ **課税標準**が $\frac{1}{2}$ になる。

上の例では、Aは宅地を取得したのだから、❷より税額が安くなる。すなわち、

課税標準		特例		税率		納付税額
1億円	×	$\frac{1}{2}$	×	3％	＝	150万円

……これが土地についての税額

（3）まとめ

結局、（1）と（2）の結果、Aの納付税額は、

住宅の分		土地の分		納付税額
54万円	＋	150万円	＝	204万円

ということになる。控除前の❸より186万円も安い。

なお、（1）と（2）について、２つ注意点がある。

注１　（1）の課税標準の控除は、**住宅**についてだけのものであり、土地には適用されない。また、（2）の課税標準の特例は、**宅地**についてだけのものであり、住宅には適用されない。

注２　納付方法は**普通徴収**だ（納税者に納税通知書が送られてくる。そして、納税者はそれにしたがって、税金を納める）。ちなみに、固定資産税も普通徴収だ。

3．不動産取得税のその他のポイント

（1） 不動産取得税は、不動産が**存在する都道府県**に納める。だから、**海外**の不動産を取得しても、不動産取得税は課されない。不動産取得税以外についても整理しておく。

税
- 国　税（**所得税**、登録免許税、印紙税、相続税、贈与税等）
- 地方税
  - 都道府県税※（**不動産取得税**等）
  - 市町村税（**固定資産税**等）

※条文上は「道府県税」だが、「都」も含まれるから、「都道府県税」と覚えよ。

（2） 不動産取得税が課されるのは土地・家屋の、

1 売　買
2 交　換
3 **贈　与**
4 **新築増改築**　の場合だ。

注1　売買に限らない点に注意。なお、相続の場合には、相続税が課されるから、不動産取得税は課されない。また、法人の合併の場合も、不動産取得税は課されない。

注2　Aが建売住宅を新築した場合には、Aではなく買主が不動産取得税を納めるのが自然だ。そこで、新築家屋については、

1. 最初に使用された日、または、
2. 譲渡された日

の所有者に不動産取得税が課されることになっている。

もっとも、売るために新築したのに、いつまでたっても売れない場合、永久に不動産取得税を納めなくてよい、としてはおかしい。そこで、

➔ 新築後**6カ月**（ただし、業者が新築した場合には1年）経過しても、使用も譲渡もない場合には、新築した者に不動産取得税が課される。

注3　改築の場合、改築により価格が増加したら不動産取得税が課される（増加しなかったら課されない）。

（3）免税点（めんぜいてん）

課税標準が次の金額未満の場合には、不動産取得税は課されない。この金額を免税点という。

免税点	土地		➔ **10万円**
	家屋	売買・交換・贈与の場合	➔ 一戸につき**12万円**
		新築・増改築の場合	➔ 一戸につき**23万円**

第2節　固定資産税（市町村税）

1．納税義務者

毎年１月１日（賦課期日）現在に、固定資産課税台帳に所有者として登録されている者だ。

例外として、土地については、

1 **質権**が設定されていれば質権者が、

2 **100 年より永い地上権**が設定されていれば地上権者が、

納税義務者となる。

注！　市町村は、①所有者の所在が震災等で不明な場合や②相当な努力で探索を行っても所有者の存在が不明な場合は、使用者を所有者とみなして、その者に固定資産税を課することができる。

区分所有建物の敷地

敷地利用権が所有権の場合	➔	各区分所有者が共有持分の割合で独立して（**連帯せずに**）納税義務を負う。
敷地利用権が賃借権等の場合	➔	地主（１月１日に所有者として登録されている者）が納税義務を負う。

注！　居住用超高層建築物（タワーマンションのこと）については、一定の補正が行われる（上の階に行くほど固定資産税が割高になる）。

2．課税標準

毎年１月１日（賦課期日）現在の固定資産課税台帳の登録価格だ。３年に１度ずつ評価替えを行う。

住宅用地の課税標準の特例

住宅用地の課税標準は	200㎡以下の部分（小規模住宅用地）	➔	$\frac{1}{6}$ になる
	200㎡を超える部分	➔	$\frac{1}{3}$ になる

具体例

300m²の住宅用地の登録価格が9,000万円だとすると、

$$\begin{cases} 200m^2 \rightarrow 6{,}000\text{万円} \times \frac{1}{6} = 1{,}000\text{万円} \\ 100m^2 \rightarrow 3{,}000\text{万円} \times \frac{1}{3} = 1{,}000\text{万円} \end{cases}$$

300m²

200m²	100m²
$\frac{1}{6}$ になる	$\frac{1}{3}$ になる

1,000万円＋1,000万円＝2,000万円

この土地の課税標準は2,000万円となる。

なお、この特例は、**貸家用の住宅用地にも適用**される。

3．免　税　点

同じ市町村内において、同じ者が所有する固定資産の課税標準の合計が、次の金額未満の場合には、固定資産税は課されない。

土地 ➔ **30万円**

家屋 ➔ **20万円**

4．税　　率

標準税率 ➔ **1.4%**（財政上必要な場合には、これを超える税率を定められる）。

5．新築住宅の税額控除

床面積が50m²以上280m²以下の新築住宅は、3年間（3階建て以上の中高層耐火建築物等の場合は、5年間）、120m²までの税額が ➔ $\frac{1}{2}$ になる。

6．　そ　の　他

（1）　固定資産の価格の決定

固定資産の価格は、**総務大臣**が定めた固定資産評価基準に基づき、市町村長が決定する。

（2）　固定資産の実地調査

市町村長は、**固定資産評価員**または固定資産評価補助員に固定資産の状況を毎年少なくとも一回調査させなければならない。

注！　議員は固定資産評価員を兼ねることができない。

（3）　固定資産課税台帳

納税義務者は、固定資産課税台帳のうち自己の固定資産に関する部分について閲覧できる。

注1　借地人や借家人も固定資産課税台帳を閲覧できる。

注2　納税義務者、借地人、借家人は、固定資産課税台帳の記載事項の証明書の交付を請求できる。

注3　納税者は、固定資産課税台帳に登録された**価格**について不服がある場合は、文書で、**固定資産評価審査委員会**に審査の申出ができる（ちなみに、申出ができるのは、公示日から納税通知書の交付を受けた日後３カ月を経過する日までの間だ）。

第3節　所得税（国税）

1．譲渡所得が出る

（1）譲渡所得とは？

2,000 万円で買った土地を、3,000 万円で売れば、差額の 1,000 万円が譲渡所得金額になる。この 1,000 万円に税率を掛けて税額を出す。

譲渡価格 －（取得費＋譲渡費用）＝ 譲渡所得金額

（2）「譲渡」とは？

売買が典型例。では、次の３つ（３つとも 難 。無理しなくていい）は？

1　離婚の際の**財産分与**➔譲渡に当たる➔所得税が課税される。
2　相続税の**物納**➔譲渡に当たらない➔所得税は課税されない。
3　**保証人**が自分の土地建物を売却して作った金で保証債務を履行したが、主債務者が無一文のため求償権が行使できない場合➔譲渡に当たらない➔所得税は課税されない。

(3)「取得費」とは？

土地建物の原価（元値）のこと。

1　**贈　　与**

Aが土地をBに贈与した（タダで与えた)。その後、Bがこの土地を売却した場合、**贈与者Aの取得費**を贈与を受けたBの取得費とみなす。

2　**古い物件**

昭和27年12月31日以前から引き続き所有している土地建物を譲渡した場合の取得費は、原則として、譲渡価格の5％。

2．長期譲渡所得（5年超）の税率の特例

譲渡した年の1月1日における所有期間が5年を超える土地建物（**居住用に限らない**）を譲渡した場合の譲渡所得を長期譲渡所得という。

長期譲渡所得（5年超）の税率は　➔　15％

なお、所有期間が5年以下の短期譲渡所得の税率は30％だ。

3．居住用財産の長期譲渡所得(10年超)の軽減税率

譲渡した年の1月1日における所有期間が10年を超える**居住用**の土地建物を譲渡した場合の譲渡所得の税率は、

譲渡所得金額のうち	6,000 万円以下の部分 ➔	10%
	6,000 万円を超える部分 ➔	15%

この軽減税率は、次の**4．**の 3,000 万円の特別控除を受けた場合にも、重ねて適用される。しかし、**5．**の買換え特例を受けた場合には、適用されない。

4．居住用財産を譲渡した場合の3,000万円の特別控除

居住用財産を譲渡した場合には ➔	譲渡所得金額から 3,000 万円が控除される。

（1）この 3,000 万円の特別控除は、短期譲渡にも長期譲渡にも適用されるが、複数の居住用財産を譲渡し、一方が短期譲渡、他方が長期譲渡の場合には、**短期譲渡所得金額から先に** 3,000 万円を控除する。

（2）また、長期譲渡所得に 3,000 万円の特別控除が適用された場合には、**控除後の残額に**、**2．**または**3．**の税率が適用される。

（3）なお、次の場合には、3,000 万円の特別控除を受けられない。

1. 配偶者、直系血族（自分の実の祖父母、父母、子、孫等）、生計を一にしている親族、同族会社等に譲渡した場合
2. 前年または前々年に、すでに 3,000 万円の特別控除または**5．**の買換え特例を受けている場合
3. **7．**の収用の場合の 5,000 万円の特別控除を受ける場合

5．特定の居住用財産の買換え特例

（1）どんな特例か？

居住用の土地建物（譲渡資産）を売り、その代金（譲渡価格）で、

別の居住用の土地建物（買換資産）を買うことを、居住用財産の買換えという。この場合、次の（**2**）の要件を満たせば、

- Ⓐ　譲渡価格が買換資産の購入価格以下の場合には（例 5,000万円で売って 6,000 万円の家を買ったら）➔ 所得税は無税となる。
- Ⓑ　譲渡価格が買換資産の購入価格を超える場合には（例 5,000 万円で売って 4,000 万円の家を買ったら）➔ 超える部分（1,000 万円）に課税される。

Ⓑの場合、上の**3.**（軽減税率）、**4.**（3,000 万円の特別控除）の適用を受けることはできない。

つまり、

「**3.**（軽減税率）＋**4.**（3,000 万円の特別控除）」

または「**5.**（買換え特例）」

のどちらかを選択して適用してもらうことになる。

（2）要　　件

さて、この買換え特例を受けるための主な要件は、

譲渡資産は	1　所有期間が**10**（じ）年を超えていて 2　居住期間も**10**（じ）年以上で 3　**1**（いい）億円以下で売ったこと（庶民のための特例です！）
買換資産は	4　土地面積**500**（ご）㎡以下 （広すぎる土地は優遇しません！） 5　家屋床面積**50**（ご）㎡以上 （狭すぎる家屋は自力で買えるでしょ？）

爺（じじ）**は、いい頃に売って、午後買った。**

- 爺（じじ）：10・10年超所有、10・10年以上居住
- いい：1・1億円以下
- 売って：譲・渡・譲渡資産
- 午：土地500・㎡以下
- 後：家屋50・㎡以上
- 買った：買・換・買換資産

6．住宅ローン減税（住宅ローン控除）

10 年以上のローンを組んで、居住用の土地建物（土地は建物とともに取得する敷地に限る）を取得した場合、**13 年間**（中古住宅は 10 年間）毎年の所得税から一定額が控除される。

（1）控　除　額

ローン残高が高い人ほど毎年の控除額も大きくなる。ただし、対象となるローン残高の限度は 3,000 万円だ（注1、注2）。つまり、ローン残高が 5,000 万円の人も 6,000 万円の人も控除額はローン残高が 3,000 万円の人と同じで、それ以上大きくならない。

注1　認定住宅の場合は 5,000 万円が限度となる。

注2　中古住宅の場合は 2,000 万円が限度となる。

（2）控除を受けるための要件

所得 2,000 万円以下（住宅の床面積が 40㎡以上 50㎡未満の場合は 1,000 万円以下）であること。所得が上記を超えた年は控除が受けられない。

7．収用の場合の 5,000 万円の特別控除

土地収用法等によって、土地建物（居住用に限らない）が強制的に収用された（買い上げられた）場合には　➔　譲渡所得金額（収用の際の補償金のこと）から **5,000** 万円が控除される。

この特別控除は、居住用財産以外にも適用される。なお、居住用財産が収用された場合には、**7．**の 5,000 万円の特別控除を受けたら、**4．**の 3,000 万円の特別控除を重ねて受けることはできない。

8．優良住宅地のために土地を譲渡した場合（5年超）の軽減税率

譲渡した年の1月1日における所有期間が5年を超える土地（建物は含まれない）を、優良住宅地の造成等のために国や地方公共団体に譲渡した場合の譲渡所得の税率は、

譲渡所得金額のうち	2,000万円以下の部分	➜	10%
	2,000万円を超える部分	➜	15%

9．適用関係のまとめ

重ねて適用を受けることができるか？

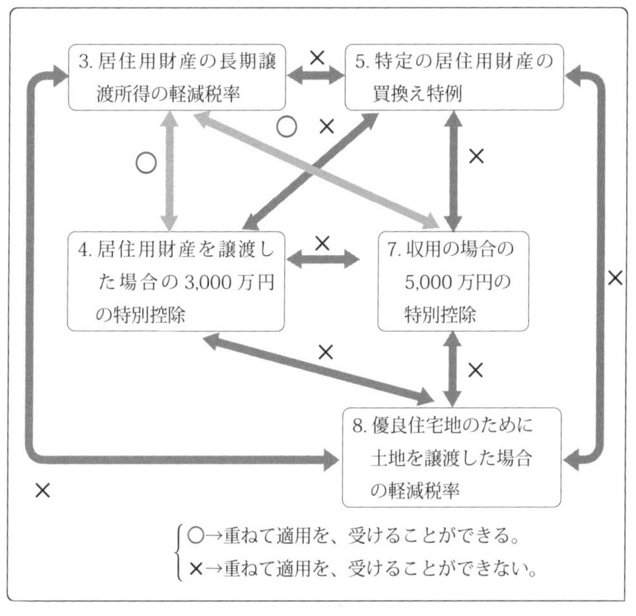

○（重ねて適用OK）の方が圧倒的に少ない。だから、まず、○の２つをしっかり覚える。そして、その２つ以外は×だ、と覚えておけばOK。

第４節　登録免許税（国税）

1．納税義務者等

1　登録免許税は、権利登記を受ける者に課される税だ。だから、原則として**表示登記には課税されない**。

2　Ａの土地をＢが買い、ＡからＢへの所有権移転登記を申請する場合、ＡＢが**連帯**して納税義務を負う。Ｂだけが納税義務を負うのではない。

3　ＡＢは、**登記を受ける時まで**に納付しなければならない。

4　納税地はどこか？　土地建物の**所在地**を管轄する登記所の所在地だ。納税義務者の住所地ではない。

2．税　額　等

課税標準×税率＝税額

1　課税標準は、実際の取引価格ではなく、固定資産課税台帳の登録価格をもとに算出された額だ。その額が 1,000 円未満の場合には、課税標準は 1,000 円とされる。

2　上の算式で算出された税額が 1,000 円未満の場合には、税額は 1,000 円となる。

3　ところで、地上権の設定されている土地については、地上権が**設定されていない**ものとした場合の価額が課税標準とされる（つまり、地上権の価額を控除しない）。

4　そのかわり、地上権の登記名義人がその土地の所有権を取得した場合には、所有権移転登記の税率が通常の $\frac{1}{2}$ になる（つまり、前に納めた地上権の登録免許税の分を負けてもらえる、ということだ)。

5 登録免許税は、**原 則**として現金で納付する。**例 外**として、税額が3万円以下の場合には、収入印紙で納付**してもよい**。

6 登録免許税は、登記を受ける時までに納付しなければならないが、まれに、登記後に税額の不足が判明することがある。その場合には、不足額が**追徴**される。

3．住宅用家屋の税率軽減措置

(1) 住宅用家屋について、

1 所有権保存登記

2 所有権移転登記 注!

3 抵当権設定登記（被担保債権はその家屋の取得資金に限る）

をする場合には、次の（**2**）の要件を満たすと税率が通常の場合より低くなる（税率自体は出ないから書かない）。

注！ 売買・競落による取得に限る（贈与・交換の場合は税率は低くならない）。

（2）税率が低くなるための要件

① 中古の家屋でもよいか？

	新　築	中　古
1 所有権**保存**登記	○	×
2 所有権**移転**登記	○	○
3 **抵当権**設定登記	○	○

② 家屋の床面積は？

1～3いずれも ➜ 50㎡以上に限る。

③ いつまでに登記をすればよいか？

1～3いずれも ➜ 新築または取得後１年以内に登記をする場合に限って税率を低くしてもらえる。

（3）その他の注意

1 この税率軽減措置は、所得がどんなに高い人でも受けられる（所得制限なし）。住宅ローン減税（➡ 344 頁の６.）と異なる。

2 この税率軽減措置は、①個人が、②自分で住むための家屋にしか適用されない。だから、①法人には適用されないし、②他人に貸すための家屋には適用されない。

3 この税率軽減措置は、住宅金融支援機構の支援金融機関からの融資を受けている家屋にも適用される。

4 この税率軽減措置は、住宅用の家屋についてだけのものであり、住宅用の土地には適用されない。

5 この税率軽減措置は、要件を満たせば、何回でも受けられる。

第5節 印紙税（国税）

1．課税文書

一定の契約書等の文書（課税文書）を作成した場合に課される国税だ。二人以上の者が共同して課税文書を作成した場合には、連帯して納税義務を負う。

（1）土地建物の譲渡契約書

契約書に記載された契約金額によって税額が定まる。

例 100㎡の土地を、1㎡当たり20万円で売買する旨が記載されていれば、契約金額は2,000万円。

（2）土地の賃貸借契約書

契約書に記載された権利金の額によって税額が定まる（賃料額は無関係！）。

土地の賃貸借契約書 ➜ 課税文書
建物の賃貸借契約書 ➜ 非課税文書

（3）（1）・（2）の契約金額を変更する契約書

増額変更の場合 ➜ 増加額を記載金額として税額が定まる。
減額変更の場合 ➜ 記載金額はないものとされ、税額は一律200円となる。

（4）（1）・（2）の予約契約書、仮契約書

本契約書とは別に、予約契約書、仮契約書にも課税される。

2．非課税文書

（1）建物の賃貸借契約書

1．の（2）で勉強済み。

（2）国、地方公共団体が作成する文書

国等と私人との間で契約が締結された場合、私人の側が保存する契約書は、国等が作成した文書とみなされ、**非課税**文書とされる。これに対して、国等の側が保存する文書は私人が作成した文書とみなされ、**課税**文書とされる。

3．納付方法

印紙税は、契約書等の課税文書に収入印紙をはり付け、消印して納付する。誤って過大な額の収入印紙をはり付けて消印したら、超過額の**還付**を受けられる。

注！　代理人や従業員が、自分の印章（ハンコのこと）・署名で消印しても OK。

4．領収書（受取書のこと）

① 宅地建物取引業者などのプロが作成した領収書 ➔ **5万円以上**の場合は**課税**文書

② シロートが作成した領収書 ➔ **非課税**文書

注！　プロが作成した領収書のことを営業に関する領収書といい、シロートが作成した領収書のことを営業に関しない領収書という。

5．記載金額

売買契約書の記載金額は、売買代金だが、注意してほしいのは、交換契約書と贈与契約書の記載金額だ。

1　交換契約書 ➜ 交換金額（注1）
2　贈与契約書 ➜ **記載金額のない**契約書となる。

注1　双方の物件の金額が記載されている場合は、**高い方**の金額が記載金額となる。また、交換差金だけが記載されている場合は、交換差金が記載金額となる。

注2　1消費税額が区分記載されている場合 2または、税込価格と税抜価格が記載されていることにより、消費税額が明らかとなる場合には、消費税額は記載金額に含めない。

6．ペナルティー（過怠税）

1　収入印紙をはり付けなかった場合 ➜ 納付しなかった印紙税額＋その2倍（要するに**3倍**）の過怠税が徴収される。（注!）
2　収入印紙をはり付けたが消印をしなかった場合 ➜ 消印をしていない印紙の**額面に相当する金額**の過怠税が徴収される。

注！　自ら、印紙税を納付していない旨の申出をした場合は、1.1倍の過怠税で許してもらえる。

第6節　その他の税

1．相続税（国税）

死亡した人の財産を、

1. 相　　続
2. 遺　　贈
3. 死因贈与

によって取得した者に課される国税だ。

{Ⓐ遺産総額－(債務額＋葬式費用)}－Ⓑ基礎控除＝課税遺産総額

こうして出てきた課税遺産総額を、法定相続分で分けてから税率を掛けて税の総額を算出する。

（2）遺産総額・基礎控除

ポイントは、上の算式のⒶⒷについての次の点だ。

Ⓐ　**遺産総額**

相続開始前**3年以内**に、相続人（受遺者等を含む）が被相続人から贈与を受けた財産があれば、その財産は遺産総額に含めて計算する。

Ⓑ　**基礎控除**

基礎控除＝3,000万円＋(600万円×法定相続人の数)

この額を基礎控除として、差し引いて計算する。

2．贈与税（国税）

贈与税は、贈与を受けた（タダで財産をもらった）人に課される国税だ。贈与税が課されるのは、個人が個人から贈与を受けた場合に限られる。つまり、

贈与する側	贈与される側	何税か？
個　　人	**個　　人**	**贈　与　税**
法　　人	個　　人	所　得　税
個　　人	法　　人	法　人　税
法　　人	法　　人	法　人　税

宅建学院

広大無辺な**宅建士試験の全分野**を「らくらく宅建塾」・「マンガ宅建塾」・「まる覚え宅建塾」・「まるばつ宅建塾」にまとめ上げただけでなく、問題集「過去問宅建塾（3分冊）」・「ズバ予想宅建塾」を出版。**ミリオンセラー**となったこれらの本を縦横無尽に駆使して、宅建の「た」の字も知らない初心者を合格させている。さらに、宅建士受験 BOOK「ズバ予想宅建塾・直前模試編」、宅建塾 DVD「宅建士革命」まで出版。**2年連続で全国最年少合格者を輩出**した宅建学院の通信宅建超完璧講座は、一般教育訓練給付制度厚生労働大臣指定講座とされている。

主 著	「らくらく宅建塾」 「マンガ宅建塾」「まる覚え宅建塾」 「まるばつ宅建塾」「過去問宅建塾」 「ズバ予想宅建塾」
最高傑作	2年連続で全国最年少合格者を生み出した 宅建超完璧講座 一般教育訓練給付制度厚生労働大臣指定講座 指定番号 1120019-0020012-9
DVD	「宅建士革命」

本書に関する正誤のお問合せは、お手数ですが文書（郵便、FAX）にて、弊社までご送付ください。また電話でのお問合せ及び本書の記載の範囲を超えるご質問にはお答えしかねます。なお、追録（法令改正）、正誤表などの情報に関しましては、弊社ホームページをご覧ください。

https://www.takkengakuin.com/

2024年版 まる覚え宅建塾

2018年 3月22日 初版発行
2018年 12月25日 改訂第2版発行
2020年 6月21日 改訂第3版発行
2020年 12月21日 改訂第4版発行
2021年 12月22日 改訂第5版発行
2022年 12月28日 改訂第6版発行
2024年 1月16日 改訂第7版発行

著 者 宅建学院
発行人 小林信行
印刷所 株式会社太洋社
発行所 **宅建学院**
〒359-1111
埼玉県所沢市緑町 2-7-11
アーガスヒルズ50 5F
☎ 04-2939-0335
FAX04-2924-5940
https://www.takkengakuin.com/

乱丁・落丁はお取り替えいたします。

ISBN978-4-909084-750

宅建学院 通信講座のご案内

宅建士試験の一発合格を目指すなら、通信講座がおすすめ

宅建士試験は法律に関する知識をはじめ、覚えることが非常に多い。宅建学院の通信講座では豊富な事例を用いて、わかりやすく、丁寧に解説をしています。宅建は知識だけでなく、どの問題を確実に取らなければいけないかなどのテクニックも必要。経験豊富なベテラン講師が知識とテクニックを惜しげなく伝えています。

合格率は全国平均の※1

3.2倍※2

（57%）

2年連続

全国最年少合格者を輩出！

難しい言葉を極力使わない、
わかりやすい講座の証です。

※1 不動産適正取引機構発表の「令和３年度宅地建物取引士資格試験結果の概要」より抽出。
※2 令和３年度「宅建超完璧講座」受講生のうち、講座修了者に対するアンケート結果より算出。

通信講座の特徴

らくらく宅建塾を使った講義

わかりやすさで
好評のテキストを
使用します。

ベテラン講師の人気授業

ベテラン講師がわかりやすさに
こだわって丁寧に解説。
知識とテクニックの両軸で
合格をサポートします。

Web・DVDから受講スタイルが選べる

Webならどこでも､いつでも。
DVDならTVなどで
じっくりと勉強。
全てのコースで選べます。

質問回答サービスで気軽に質問できる

電話なら週３日(対応日)、
Webなら毎日24時間いつでも
気軽に質問ができるので、
わからなくなっても安心です。

■ 学習の流れ

基本講義、総まとめ講義といった講義形式の講座では、まず講義動画を視聴してから、演習問題を解いていきます。基本講義については、事前の予習も必要ありません。しっかりと講義を視聴して、問題を解き、理解できるまで復習を行い、1単位ずつ学習していきます。

■ コースの紹介

宅建㊤完璧講座

- 厚生労働大臣指定講座 -

24年1月開講予定

115,500円（税込）

■質問回答サービス
■模擬試験採点・添削対応
■Web受講/DVD受講
■一般教育訓練制度適用可

基本学習から模擬試験まで、トータルでサポートを受けたい方におすすめ。

基本講義、分野別模擬試験、総まとめ講義、公開模擬試験をセットにしたコース。宅建士試験に関する知識のインプットからアウトプットまで網羅した一番人気の講座です。受講開始時期に合わせて、一人ひとりに適切な学習スケジュールを設定。模擬試験な採点と添削も行いますので、効率よく学習できます。

宅建完璧講座

24年1月開講予定

88,000円（税込）

■質問回答サービス
■Web受講/DVD受講

全範囲の基本学習をしたい方におすすめ。

基本講義、分野別模擬試験をセットにしたコース。宅建士試験に必要な範囲を基礎からしっかり学習できます。基本講義と並行して、分野別模擬試験を受験するので、知識の定着レベルがその都度チェックできます。

宅建総まとめ講座

24年6月開講予定

29,700円（税込）

■質問回答サービス
■Web受講/DVD受講

一通り学習経験のある方におすすめ。

宅建士試験の全範囲から重要ポイントを中心に総復習するコースです。既に学習した内容の確認や、苦手分野の克服などに役立ちます。

宅建公開模擬試験

24年7月開講予定

25,300円（税込）

■Web受講/DVD受講

本番前の力試しをしたい方におすすめ。

本試験と同様、50問の模擬試験を6回受験するコースです。充実の6回分で、模試→復習→次の模試と繰り返して着実にステップアップができます。

※コース名やコースの内容は変更になる場合がございます。各コースとも開講より順次教材をお届けいたします。
各単位のお届けスケジュールは教材とともに随時お知らせいたします。

4つのコンテンツと質問回答サービスで合格をサポート

■ 通信講座の詳細

宅建学院では１回の講義、模擬試験を１単位と呼んでいます。

■ 基本講義（20単位）

収録コース　★宅建超完璧講座★　宅建完璧講座

収録内容

権利関係前半（5 単位）、権利関係後半（5 単位）、宅建業法（5 単位）、法令上の制限・税法・その他（5単位）

1単位ずつ講義を視聴し、問題演習を行います。1 単位は約 1 時間半～2時間半程度で構成されています。講義は細かくチャプターで区切られているので学習しやすく、復習の際にも大変便利です。

■ 分野別模擬試験（4単位）

収録コース　★宅建超完璧講座★　宅建完璧講座

収録内容

各分野に対応する模擬試験4回（1. 権利関係前半、2. 権利関係後半、3. 宅建業法、4. 法令上の制限・税法・その他）

基本講義を受講後に、知識の定着具合を確認するために受験する分野別の模擬試験です。丁寧な解説冊子に加え、重要問題の解説講義もあるため、知識だけでなく問題の解き方まで身に着きます。

■ 総まとめ講義（7単位）

収録コース　★宅建超完璧講座★　総まとめ講座

収録内容

権利関係（3単位）、宅建業法（2単位）、法令上の制限・税法・その他（2単位）

1単位ずつ講義を視聴し、問題演習を行います。1単位は約2時間～4時間半で構成されています。講義は細かくチャプターで区切られているので学習しやすく、復習の際にも大変便利です。

■ 公開模擬試験（6単位）

収録コース　★宅建超完璧講座★　公開模擬試験

収録内容

模擬試験6回

宅建学院独自の予想問題で構成された模擬試験です。ご自宅で受験でき、場所や時間を問わず実力を試せます。丁寧な解説冊子に加え、重要問題の解説講義もあるため、知識だけでなく問題の解き方まで身に着きます。

■ 質問回答サービスについて

質問回答サービスは受講生専用の質問サービスです。
電話、インターネット、FAX と様々な方法で質問いただけます。
わからないところや学習の仕方など何でも質問できるので、
通信講座であっても受け身にならず安心して受講できます。

□ 電話質問

事前予約制で、専属講師に直接質問できます。
希望の日時をご予約いただくと、当日講師よりお電話いたします。
※サービス提供予定日時　毎週月・水・金　20 時～21 時
※夏季休暇、祝日を除く

□ オンライン質問

質問専用サイトから、24 時間いつでもご質問文を送信いただけます。回答は専属講師が行い、期間内で最大 20 回（20 問）のご質問が可能です。

□ FAX 質問

宅建学院講師室へ 24 時間いつでも FAX でご質問いただけます。
ご指定の番号へ専属講師が FAX で回答いたします。

※質問専用ホットラインは 2024 年 10 月末までサービス提供予定です。

一般教育訓練給付制度を利用すると、受講料の 20% が支給されます。

宅建超完璧講座は厚生労働大臣指定の一般教育訓練給付金制度の指定講座です。
一定の条件を満たした方であれば、ご利用いただけます。

教育訓練給付制度厚生労働大臣指定講座については、全単位の受講を修了して通信添削の合計得点が全配点の 6 割以上であった方に限り、ハローワークから受講料の 20%（上限 10 万円）の教育訓練給付金が支給されます。ただし、次の条件を満たすことが必要です。

■ 過去に教育訓練給付金を受給したことがない方は、
1 年を超えるブランクなく通算 1 年以上雇用保険の一般被保険者であること　（離職後 1 年以内までは大丈夫です）。

■ 過去に教育訓練給付金を受給したことがある方は、
その受給対象講座の受講開始日以降に 1 年を超えるブランクなく通算 3 年以上雇用保険の一般被保険者であること（離職後 1 年以内までは大丈夫です）。

- ハローワークから貴方に教育訓練給付金が支給されるのは受講修了後のことです。受講申込時にはまずご自身の負担で受講料全額をお支払い頂きます。
- 貴方に受給資格があるかどうかは、お近くのハローワークにお問い合わせ下さい。受給資格がないのにあると誤解して受講されても、受講料を返金することはできません。
- 教育訓練給付金の支給申請は、受講修了後 1 カ月以内にしなければ受給できなくなります。

わからないことがあれば、お気軽にお問い合わせください！

■ よくある質問

Q：通信講座にするか、通学の方が良いか悩んでいます。

A：通信講座の大きなメリットは、時間や場所に縛られず、受講できることです。宅建学院の通信講座は、スマホや PC などで視聴する Web 受講、テレビなどで視聴する DVD 受講と、学習環境に応じた受講形態も選べます。
通学には「先生へ質問しやすい」といったメリットがありますが、質問回答サービスをご用意しておりますので、授業を受けているように気軽に質問が可能です。

※「公開模擬試験」コースには質問回答サービスはありません。

Q：どのコースを選んだら良いかわかりません。
基準などはありますか？

A：初学者の方や再チャレンジの方で学習に不安のある方は、基礎・復習、模試までセットになった「宅建超完璧講座」をおすすめします。
逆に学習経験のある方で重要ポイントを復習したい方や、質問回答サービスを利用して疑問点を解消したい方などは、「宅建総まとめ講座」をおすすめします。

Q：どのくらいで学習カリュキュラムが終わりますか？

A：「宅建超完璧講座」は、全37単位（37回）の講義と模擬試験で構成されており、標準学習期間を8か月に設定しておりますが、受講生一人ひとりに合わせたスケジュールを組んでいますので、どの時期からでも開始できます。
試験日までの期間が少ない場合などご相談いただければ、最適な講座や学習方法をご提案させていただきます。

Q：講座の教材以外で必要な教材はありますか？

A：テキストに「2024年版らくらく宅建塾（基本テキスト）」を使用しますので、既にお持ちの方はお手元のテキストを、お持ちでない方は、お申込み時に同時購入をお願いします。
また、「宅建超完璧講座」であれば、講座内で数多くの問題や模試を実施しますので、別途問題集などを購入する必要はありません。

郵送・FAXでお申込みの場合

下記教材のご購入は、前払いが原則です。

①郵便振替・銀行振込みの場合は、まず講座代金をお振込みの上、その払込票のコピーとこの申込書（コピーで可）を必ず一緒にご郵送又はFAXしてください。

②クレジットをご希望の方はチェック欄にチェックをし、本申込書をお送りください。

③お申込先　〒359-1111　埼玉県所沢市緑町 2-7-11 アーガスヒルズ 50 5F　宅建学院
TEL. 04-2921-2020　FAX. 04-2924-5940

2024 宅建学院の通信講座申込書

ご注文商品名	税込定価	Web受講	DVD受講
宅建超完璧講座 一般教育訓練給付制度指定講座	115,500円		
宅建完璧講座	88,000円		
宅建総まとめ講座	29,700円		
宅建公開模擬試験	25,300円		
テキスト らくらく宅建塾(基本テキスト) 書籍のみの単独販売はしておりません。	3,300円		

※合計金額 をご記入下さい。（送料無料）	十万	万	千	百	十	円

ご注意　教育訓練給付金の支給は受講修了後となります、受給資格がある方も申込時に受講料全額をお支払い下さい。

※お支払い方法	●□に✔をご記入下さい。●商品の発送は全額の入金確認後になります。	□郵便振替	00120-8-662860　宅建学院（タツケンガクイン）	払込票のコピーと、この申込書を必ずご郵送又はFAXして下さい。
		□銀行振込	三井住友銀行小手指（コテサシ）支店 普通　6438161　宅建学院（タツケンガクイン）	
		□クレジット	●宅建学院（04-2921-2020）までご連絡下さい。	

※お名前（フリガナ）	生年月日 西暦　　年　　月　　日	教育訓練給付　希望する□　希望しない□
※ご住所（〒　　　　）		
※お電話　（　　　　）		
メールアドレス		
※ご送金日　20　　年　　月　　日		

〈個人情報保護について〉**利用目的** ― 本申込書による個人情報は、次の目的に使用いたします。①お申込み品の発送　②商品開発上の参考③当社商品のご案内の発送　**第三者への提供** ― 皆様からお寄せ頂きました情報は、当社以外の第三者への提供はいたしません。**個人情報の取扱いの委託** ― 当社は、信頼するに足ると判断した外部業者に、商品発送等の業務の一部を委託することがあります。**個人情報の提供の任意性** ― 本申込書のご記入は、みなさまの任意です。但し、※印の必須項目について記入されないと、商品等の送付ができない場合がございます。**問い合せ** ― 本申込書による個人情報については、**宅建学院**へお問い合せください。

〈掲載講座について〉講座内容は、法改正の反映等のため、予告なく変更することがございます。また、事情により予告なく販売停止・廃止する場合がございますので、予めご了承ください。

研 企業研修 **宅建企業研修**

[注意!]
教育訓練給付金は支給されません。

宅建企業研修

企業様の新入社員や従業員の方々専属で研修を行います。オリジナルプランをきめ細かく相談できるので安心です。

Point 1 合格率が高い！

授業参加に責任感

会社として参加しているので、新入社員や従業員の方々は授業参加により責任感を持ちます。これによって独学で学習するよりも全体として高い合格率が望めます。

グループならではの一体感

受講生となるのは皆同じグループに属する方々ですので、授業空間に一体感が生まれます。また、競争精神も高まるので、独学にはできない学習環境が実現します。

Point 2 一社ごとにプランを作成

柔軟なスケジュール調整

休業日や就業時間等を考慮して、講義の回数や時間をオリジナルに設定します。

予算を抑えても内容は充実

予算内で講義を行い、自宅演習でカバーするようにプランを作成することで、必要な学習量を変えずに予算内で研修を行うこがができます。

例えばこんなプランも！

内定の決まった新入社員を対象に研修をしたい！

例えば7月頃に新入社員の方々の内定が出る場合などで、そこから10月の本試験までの3カ月で一気に合格に必要な内容を叩き込みます。時間を確保しやすいメリットを生かして短期勝負で合格させます。

既存の従業員の就業時間を確保しつつ研修したい！

すでにお勤めされている従業員の方々の場合は、多くの時間を一斉に確保するのは難しいです。そこで、就業時間後や休業日などに授業時間を設定するなどスケジュールを工夫して合格を目指します。

研修スタートまでの流れ

お問合せ
お電話にてお気軽にお問合せ下さい。

ヒアリング
予算や実施時期等をお伺いいたします。

プランご提案
ご納得いただけるまで何度でも最適なプランをご提案いたします。

研修スタート
スケジュールに沿って研修をスタートします。

企業のご担当者様、お気軽にお電話にてご相談ください。

お問合せは **TEL.04-2921-2020**

MEMO

MEMO

★元祖！楽勝ゴロ合せ一覧表❷★

第３編　法令上の制限

事　項	ゴロ合せ（対応語句は本文参照）	本文頁
特定用途制限地域	制限は予知できない	242頁
用途地域外では	特 別 利 口	243頁
準都市計画区域では	ちがいは利口	244頁
開　発　許　可	セミの耳は意味ない	250頁
用　途　規　制	週８日働かないと家は買えない 図書館は８時に閉まる ハナ子は小学生 イヤナ大学病院 飲食店では、まずビール 小・中・大で、いってみよう	261頁
	特定のヨゴれはムシ	260頁
	小さな車庫でも１人前 大きな車庫を見においで ２人で通った教習所 ホテルでダブルデート ボーリングもスケートも、もうイヤニなった ミーは、カラオケ好きザンス ヤミイチで賭け事 ミニシアターがナヤみのタネ 大きなシアターは無事故で営業 こういう場所は、ゴロツキの巣 ソープはゴメン 小規模工場ミニ工場 中規模工場ミミッちい ムヤみに建てるな大工場 危険が大きいヤナ工場	261頁